カウンセリング
テクニック入門

岩壁 茂 編著

プロカウンセラーの技法

30

ψ 金剛出版

前書き
●

　「どうしたらより臨床がうまくなるか」という疑問は，カウンセリングにかかわる者が常に抱き続ける疑問である。当たり前であるが，「経験」を積むことしか道はなさそうである。ただ，経験年数を積んだからといって誰もがカウンセリングがうまくなるわけではないだろう。ただ同じことを毎日繰り返していたり，何も考えずにただケースを裁いていたら，上達は望めない。スポーツ，芸術をはじめ，ありとあらゆる分野のエキスパートと言われる熟練者を研究したアンダース・エリクソン（Anders Ericsson）は，「1万時間の法則」を導いている。1万時間の経験を積むのではなく，1万時間の"deliberate practice"が必要であるというのだ。気が遠くなるような数字であるが，決して無理ではないような感じもする。

　問題は"deliberate practice"が何かということである。それは限界学習とも意図的訓練とも訳されるが，両方の意味が重要である。簡単なことを繰り返したり，自分の力が遙かに及ばない高度なスキルを取り上げるのではなく，自分が到達できるかできないかという「境界」にあるスキルを取り上げる。また，試行錯誤しながら何でも試してやってみるのではなく，具体的なスキルに着目して，意識を集中させて，じっくりと繰り返し練習するのだ。また，自分のパフォーマンスを録音・録画してモニターし，何が改善点か見直して練習に取り込んでいくことも"deliberate practice"の重要な一側面である。

　カウンセリング・心理療法での"deliberate practice"の提唱者のトニー・ラスマニエール（Tony Rousmaniere）は，20年近い臨床経験をもつが，未だに"deliberate practice"を続けている。何か面接においてうまくできなかったことがあると，スーパービジョンを受けて振り返り，何が問題だったのか明らかにする。そして面接のビデオを観ながらうまくできなかったフレーズを何度も復唱する。ビデオに向かって同じ介入を何度も繰り返すのは，ちょっと異様な光景に思えるかもしれないが，素振りを繰り返す野球少年のようなひたむきさがある。ただ，外側からみた「繰り返し」は単純な反復のようではあるが，内面的には繰り返すうちにさまざまな発見や気づきが起こる。この新しい反応は，次第に彼の中のレパートリーとして取り入

れられていく。ここで，臨床家としてのスキル獲得が加速化する。

　ここ数年，カウンセリング・心理療法において"deliberate practice"に注目が集まっている。というのも効果研究から，特定のアプローチや療法よりも，カウンセラー・セラピストの臨床活動への取り組み方による効果が大きいことが繰り返し示されてきているからである。

　本書は，技法・テクニックのエッセンシャルをカウンセリング・心理療法の段階ごとにまとめている。そして，カウンセラー・セラピストの基本的なかかわりのあり方を「ベーシックモード」として示している。各技法・テクニックは「コアテクニック」として，カウンセラーが学習目標として掲げるのにちょうど良いまとまりになっており，"deliberate practice"のための格好のガイドとなっている。自分が学びたい技法を選び，それについて読み，試し，振り返り，繰り返し練習し，自身の一部として身につけていただけたら幸いである。

　本書は，『臨床心理学』増刊号第7号として2015年に発刊された。3年の月日を経たあとでも収められた各章の輝きは変わらない。このように一冊の本として改めて刊行されるのは，編者としてこの上なくうれしい。おそらく，さまざまな現場で活躍するカウンセラー・臨床家，そしてカウンセリングを学ぶ人たちにとって役立つ一冊になるはずである。本書の企画から編集まで尽力くださり，テクニック・技法について使いやすくコンパクトに仕上げてくださった金剛出版編集部の藤井裕二さんに感謝を申し上げたい。

岩壁　茂

目 次

前書き ――――――――――――――――― 岩壁 茂　3

I　[対談]カウンセリングの前提／カウンセラーの条件
―――――――――――― 岩壁 茂・平木典子　9

II　カウンセリングテクニック入門
カウンセリングテクニックの「前提」――――― 岩壁 茂　37
カウンセリングテクニックの「訓練」――――― 平木典子　48

III　カウンセリングのベーシックモード6
[探索]　傾聴 ―――――――――――――― 諸富祥彦　57
　　　　「見る」こととカウンセリング ――――― 信田さよ子　65
[理解]　組み立てる＝アセスメントからケースフォーミュレーション
　　　　――――――――――――――― 藤岡淳子　72
　　　　触れあう＝「今ここ」での関係 ――――― 福島哲夫　79
[行動]　繋げる＝理解から行動へ ――――――― 松見淳子　87
　　　　伝える＝変化と指示のためのコミュニケーション技術
　　　　――――――――――――――― 原井宏明　94

IV カウンセリングのコアテクニック24

[ステージ1] カウンセリングを始める

インテークセッション・スキル｜出会い・始める技術 ── 神谷栄治　108

ジョイニング｜協働作業を始める ── 野末武義　116

パラフレーズ・リフレクト・サマライズ｜問題を設定する
　　　　　　　　　　　　　　　　　　　　　　　── 藤生英行　123

リフレーミング｜問題を多角的にとらえる ── 青木みのり　130

動機づけ面接｜治療動機を発掘するために ── 岡嶋美代　137

ミラクル・クエスチョン｜「ありえない空想」の現実化 ── 若島孔文　146

ゴール設定｜「できたらいいな」を現実に ── 菊池安希子　153

危機介入｜ダメージからの回復支援 ── 小澤康司　162

[ステージ2] カウンセリングを深める

非言語コミュニケーション｜観察・アイコンタクト・表情
　　　　　　　　　　　　　　　　　　　　　　　── 春日武彦　172

自己開示｜カウンセラーの内的体験の活用 ── 遠藤裕乃　178

間接暗示・メタファー｜指示を示唆する技術 ── 大谷 彰　185

怒りの感情を扱う｜感情アプローチ ── 柴山雅俊　191

直面化（confrontation）｜関係を転回する ── 妙木浩之　198

認知再構成｜受け止め方の"凝り"をほぐすストレッチ
　　　　　　　　　　　　　　　　　　　　　　　── 神村栄一　205

解釈｜共同注視の延長として ── 岡野憲一郎　214

エンパワーメント／レジリエンス｜回復力と折れない心
　　　　　　　　　　　　　　　　　　　　　　　── 松嶋秀明　221

［ステージ3］カウンセリングを広げる

- 変容プロセス｜変容のための段階設定 ── 前田泰宏　230
- トラブル解決｜行き詰まったセラピーを越えて ── 岩倉 拓　238
- 持続エクスポージャー法｜こころの傷と安全に向き合う
  ─────────────────────── 吉田博美　247
- スキルトレーニング｜クライエントのスキルを育む ── 野坂達志　255
- 行動活性化｜行動レパートリーを豊かにする
  ─────────────── 竹林（兼子）唯・鈴木伸一　265
- セルフモニタリング｜自分で自分を知る ── 三田村仰　275
- 終結｜終える技術 ──────────── 杉原保史　283
- セラピストのセルフケア｜バーンアウトを防ぐ ── 落合美貴子　291

索引　299

I

[対談]
カウンセリングの前提／
カウンセラーの条件

●

岩壁 茂

平木典子

カウンセリングは人を導く──カウンセリングの「起源」

岩壁 本書の刊行にあたって平木典子先生をお迎えし，対談をさせていただくことになりました。今日はぜひ「カウンセリングとは何か」ということを正面から論じていきたいと考えています。最近では，薬局にはカウンセリング化粧品があり，保険の外交員の名刺にはライフカウンセラーと書いてあることも珍しくありません。このようにカウンセリングの定義がかつてなく広がっている時代のなかで，単に二人の人が話すということを超えたカウンセリングの定義を，平木先生と検証したいと思っています。

　平木先生をお招きした理由のひとつは，アメリカでカール・ロジャーズの時代を経験され，日本にカウンセリングが定着していく時代を支えてきた体験から，カウンセリング論を総括していただけるという期待があったからです。そして，もうひとつの大きな理由として，平木先生が著作でも必ず強調されているカウンセリングスピリット，つまりカウンセリングにおける人間観や世界観についてもお話しいただけるのではないかという期待もあります。カウンセリングの過去・現在・未来にテーマを拡張しながら，カウンセリングテクニック論へと橋渡しをしていただきたいと考えています。

平木 カウンセリングスピリットと言われて，ちょっとドキッとしました（笑）。でもそうなのよね，やはりそれがとても大切なんです。スピリットを探るために，私自身の自分史から始めてみます。私は1960年代にアメリカに渡りましたが，当時の日本では，まだカウンセリングの概念も制度も確立していませんでした。現在も存続しているアメリカ・カウンセリング学会（American Counseling Association : ACA）は，当時American Personnel and Guidance Associationと呼ばれていました。"personnel"という言葉は企業ならば「人事」という意味ですが，この学会は「人のことをよく考える」という意味でこの言葉を冠していて，人が人生をどのように生きるのかを見つめることにカウンセリングの基盤があるということが含意されていました。実際に留学当初，当時のアメリカのカウンセリングは現在のキャリア・カウンセリングの母胎のような位置づけで，カウンセリングという言葉は「職業」カウンセリング（vocational counseling）と同義だと習いました。フランク・パーソンズ[注1]が若者の職業支援にカウンセリングという言葉を使用したのがカウンセリングの起源だというのは歴史的事実で，かつてカウンセ

リングはいわゆるキャリア・カウンセリングにほぼ包摂されていて，進路指導や職業指導という「ガイダンス」の側面が色濃かった。一方でキャリア・カウンセリングは，最初は職業指導（vocational guidance），次にキャリア教育（career education），最近になってキャリア・カウンセリング（career counseling）へと変遷を遂げたと言われていて，"vocation"は天から与えられた職務，まさに天職の獲得を援助することがカウンセリングだと教えられていました。

岩壁　カウンセリングとは本来，仕事というものの根幹に関わる実践活動だったということですね。

平木　留学当初から，人が自分らしく生きる道を探す活動のサポートこそがカウンセリングだと教えられてきました。私が留学先に選んだ職業指導の旗手エドモンド・グリフィス・ウィリアムソン[注2]が，このようにやや込み入った歴史を抱えるカウンセリングに与えた定義を紹介しておきましょう。ウィリアムソンによれば，カウンセリングという大きな傘の下には，来談者が自らの人生を活かしていくためのサポート，来談者の心理的成長のサポート，来談者の外傷体験のヒーリング，さらには来談者の未発達な部分を補うサポートまで，すべてが含まれている。つまり，カウンセリングはそれくらい全人的な支援実践だとウィリアムソンは考えていたわけです。

岩壁　カウンセリングがなぜ誕生して何を目的としているのかを明らかにするような，とても本質的な定義です。カウンセリングは来談者の生きる道までサポートするべきだということが，カウンセリングの黎明期，60年代のアメリカでは活発に議論されていたのですね。

平木　来談者の生き方の核となるものをどのように育てるかを考える一方で，ミネソタ大学では，MMPIなどの心理検査についても学んでいました。当時のミネソ

[注1] フランク・パーソンズ（Frank Parsons [1854-1908]）／1905年に始めた職業選択アドバイス活動はキャリアカウンセリングの嚆矢とされ，1907年に「職業指導事務所」を設立し，1908年に「職業指導局」を正式に開設。1909年に主著『職業の選択』を発表して特性因子論を説いた。参考文献——Frank Parsons（1909）*Choosing a Vocation*. Gay and Hancock.

[注2] エドモンド・グリフィス・ウィリアムソン（Edmund Griffith Williamson [1900-1979]）／1931年にミネソタ大学で博士号（心理学）取得後，ミネソタ大学心理学准教授および心理検査・カウンセリング部門責任者を務める。1938年に学生相談コーディネーター，1941年には心理学教授を務める。参考文献——Edmund Griffith Williamson（1939）*How to Counsel Students : A Manual of Techniques for Clinical Counselors*. McGraw-Hill.（エドモンド・グリフィス・ウィリアムソン［沢田慶輔・肥田野直＝訳］（1964）カウンセリングの理論と実際．民主教育協会）

タ大学では，この2つの観点をどのようにマッチングさせるのかという熱を帯びた議論が交わされ，ミネソタの小学校ではガイダンスやカウンセリングを実験的に導入し，中学校や高等学校の教師が積極的に研究会に参加していました。カウンセラーに正式な資格を与えるという議論が浮上したのもこの時期です。カウンセラーに転身するため修士課程に在籍する学校教師も増えつつあって，ちょうど現在の日本の状況とよく似ていました。

光と芽吹き——カウンセリングの「前提」

岩壁　お話をうかがいながら，カウンセリングの「前提」について思いを巡らせていました。学校から学校へ，そして学校から社会へ，カウンセリングはライフステージにおける転機と過渡期を乗り切れるように個人と社会をつなぐものでもあり，また個人の能力が発揮されるようにサポートするものでもあります。

平木　カウンセリングは多機能型実践として始まりましたが，たとえば心的外傷を抱えた人たちは，なかなか希望通りのキャリア形成に至れない現実に突き当たることにもなります。ミネソタ大学でも，やがてスクールカウンセラーとサイコロジストのトレーニングが分化していきます。スクールカウンセラーはキャリア支援を主体とするカウンセラーになり，サイコロジストは治療を目標とするトレーニングを主体として博士課程に進学するというコースが形成されていきました。

岩壁　僕が90年代初頭にカナダのマッギル大学に留学したとき，臨床心理学の研究分野として脳研究や遺伝子研究にスポットライトが当てられていました。当時，臨床心理学専攻の大学院への進学は研究者の道を歩むことに等しく，臨床活動には副次的な価値しか与えられていませんでした。クライエントに目を向けない姿勢には違和感を覚えましたが，後に出会うカウンセリング心理学は別世界でした。やがて僕自身，クライエントに注目するカウンセリングの世界に強く魅かれるようになるのですが，一番のポイントは，人と接して，人について考えて，理論を形成するという部分でした。カウンセリングにおいて症状の改善や問題の解決はどちらかというと二次的で，まず来談者の人間観，世界観，価値観を尊重するものだとわかってくると，カウンセリングへの関心はますます高まっていきました。もちろんはじめはちょっと狐につままれた気にもなりました。なぜカウンセリングでこれほどキャリアや仕事を重視するのか完全には理解できませんでしたし，ちょっとした抵抗感もありましたから。ですが，人が社会で生きる意味を見つけ

るということはどんな文化にも共通する——この認識の芽生えが個人的には大きな転機になりました。

平木　90年代北米の臨床心理学では，すでに研究と臨床の分化が始まっていたのですね。

岩壁　そうですね。マッギル大学でもその傾向が強くて，たとえば依存症研究でも遺伝研究と脳生理研究の専門家が多数派でした。パーソナリティ研究者であっても，基本的には質問紙などアセスメントによるパーソナリティ研究が中心で，人と接するトレーニングの機会は限定的で，博士レベルの訓練は研究者養成のためという認識が浸透していました。ですが，カウンセリングはクライエントのリソースや治療関係などクライエント主体で成立する部分が大きく，カウンセラーのパーソナリティや言動によっても大きく内容が左右されるわけですから，研究と臨床の分化はカウンセリングのトレーニングにとってデメリットが大きい。

平木　今の岩壁さんのお話から，すぐにランバートの効果研究[注3]を連想しました。カウンセリング効果の40%をクライエント自身が担っているということを，カウンセラーはよく理解しなくてはなりませんね。このことはロジャーズの語る「受容」とどこかでつながっていて，ロジャーズは「真っ暗な地下室に置いてあるジャガイモでも，わずかな光があればその方向へ芽吹いていく」[注4]という例を引いているのですが，カウンセリングって実際そういうものですよね。ロジャーズは，適した条件があればいつか秘められたリソースも花開くと語り，人に備わった力を大切にしていました。ロジャーズが伝えたかったのは，ランバートも語った治療関係という「最適条件」があれば必ず芽は出るということだったのだと思います。

岩壁　すべての有機体は成長する，そして成長には必要条件がある。ジャガイモの芽吹きの例には，有機体という表現を使ったロジャーズの非常に興味深い一面が表われていますね。

平木　無条件の肯定的配慮，共感的理解，自己一致というロジャーズの有名なカウ

[注3] マイケル・ランバート（Michael Lambert）は，カウンセリングの効果研究から4つの要因を導き出し，各要因がカウンセリングに示す影響の配分を割り出している——「治療外の要因」（偶然の出来事やクライエントのリソース）40%，「治療関係の要因」（受容・共感，思いやり，励まし，カウンセラーとクライエントとの関係）30%，「希望・期待」15%，「技法」15%。参考文献——Michael Lambert (1992) Psychotherapy outcome research : Implications for integrative and electic therapists. In : J.C. Norcross and M.R. Goldfried : *Handbook of Psychotherapy Integration.* Basic Books.

[注4] Carl R. Rogers（1995）*A Way of Being.* Mariner Books.（カール・ロジャーズ［畠瀬直子＝訳］(2007) 人間尊重の心理学——わが人生と思想を語る．創元社）

ンセリングの三条件は，きっと技法以前のこと，スキル習得の前にあるカウンセリングの「前提」を指しているのでしょうね。

治療と発達促進──カウンセリングの「定義」

平木　ここでちょっとアメリカ・カウンセリング学会によるカウンセリングの定義を見てみると，"professional relationship"という言葉が示されていて，専門的関係こそがカウンセリングであるという宣言だとわかります。さらに専門的関係については「メンタルヘルス，ウェルネス，教育，そしてキャリア目標を達成するために多様な個人，家族，グループをエンパワーする専門的な関係（professional relationship that empowers diverse individuals, families, and groups to accomplish mental health, wellness, education, and career goals）」と言われています。メンタルヘルスだけではなく，幸福も教育もキャリア目標も達成できるようにすることが基本で，そのための手段として専門的テクニックが導入されるということですが，それを「関係」と言い切っている。

岩壁　その定義はランバートの効果研究を総括するものですね。つまり，クライエントのエンパワメントが基本にあって，専門的関係がそれを下支えする。そして，メンタルヘルスの改善だけではなく，生活における主観的幸福，教育，学ぶプロセス，社会のなかで働きながら生きることを支援する。この総体がカウンセリングだという定義ですが，非常に重要な指摘だと思います。臨床心理学は本来，病院など医療施設で心理障害や問題行動を回復させる修復的な活動が中心です。一方でカウンセリングは，社会のなかで生きる個人に相対するもので，障害を修復するのではなく，むしろ社会生活において現われてくる障害に対処することも重視します。

平木　障害を抱えながらその人らしく生きられることを目指すものが本来のカウンセリングということですね。カウンセリングが全人的な支援実践だと語ったエドモンド・グリフィス・ウィリアムソンは同時に，人は誰でもいつになっても未発達な部分があるもので，その未発達な部分を助け合う相互扶助が必要だと述べていました。

岩壁　カウンセリングの発達促進的な側面を強調したわけですね。カウンセリングにおける治療的側面と発達促進的側面については，うつに対するカウンセリングを例に考えられそうです。臨床心理学研究であれば，うつに関連する遺伝子を見

平木典子

つけ，一卵性双生児や二卵性双生児でうつの発症因子として遺伝が占める割合を導き，うつと関連する性格要因，行動要因，生理的要因を特定していきます。もともとの病因が特定の環境で障害となって表われたという発想です。しかしカウンセリングでは，うつを障害としてのみ考えるのではなく，個人が生きる文脈のなかでどのようにうつが発症したのかを考え，うつを抱えながら生活をしていくためのストレングス（強み）も考えていく。そして，社会的・生活的文脈のなかで発達段階で蓄積されてきた困難が乗り越えられなかった結果，うつとなって発現したという視点は，カウンセリング特有のものです。臨床心理学がそのすべてを見落としているわけではありませんが，カウンセリングの見方と異なることはたしかです。おそらく日本ではこの違いが深く探求されないまま，カウンセリングマインドという言葉で曖昧にされてしまった。だからこそ臨床心理士がスクールカウンセラーになるという事態も違和感なく起こったのかもしれません。

カウンセリングの三原則の「裏舞台」

平木　私は60年代にカウンセリングを学びはじめたから言えるのですが，ここまで話してきたようなカウンセリングの歴史的経緯はあまり日本に入ってこないまま，ロジャーズの思想と実践が前後のコンテクストなく導入されました。戦後アメリカ教育使節団はキャリア・カウンセリングの役割を期待されて数回来日し，九州大学，京都大学，東京大学で民主主義教育の一環としてカウンセリングを教えたと聞きます。ウィリアムソンもロジャーズも教育使節団の一員として来日していますから，日本でもロジャーズ以前のカウンセリングを学ぶ素地はあったわけです。

岩壁　それは初めて知りました。

平木　当初は職業指導の専門家が来日していたけれど，その旗手であるウィリアムソンを否定して登場したロジャーズが，日本ではカウンセリングの主導者として顕揚されました。ロジャーズの『カウンセリングと心理療法』の翻訳[注5]が先行した結果，ロジャーズが否定した歴史的文脈は考慮されず，カウンセリングの三原則という言葉が一人歩きしたことは否めません。

岩壁　日本のカウンセリングの歴史には，そういった戦後の特殊な経緯があるんですね。

平木　MMPIを使ってアセスメントを実践しながら職業指導に携わっていた人たちが，ロジャーズの三原則を盾に攻撃され，アセスメントはカウンセリングではないとまで批判されていました。ウィリアムソンとロジャーズのディスカッションをビデオで観たことがあるのですが，私が覚えているのは，ロジャーズに対してウィリアムソンが言った言葉です。「相手が何か話したら，うなずいたり，『なるほど』と言ったりする。それだって相手に何らかの影響を与えていないだろうか。私たちが相手をリードしていると批判するけれど，あなたが実践している傾聴／共感も結局は相手をリードしているのではないか」と。ロジャーズは神経心理学や脳科学には言及せず，受容と共感と自己一致（genuineness）があれば技法がなくてもカウンセリングは成立すると言い放ったわけですから，ウィリアムソンの批判がいかに痛烈なものだったかがわかります。

岩壁　ウィリアムソンが主張していたように，カウンセリングは決してただ話せばいいものではなくて，個人の能力を査定しながらその価値観まで理解することがカウンセリングの目的のはずです。ところが，ロジャーズのカウンセリングの三原則が出てきたために，カウンセリングの生命線とも言えるアセスメントの重要性が揺らぐ事態に発展したということですね。

平木　受容，共感，自己一致というテーゼは，ある意味で日本の曖昧な戦後民主主義のムードに合致してしまったのかもしれません。ただ，カウンセリングの三原則を主張したロジャーズが，カウンセリングにおいて一人の人間としてのカウンセラーの存在が重要だと強調していたことは，とても重要な視点です。

岩壁　治療関係，特にカウンセラーの現前性・存在感（presence）はどのように形

[注5] Carl R. Rogers (1942) *Counseling and Psychotherapy : Newer Concepts in Practice.* Houghton Mifflin Company.（友田不二男＝訳 (1951) ロージァズ臨床心理学．創元社）

成することができるのか——ロジャーズの主張したカウンセリングの三原則に即して，このことをどのように考えればいいでしょうか。

平木　カウンセラーの存在感は，三原則の「裏」にあるものと考えたらどうでしょうか。優れた臨床家がカウンセリングで語る言葉が，カウンセラーの存在感をその人自身のなかに編み出していく。晩年のロジャーズは，三原則のなかで自己一致だけがあればカウンセリングは成立するとまで語ったわけですが，カウンセラーの存在感がにじみ出る言葉自体が人を癒すと考えていたのかもしれません。

岩壁　カウンセリングテクニックを学ぶにあたっては，この自己一致をどのようにして獲得していくのかを同時に考えなくてはならない……

平木　この自己一致，私は幼子のなかにあるのではないかと考えているんです。生まれて間もない幼子が純粋に泣いたり叫んだりする，そのありのままの姿のなかに自己一致はあるけれど，自分の気持ちを他人にわかるように言葉にしようとするとギャップが生じて，「ありのまま」でいることは現実には難しい。私はアサーショントレーニングをしていて痛感するのですが，言葉にするということは発話者だけの責任ではなく，相手がいるからこそ言葉や意味が形成されていくところがあります。人と人が出会って，言葉を交わして，自分が語った言葉に相手が言葉を返して，そして相互理解が進むときに意味は形成されていく。カウンセリングってまさにそういう世界ですよね。

岩壁　カウンセリングテクニックも，パッケージングされたものではなく，実際には他者との「間」で錬成されていく。技法もまた関係依存的なものだということですね。

平木　だからといって自然に技法が身につくわけではなくて，私たち凡人はどこかでテクニックを学ばなくてはならないけど（笑）。

カウンセリングの「3ステップ」

岩壁　ここまで1960年代アメリカにおけるカウンセリングの誕生，エドモンド・グリフィス・ウィリアムソンの業績，彼のカウンターパートとして登場したカール・ロジャーズの思想，戦後日本のカウンセリング受容史を振り返りながら，カウンセリングの基礎論を検証してきました。いわばカウンセリングテクニックの「前提」を確認してきたわけですが，ここからはカウンセリングのテクニックについて詳しく検討していきたいと思います。本書では，北米のテキストを意識しなが

ら，探索を論じる「カウンセリングを始める」，理解を論じる「カウンセリングを深める」，行動を論じる「カウンセリングを広げる」という3段階にカウンセリングを分割して，それぞれにカウンセリングのコアテクニックを配置しました。もちろん，このようなセオリー通りにカウンセリングが進むことはなく，多様なテクニックを応用しながらカウンセリングは進むのですが，この3段階がカウンセリングの基本パターンではないかと考えています。そして，それらの前提としてクライエントとの関係構築と維持というものがある。

平木　実に的確な分類だと思います。ちなみに私は物事の教え方には2つあると考えていて，はじめから枠を明確にして教えていく方法と，「黙って観察して自分で技を盗む」徒弟式の方法があると思います。私たちの多くは天才ではないから（笑），最低限の質を維持するには前者の方法が望ましくて，カウンセリングプロセス，時間的順序，カウンセリング理論，カウンセリングテクニックを系統的に教えることが大切だと思います。さらに，カウンセリングでは来談者との関係が成立しなければ何も始まりませんから，関係が成立するようなカウンセラーの存在感も求められます。人によって相性もあるけれど，関係を保ちやすい人が目の前に存在していることが大切で，この特性は単なる素質ではなく，心を尽くして関係構築に血道を上げることによって身につくものじゃないかな。ですから，関係構築を強調された岩壁さんの分類は，実に的を射たものだと思います。

岩壁　関係が構築されなければ理解は深まらず，理解が共有できなければ行動計画はつくれないわけですから，カウンセリングを学ぶトレーニングにおいては，まず既成の「枠」が非常に重要になってくるわけですね。

公平に存在する「私」——テクニック以前のカウンセリング技法

岩壁　さらに本書の編集にあたって，カウンセリングテクニックを「ベーシックモード」と「コアテクニック」に分類し，ベーシックモードが前提となって実際のカウンセリングでコアテクニックが効力を発揮するのではないかという仮説を立てました。ベーシックモードには，「聴く＝傾聴」，「観る＝観察」に始まり，アセスメントとケースフォーミュレーションを通じてケースを「組み立てる」という要素，そして，「今ここ」での関係構築を目指してクライエントと「触れ合う」という部分，さらに，理解したことを実際の行動に転化していく「繋げる」という段階，クライエントの変化を促進していくフィードバックをする「伝える」という

段階が想定できるでしょう。カウンセリングの核となる技法というものを考えたとき、これらの技法はひとつずつマスターすべきものなのか、あるいはそれに先立って重要な要因があるのかは、議論が必要な部分だと思います。

平木　もちろん名称を冠した技法を習得することは大切ですけれど、私自身、カウンセラーの核と呼べるものは公平性（fairness）ではないかと考えているんです。カウンセラーにはつねに公平であろうとしてほしい。公平になるということは、口で言うのは簡単ですが、実行しようとすると難しい。クライエントに対してフェアになれているのかを、いつでも自分に問いかけたいですね。もちろん、まったく偏見がなく純粋で公平な人間なんて一人もいないとは思います。育ってきたプロセスのなかで自分なりのパーソナリティや無意識に身についた偏見があるのは当然として、それでも偏見をもっている自分を俯瞰できるカウンセラーでありたい。そして、フェアであろうとすることと同時進行で技法を習得していく。この両輪がないと、カウンセラーはテクニックに溺れて、クライエントの実像を見失うことにもなりかねません。

岩壁　公平であるということは、カウンセラーの価値観にも関連するのかもしれません。カウンセリングは個人が社会にどのように適応しているのかを追求するものでもあるから、カウンセラーの価値観はとても重要になってくる。ですから、カウンセラーは自覚のないまま自分の価値観や暗黙の前提（assumption）を押しつけたり、自分の思い込みでクライエントを評価してしまうこともあります。ジェンダー、個人の能力、趣味、嗜好など、ちょっとした好き嫌いから社会政治的志向まで、幅広く分布する価値観はクライエントに強い影響を与えます。たとえば、クライエントが出産後に復職すべきかどうか迷っているとき、小さな子どもを預けて働くことに対する感情、子どもと母親の関係に対する理想、母子関係への父親のスタンスに対する希望など、カウンセラーが自らの評価的なバイアスに気づかなければ、専門家としての効果的な位置は保持できなくなります。これはカウンセリングの核ではあるけれど、ロジャーズの無条件の肯定とは異なる。そしてカウンセリングテクニックがクライエントに影響を与えるツールであるとしたら、カウンセラー自身の価値観をクライエントに押しつける道具にもなりかねない。だからこそカウンセリングテクニックと同時並行で公平性を習得することは、カウンセラーの必須条件でもあるということですね。

平木　まず、価値観を押しつけたと自覚できる姿勢を身につけたいですね。ただし、カウンセリングにおいて生じるすべてを相対化すればいいのかというと、基本的

にはそうではないでしょう。カウンセラーは公平であろうとする価値観も含めて，クライエントに意味のある影響を与えるものですから，これもひとつのカウンセリングテクニックでしょうか。

岩壁　価値観の公平性はカウンセリングの要で，テクニック以前のカウンセリング技法とも言えますが，どのようにして訓練することができるのでしょうか。

平木　訓練を通じて体系的に学ぶことは難しいかもしれません。常日頃から，自分が考えていることはあくまで個人的意見であって世の中の真実ではないということを自覚し，自分の意見が普遍的な真実と完全に一致していると誤認しないよう心がけることです。ただし，他ならぬ「私」が発する意見であり「私」が抱いている価値観であるということは手放してはいけない。カウンセリングはカウンセラーという個人の存在感に支えられていますから，この特殊と普遍とバランスが最も重要だと思います。

岩壁　カウンセリングにおける「私」という要素は非常に重要な部分ですね。僕はカウンセリングのなかで，「今まさに私と一緒に取り組んでいる作業をどのように感じますか？」といつも聞くようにしています。「私と一緒」というところを強調するのですが，「私」を入れるかどうかによって，ひとつのテクニックは大きく変容します。「私」が入らなければ，クライエントが心のなかで進めている孤独な作業にすぎなくなりますが，「私」を入れれば二者関係という要因が関与してきて，関係性における出来事，二人称の心理学になります。ですが，カウンセリングでこの「私」という一言を伝えるのは，それほど簡単ではありません。

平木　「私」という言葉を発するときは迷いますよね。カウンセラーの存在感という特殊が擬似的な普遍になってはいけないけれど，かといってこの特殊という要素が消滅してもいけない。「私」という言葉を発することの難しさは，このバランスを操ることの難しさに通じるものでしょうね。

共感を「私の言葉」で伝える

岩壁　本書ではカウンセリングのコアテクニックを大きく取り上げていますが，平木先生にとってのコアテクニックとはどのようなものでしょうか。

平木　共感をどのように「私の言葉」にして伝えるかということに尽きます。そもそも会話って，思ったことを表現した言葉に対して相手が反応することの繰り返しですけれど，この反復によって私が表出した言葉の意味が徐々に新しく変わっ

ていく。相手が賛成しようと反対しようと，私の言葉に反応していること自体が，私が言おうとすることをさらに変化させてくれる。実はこの作業が精緻化されたものがカウンセリングの対話ではないでしょうか。日常会話でも対話によって変化は促進されますが，日常会話では内容から逸脱しても一致していても細かく指摘はしません。ですから意味が相互の関係において十分に共有されないまま，そして意味が形成されないまま会話が終わることもよくあります。互いに「言ったつもり」「聞いたつもり」の応酬になって，二人による意味の共同形成が達成されないまま関係が悪化することもあります。ところが，カウンセリングの対話は違います。発話者の言葉を受け容れてくれるカウンセラーがいて，受容を志向しながら往還する言葉が二人の間で意味をもつ。「なるほどね」「その通りだ」といった軽い表現でも，相手の言葉を受け容れる姿勢が，対話を一歩前進させていく――カウンセラーはそれができる人でありたいですね。共感は言葉にはなりにくいけれど，相手の言葉を受けとめたと伝わるように言葉を返していくことが，「共感を私の言葉にして伝える」ということだと思います。

岩壁　相手とつながりながら二人の間で意味を形成するという意味での共感，ということですね。

平木　具体的に自分がどのような言葉で語れるかはマニュアルにはならないけれど，共感を言葉にして伝えることは，おそらくつねに一種のチャレンジだと私は考えています。

岩壁　僕はEFT（感情焦点化療法）[注6]を専門領域として研究をしていますが，先ほどの共感のご説明はEFTとも共通するところが非常に多いようです。平木先生がおっしゃる共感は，身体から言葉までを含む全体的なシステムに狙いを定めていて，一般的な感情という概念では包摂できない射程を備えていますよね。

平木　カウンセリングには身体を総動員しているということですね。

岩壁　そのことのネガティヴな側面を考えてみると，カウンセリングにはカウンセラー自身の疲労や心理状態が鮮明に反映されます。経験を積めばそのようなコン

[注6] EFT（Emotion-Focused Therapy）／レスリー・S・グリーンバーグ（Leslie S. Greenberg）によって考案された，敵にも味方にもなりうる感情にスポットを当てるサイコセラピー。「感情焦点化療法」とも訳される。参考文献――Leslie S. Greenberg, Laura N. Rice & Robert Elliott（1996）*Facilitating Emotional Change : The Moment-by-Moment Process*. Guilford Press.（岩壁 茂 訳（2006）感情に働きかける面接技法――心理療法の統合的アプローチ．誠信書房）／Leslie S. Greenberg（2011）*Emotion-Focused Therapy*. APA.（岩壁 茂＋伊藤正哉＋細越寛樹 監訳（2013）エモーション・フォーカスト・セラピー入門．金剛出版）

ディションでもカウンセリングを乗り切れますが、その充実度がどれほどのものかはカウンセラー自身が一番よくわかります。僕は以前、「自分では今日のカウンセリングはあまり出来が良くなかったと思うけれど、あなたはどう感じましたか?」とクライエントに聞いたときに、「先生の顔を見て、今日は調子が良くないってすぐわかりました」と即答されてしまって……。つまり、そのときの僕にはカウンセラーとしての存在感が欠けていたということですよね。そのとき、カウンセラーが見ているものや感じていることは、同時にクライエントにも正確に伝わっていると直観しました。カウンセリングのコアテクニックとして「共感を私の言葉にして伝える」ということを考えてきましたが、この点に関してクライエントに対してごまかしは利かない。僕の場合は失敗例からでしたが、このテーマがカウンセリングの成否を分かつポイントだと痛感しています。

カウンセリングテクニックの「訓練」

岩壁　マッギル大学の修士課程で学んでいたときに決定的に重要だったカウンセリングの訓練が、入学後間もなくクライエントを担当することでした。クライエントといってもソーシャルワークなどを学んでいる学生でしたが、1年間で20〜25回のカウンセリングを毎週実施して、二人の姿が見えるアングルに設置されたビデオにその全場面を毎回記録する。1人20分ほどのカウンセリングが訓練課程に組み込まれていて、1年間を通して6〜10人いた学生が持ち回りで自分のビデオを見せながらカウンセリング場面について討論をする、ピアスーパーヴィジョンの時間でした。最初は当然失敗だらけで、ビデオを見られるのは恥ずかしい（笑）。成功した場面を選ぶのか失敗した場面を選ぶのか葛藤を繰り返しながら、自分の発言や表情を観察したり、仲間からのコメントを聞きながら自分のカウンセリングを客観視したりする。その一連の訓練プログラムは、カウンセリングを学ぶうえで非常に大きな部分でした。実習の内容についても、クライエントとの直接の接触時間やスーパーヴィジョンの時間など、実習時間と実習カリキュラムの具体的な内容が厳密に規定されていました。マッギル大学をはじめとする北米のカリキュラムでは、理論の学び、実践の学び、振り返りの学びが、かなり系統的に整備されていたという印象があります。

平木　カリキュラムにはスーパーヴィジョンも含まれていたのですか?

岩壁　3種類のスーパーヴィジョンが用意されていました。インターンシップ先で

の個人スーパーヴィジョン，実習先から大学院に戻ってきてからのグループスーパーヴィジョン，そして月に1度の個人スーパーヴィジョンがあって，すべてが異なるセッティングと方法で実施されていました。もちろんカウンセリング実習でクライエントと接する時間から学ぶことは多かったのですが，実習で経験したことが本当の意味で咀嚼されるのは，やはりスーパーヴィジョンを経由した後でした。個人スーパーヴィジョンには一対一で迷いや悩みを自由に話せるメリットがありますが，グループスーパーヴィジョンでは他の人の意見や他の人の観察から学べますから，また異なる学びの機会になりました。またインターンシップ先で受ける個人スーパーヴィジョンは，実習先の慣例や文化も影響しますし，大学外の実習先という環境が影響するところも大きかったですね。

平木　3種類のスーパーヴィジョンは，どれもスーパーヴァイザーが違うんですよね。それには意味があるし，とてもインテンシヴなトレーニングですね。

岩壁　インターンシップ先でのスーパーヴィジョンもグループスーパーヴィジョンも毎週実施されていましたが，正直かなりの負担でした。

平木　毎週となるとそうでしょうね。実習生はクライエントを何人も担当するのですか？

岩壁　修士課程2年のときは週3日9時から5時まで，インターンシップとしてカウンセリングセンターで働いていました。クライエントは1日3～4人でしたから，計12人ぐらいだったでしょうか。スーパーヴィジョンも100時間とか200時間といった規定が設けられていました。自分が受けたスーパーヴィジョンで印象的だったのは，修士課程1年のときのクライエントのケースのビデオ映像でした。後に僕が担当を引き継ぐことになる大学生の女性がクライエントで，彼女があるとき小学校のときに性的ないたずらを受けたことをカウンセラーに語りはじめるんです。40代男性の大学院生のカウンセラーはそのとき，「それは大変でしたね」と言葉をかけたのですが，クライエントの告白を聞いた瞬間，床に視線を落として，クライエントのことがほとんど見られなくなった。その後しばらくして態勢を立て直すのですが，時間にすると2～3秒，視線が泳いでクライエントを避けるような印象を与えていました。映像を観ている人にはそれがダイレクトに伝わってくるし，クライエントもそれを感じ取っていたはずです。しかしカウンセラー本人は自分の映像を観ても，どうしてもその部分を自覚できずにいました。しかし映像を観ている僕たちには，視線がさまよった2秒か3秒の「間」が，クライエントにすべてを語っていたように見えました。「そんな話は聞きたくなかったし，

とても対処できない」という暗黙のメッセージです。クライエントからすれば，性的ないたずらを受けたと告白することは大きな決心だったはずですが，視線を避けたカウンセラーに自分の告白が放置されてしまったと感じたはずです。カウンセリング場面で起こった言葉で伝えられない部分，そして一瞬にして起こる小さな出来事が二人の間で帯びる意味なんて，口頭で報告するときには省いてしまうかもしれません。まして，スーパーヴィジョンで「私はクライエントが言った瞬間に2秒間パッと下を見ました」と客観的に発言できる人はいないでしょう。だからこそグループスーパーヴィジョンにおいて全員でケースを検証できることのメリットを強く感じました。同時に，スーパーヴィジョンを通じて，自分が担当するクライエントとの二者関係をつねに相対化して客観的に検証する機会をもつことの重要性にも気づかされました。

平木　それは貴重なトレーニングの機会になりましたね。

岩壁　言葉と表情などのノンバーバルな表現が組み合わされて二人の間で起こることを振り返っているうちに，最初は気づかなかった大切なことに気づくという経験を何度もしました。

平木　ケースを担当している本人にとってはもちろん，同席している学生にとっても貴重な経験になっているはずですよね。

岩壁　視線を落とした動作も，出来事としては一瞬です。けれども，その一瞬にはカウンセラーの人間観や価値観や世界観が鮮明に映し出されている。その男性カウンセラーにとって，性的ないたずらについて話されるなんて耐えられないことだったのかもしれません。そしてそのことは，女性に対する価値観，性的な問題や性的虐待に対する嫌悪感や恐怖など，まだ本人も十分自覚できていない先入観としてカウンセリングに現われてくる。つまり，クライエントが最も共感を必要としている瞬間にカウンセラーが自分を守ってしまうことなど，一瞬の出来事の

岩壁 茂

なかに，実に複雑に織り合わされた思惑が見えてくる。
平木　とても厳しいトレーニングですが，参加している学生にとっては大きな意味があったでしょうね。
岩壁　家族療法にはマジックミラーなどもあって，マイルドに複数の視点をカウンセリングに取り込む試みがなされてきました。家族療法では，極度の恥を体験する状況や，カウンセラーが孤立して無力感を覚える状況を，巧みに回避できるように工夫がされていて，訓練と実践が見事にリンクしている好例ではないでしょうか。
平木　おっしゃる通りです。もちろんプライバシーを守るという意味では二者関係のほうが優れているのでしょうけれど，特にチームが観察しているライブスーパーヴィジョンでは，チームメンバーが即時的に多角的な見方を提供することによって，カウンセラーの恥や無力感をカウンセラーと同じ立場に立ってサポートしてくれる人がいることになります。複数の人が複数の見方を提供することで，一人では気がつかない視点がカウンセラーに与えられ，また支えられもします。家族療法のライブスーパーヴィジョンは，今ここ（here and now）で見ている情景を別の場所で見守っているわけですから，多くのメリットがあります。失敗をそのまま観察されてしまうという恥ずかしさもありますが，後方支援グループは，クライエント・家族を含めてカウンセラーにもサポーティヴです。通常のスーパーヴィジョンでは批判や指示が飛び交うこともあるけれど，家族療法の場合は，監督されているというよりサポートされているニュアンスが強いかもしれません。

スーパーヴィジョンの「効用」

平木　私がアメリカで修士課程の2年間に受けた訓練は，実際の臨床場面でカウンセリングを経験して，オープンリールのテープに録音してきた音声を仲間の学生に聞いてもらうグループスーパーヴィジョンでした。個人スーパーヴィジョンは実習先の上司に相談するくらいのもので，岩壁さんが経験したようなインテンシヴなスーパーヴィジョンは受けていません。その代わりに私が経験した実践は，当時暮らしていた女子寮でのカウンセリングでした。留学していた大学には女子寮にも大学院生のカウンセラーがいて，学部の1年生や2年生の相談を受けていました。頻繁に相談に行く人もいれば数回しか相談に行かない人もいて，あまり体系化されたトレーニングではありませんでしたが，録音した音声を聴きながら逐

語録を起こす作業はとても勉強になりました。録音できない場合は，面接を終えたらすぐ思い出して逐語録を起こしなさいと指導されましたが，面接で気になっていたことは，後になってからでもクリアに思い出すんですよね。

岩壁　たしかに自分から進んで逐語録を起こす学生は圧倒的にスキルが伸びますね。おそらく主体的に正確に振り返るというプロセス，面接に再び立ち返るという作業に，ある意味で学習促進効果があるからでしょうね。

平木　自分が面接を振り返る作業は，耐えられなかったり恥ずかしかったりもしますが，自己客観視の一歩前くらいにまで達していくわけですから，スーパーヴィジョンに臨む前に逐語録を起こしておけば，スーパーヴィジョンもより精度が高くなります。面接をした自分自身を客観的に見ると同時に，面接した相手のことを再び整理するという側面もあって，面接をしている最中には理解できなかったことの復習にもなりますし，スーパーヴィジョンの事前準備にもなる。私が訓練をする場合，修士課程1年の実習を始める頃から逐語録を起こしてもらうのですが，それは後々大きな財産になるのではないかと期待しています。

岩壁　自分が何をどのように体験したのかを客観的かつ具体的に再現する，いわばセルフスーパーヴィジョンのような効果が期待できますよね。僕がスーパーヴィジョンを担当するとき，スーパーヴァイザーとしての僕の承認や反応を意識しすぎるあまり，スーパーヴィジョンが学びの場として成立しないことがあります。逆にスーパーヴィジョンが成功していると感じるのは，スーパーヴァイジーの最近接発達領域[注7]が意識できるときです。自力では解決できない課題も，ちょっとしたヒントをもらったり模倣したりしているうちに，やがて自力で解決できるようになる。スーパーヴィジョンは，こうした発達促進的な中間領域にあるとき，最も有効に機能すると言えるのかもしれません。

平木　私が好むスーパーヴィジョンの形式は，何回か面接を経過したケースについて，その進行状況や面接者が自覚している課題を提示してもらうものです。この形式で質疑応答を繰り返しながら，クライエントの親子関係などにおける課題をカウンセラーがどのように追求したかをスーパーヴァイザーの私から質問して，その質問がスーパーヴァイジーの洞察につながったとき，そのスーパーヴィジョ

[注7] ロシアの心理学者レフ・ヴィゴツキー（Lev Vygotsky）が『思考と言語』で提唱した，独力で解決不可能な領域と解決可能な領域との間に存在する，他者からの援助があれば解決できる領域を指す。参考文献——レフ・セミョノヴィチ・ヴィゴツキー［柴田義松＝訳］（2001）新訳版・思考と言語．新読書社．

ンは成功したと感じます。「あなた，ここがわかってないでしょう」と詰問するのではなく，私が純粋にわからなくて聞いていても，その質問からスーパーヴァイジー自身が感じていた課題を自覚するようになるのが理想かな。

岩壁　探索（search）というより探検（exploration）というイメージでしょうか。

平木　そうですね。一緒に探しているうちに一緒に何か見えてくるというのが一番理想の形です。

岩壁　つまりスーパーヴィジョンでは，スーパーヴァイザーとしての「教示」，相互による探検のような「共同発見」，スーパーヴァイジーにおける「理解促進」の関係性のバランスがポイントになりそうですね。

平木　まさにその関係性こそがスーパーヴィジョンを形成していく。専門用語を交わしてはいるけれど，どこかカウンセリングにも似ていて，二人が一緒に考えるからこそ発展するチャンスが生まれる。

岩壁　二人で特別な空間を形成するわけですから，スーパーヴィジョン自体は指導ではなく共同作業と考えるべきですね。本書には実にさまざまな技法が登場しますが，すべて読み通せばすぐに技法が身につくと考えるのではなくて，技法はスーパーヴァイザーとの関係のなかで身につけるものであり，またクライエントとの関係のなかで可変的に使用するものだと考えてほしいですね。

創造性を育む──ダブルリスニングという視点

岩壁　カウンセリングテクニックを学ぶということに話題を広げると，技法を学ぶときには必ずといっていいほど技法とアプローチの名前がセットになっていて，その功罪についてもよく考えさせられます。

平木　スキル単体だけを学んでも，実際の臨床に応用できないことは明らかです。「反映」というテクニックでも，共感ばかり繰り返していても関係は深まりませんし，同じことの繰り返しになる場合もある。テクニックを学ぶには，そのテクニックを成立させている精神性まで学ぶ必要があって，あるテクニックが生まれた背景をつねに意識する必要があるように思います。家族療法のリフレーミングというスキルを例に説明してみましょう。「私はこんなことができない」「私はまた失敗した」というマイナスのストーリーを語るクライエントがいるとします。このマイナスのストーリーは，クライエントにとって自分を生きにくくしている元凶のようなものですが，リフレーミングでは欠点の裏には長所があると考え，その

ストーリーをプラスに転化していきます。「あなたがダメだと言っていることにも，実はプラスの意味がある」と肯定的転換を促進して，そのプラスの側面をエンパワーし，生きることをクライエントに伝えるテクニックです。しかし，初心者にはこのような視点がない。ですから，大切だと言われている共感を続けているうちに，クライエントの問題のほうを逆に強化することも起こりうる。リフレーミングにしても，クライエントの課題に対する見方を変えて，エンパワーによって本人の生き方を支えていこうと意図するのですが，ちょっと間違うとセラピストの意見の押しつけになります。

　去年の夏，オーストラリアでナラティヴアプローチの講習を受けたとき，「ダブルリスニング」という言葉をはじめて聞きました。クライエントのストーリーには2つのストーリー，同時併走しているサブテキストがあって，クライエントが自覚・意識しているマイナスのストーリーの裏には理想として思い描いていたストーリーがあるという考えです。講習では，このダブルリスニングを言葉にしてクライエントに伝えるように指導されました。リフレーミングは有効なスキルですが，ダブルリスニングという言葉のほうがわかりやすいのではないかと最近では考えています。言葉の意味はそれくらいストレートで鮮烈でした。スキルを教えるときには，あるスキルの使用法を機械的に教えるのではなくて，淀みなく応用できるような基盤をいかにつくるかが重要です。テクニックの精神性というものは，こういったところに宿るのではないでしょうか。

岩壁　技法というものは，表出している技術的な側面の下に深い根を張っていて，基底となる理論や世界観や治療目標などが歴史的な地層を形成しています。リフレーミングとダブルリスニングの対比のように，似ているけれど異なるテクニック間の差異を見分け，その効果を見極め，それぞれを整理する視点は，カウンセリングテクニックを学ぶうえで重要ですね。

平木　私自身，リフレーミングという言葉で理解していたものが，ダブルリスニングという言葉で「あれかこれか」ではなく，「あれもこれも」に広がったり形が変わったりしたわけですが，認知の変化によってひとつのカウンセリングテクニックが個人のなかで変容していくことが一番の理想かもしれません。言い換えれば，個人のセンスというものはそのようにして花開いていく可能性があると思います。

岩壁　カウンセリングテクニックの訓練プロセスには，機械的な学習ではなく，学ぶ個人の創造性を育てるところがある。既成の技法や理論を学ぶとき，必然的に個人によるアレンジも生じますが，それこそが統合の本当の姿かもしれません。

平木　知的作業としての理論や技法の統合も必要ですが，むしろカウンセリングの実践においてテクニックの変容と統合は加速度的に進んでいきますね。

岩壁　ただ，ある理論を正しくマスターすることと個人の創造性を育むことは，ある意味で背反する可能性もありますよね。以前に聞いた言語心理学の研究者の発表で，英語を学ぶプロセスのなかでは多くの場合，学習者が勝手に工夫をしたことによる間違いが生じると聞きました。その発表では笑ってしまうような愚かなミステイクだとされていましたが，僕には別の価値が感じられました。英語の正書法に照らしあわせれば単なるミステイクですが，学習プロセスという観点から見れば，個人の創造性が発揮され主体的学習が起こっている瞬間だということです。それは正しい理解にいたるプロセスにプログラミングされたハプニングですから，訓練する側はそのこと自体をまずは大切にしなければいけない。

平木　たとえば，「絶対に36キロまで体重を減らす」といった話を続ける拒食症のクライエントがいますが，そこには「自分ができることを達成したい」というストーリーが隠されている。治療の方向性としては，「自分ができることを達成したい」という思いを，「もっとたくさん食べる」「吐かずに食事を摂る」という方向へ進路変更させていくものになるでしょう。ですが治療は，絶対に36キロまで体重を減らすという主張を肯定するところから始めるしかない。体重を36キロにしたいということにどのような意味があるのかを考えてもらい，場合によっては一緒に考え，生命の危険がなければその「目標」を達成することをサポートしてもいい。そして体重を36キロにするにはどうしたらいいか話しているうちに，食べ吐きは嫌だとか下剤は嫌だというコメントが出てくるかもしれない。あるいは自己の体重をコントロールできるようになれば，別のこともコントロールできるようになるかもしれない。

岩壁　エンパワメントこそがカウンセリングであるという定義通り，まず個人をしっかり見つめる肯定的な視線が必要だということですね。

平木　個人の目標や願望が良いか悪いかという判断基準をまず取り払って，個人が願っていることのメリットを検証するところからカウンセリングは始まるのではないでしょうか。

岩壁　治療の出発点というより，まさにカウンセリングの出発点ですね。ダブルリスニングというテクニックには，カウンセリングの要点が凝縮しているようです。クライエントの苦しみのストーリーには必ずその苦しみと戦うストーリーが付帯していて，たとえ苦しみに負けそうであっても，それに対抗しようとするストー

リーが裏には控えている。カウンセリングというものは，ダブルストーリーが必ずあることを忘れず，個人の苦しみには個人の生きた足跡が刻み込まれていて，弱さのなかの強さというストーリーが個人に息づいていることを見つめなくてはならない。

優れたカウンセラーの条件——第六感とメタファー

岩壁　このダブルリスニングの話題は，優れたカウンセラーの条件という問題設定にも通じるテーマですね。それについてはどうお考えですか？

平木　そうですね，カウンセリングにおいて「話す」「聴く」「見る」の同時遂行が可能であるということが前提にあり，その前提条件のうえで「第六感」を働かせることではないでしょうか。五感をすべて統合した「第六感」とでも呼べるものを働かせることが，優れたカウンセリングを可能にすると考えています。この「第六感」は非科学的な表現で言語化できないけれど，私はいつも自分が問題に対処しようとするとき，何か違和感を感じて立ち止まったりします。たとえば誰かの意見に反発するとき，自己一致が達成できていないというシグナルが働くんですよ。これって「第六感」が働いているということで，言語化もできないし科学的でもないこの「第六感」がシグナルを発したときに，そこで立ち止まって内省できるかどうかが，カウンセリングの成否を分かつように思います。

岩壁　「第六感」を働かせることができるカウンセラーになるにはどうすればいいのでしょう？（笑）

平木　それはちょっとわからないな（笑）。強いて言えば，自分がキャッチした危険信号に正直になることでしょうか。物事を機械的に考えるのでもなく，定説とされるものだけを判断基準にするのでもなく，自らの経験と思考と判断を恃みにする。そして恃みにできるような経験と思考と判断を常日頃から磨いておく。

岩壁　ある不安障害を抱えた女性クライエントとのカウンセリングを続けていたのですが，あるときから，僕はそのクライエントが劇的に変わったと感じるようになりました。彼女は離婚の危機にあるけれど，なぜかとても落ち着いて対処していて，彼女が使う言葉にメタファーが多く登場することに気づきました。そのうち，彼女がメタファーを使うときには必ず周囲の状況全体を統合的に見ていることもわかってきました。どれもクライエントに起こった変化ですが，これもひとつの「第六感」ではないかと感じます。

平木　それってすごいことですね。統合的な視点を育んだクライエントも素晴らしいけれど，メタファーによる表現にクライエントの変化を見たカウンセラーも「第六感」を働かせて対応しなければ，そのような変化が続くことはなかったんだから。

岩壁　彼女のメタファーを聞いていると，散文ではなく詩を詠まれているような印象がありました。統合的な状況把握をメタファーに乗せた言葉に，五感を総動員した末の「第六感」を感じずにはいられませんでした。

平木　メタファーのなかには，はっきり分節化された言葉ではないけれど，相手に響くようなものがきっとあるんですよ。

岩壁　統合された感覚がメタファーとして表現されていて，1＋1＝2ではなく，さらに付加的な性質のものが表出されているということでしょうか。これは，カウンセラーにも当てはまることかもしれません。クライエントの変化を把捉しながらクライエントの変化を促進することは，統合された感覚なしには不可能でしょうし，変化しつつあるクライエントの全体状況を言い表わすにはメタファーが求められる。「第六感」というと非科学的な議論に聞こえるかもしれませんが，そうではないようです。五感を総動員しながら観察し，蓄積された経験を総合し，研ぎ澄まされた思考によって判断することは，カウンセラーの条件と呼べるでしょう。ここで仮に「第六感」と呼んできたものは，まさに優れたカウンセラーの条件を言い表わしているのではないでしょうか。

＊

岩壁　ここまでさまざまなテーマについてお話しいただきましたが，最後に平木先生から，カウンセラーを目指す若手臨床家にメッセージをお伝えいただけないでしょうか。

平木　ここまでの議論の総括ですね。私のメッセージとしては，ここまで議論してきたカウンセリングマインドやカウンセリングのエッセンスのなかに，自分らしい生き方や自分らしさを上手に織り込んだカウンセラーになってほしいということです。型通りのカウンセラーの理想像があるわけではないのですから，カウンセリングという活動のなかで，上手に自分自身の個性と折り合いをつけていってほしいと思います。カウンセラーとしての使命感に突き動かされる部分も大切ですが，自分自身のことも一生懸命考えてほしいですね。

岩壁　カウンセリングはクライエント一人ひとりを大切にするものですから，他人の差異を見極めることも必要ですよね。人それぞれの差異というものは，実はそ

の人らしさや良い部分でもあって，それらを見つめるためには自分の価値観を超えて相手を見ようとすることも大切です。そのためには，仮に弱さであっても，まずは自分自身を見つめて大切にする目，そしてクライエントという他者を見つめる目が必要だということでしょうか。

平木　カウンセリングの理論や技法がカウンセラーのなかに浸透していくのは，自分自身も含めて，人を人として遇する視線と姿勢という前提があってこそです。今日は私が話したかったことを，岩壁さんがうまく言葉にしてくださいました。ありがとうございます。

岩壁　「カウンセリングテクニックを検証／実装する」というテーマで対談を進めてきましたが，ツールのようにテクニックを獲得していくのではなく，むしろテクニックを吸収していく素地となるもの，いわばカウンセリングという専門職のコアについてお話しいただき，カウンセリングテクニックの前提について考えるきっかけをいただきました。今日は本当にありがとうございました。

II

カウンセリングテクニック入門

カウンセリングテクニックの「前提」

●

岩壁 茂

I はじめに

　本書では，数多くの技法がそれぞれの技法を熟知した臨床家・研究者によって紹介されている。カウンセラーとしての技能を磨き，心理の専門家としての成長を求める読者にとっては玉手箱のような輝きをもっているかもしれない。編者として，読者が本書からたくさんのことを学んでいただけることを願っている。

　さて，テクニック・技法について扱う前に目を向けなければならないことがいくつかある。テクニック・技法は，カウンセリングにおいてつねに議論の対象となってきた。カール・ロジャーズは，カウンセリングにおいて重要なのは，カウンセラーの「治療関係」における姿勢であり，テクニック・技法に肩入れするとその本質を見失う危険があると指摘した。また，1つのアプローチから逸脱して，異なるアプローチで開発された技法を組み合わせると，カウンセラーの基本的姿勢がぶれてしまうということもよく言われる。テクニック・技法というと，表面的で小手先の芸のような印象をもたれることもある。しかし，カウンセリングのテクニック・技法は，人を操作する道具ではなく，クライエントの変容のプロセスがより肯定的な方向へ向かうことを促進するための実践知の一形態である。一つひとつのテクニック・技法の背景には，そのアプローチの世界観・人間観が通底しており，そのテクニック・技法のいわば核をなしている。

　さまざまな理論アプローチに準拠して開発され，発展してきたテクニック・技法からできるだけ多くのことを学び，それを臨床的に活かすためには，どうしたらよいのだろうか。本稿では，まずカウンセリング・心理療法の効果研究をもとに，テクニック・技法の前提となる条件を見直したい。そのうえで，数多くの技法をどの

ようにして学び，組み合わせることによって効果的なカウンセリングが可能になるのか，技法を組み合わせて統合する枠組みについても考えていく。最後に，本書では，どのようにカウンセリングのテクニック・技法を整理したのか，その構成について説明する。

II カウンセリングの効果と技法

　カウンセリング・心理療法の効果をより包括的に，そして客観的に検討するメタ分析はこれまでに数多く行われてきた（e.g., Wampold, 2001）。それらによると，カウンセリングを受けた80％以上の人が，カウンセリングを受けなかった人よりも状態が良くなっているという（e.g., Smith, Glass & Miller, 1980）。この改善率は，ぜんそく，白内障，老人病，心臓病などといった医学的治療よりも高い。カウンセリングは，うつ，不安障害，夫婦間の問題などといった一般的な心理的問題に加えて，薬物依存，疼痛など医学的治療が必要だと考えられている問題に対しても効果的であり，子ども，成人，老人など幅広い年齢層の人たちに対しても適用できることが示されている。また，うつ，不安障害などに関しては，薬物治療と同等かそれ以上の効果を示し，再発率もそれより低いことが示されている（Hollon, Stewart & Strunk, 2006）。一般的に効果研究では，面接回数が15から20回に限定され，介入マニュアルが使われるなど統制度の高い状況のなかで介入が行われる。しかし，近年では実際の臨床現場でもほぼ同等の成果が得られることがわかっている。以上のことから，カウンセリング・心理療法は，エビデンスに支持される効果的な対人援助法であると言える。

　しかし，カウンセリングにおいて，すべてのケースが治療的効果を上げるわけではない。20～40％くらいのケースではあまり目立った肯定的変化が起こらず，うち5～10％はクライエントの状態が悪化する（Lambert & Ogles, 2004）。にもかかわらず，カウンセラーは自身のクライエントがあまり改善していなかったり，状態が悪化してドロップアウトの危険性があることをなかなか察知できない。クライエントの心理状態に関する質問票から得られたデータを過去のデータと比較してドロップアウトを予測するほうが，カウンセラーの臨床的判断よりもはるかに正確であるという驚くべき結果もある（Lambert, 2007）。

　メタ分析は，異なるアプローチの違いや特定の技法・介入法による差は非常に小さく，効果の全体の5％かそれ以下であることを示している（Wampold, 2010）。そ

して，アプローチや技法よりも効果が大きく，その2倍にあたる約10%を占めるのがカウンセラー効果である。カウンセラー効果は，臨床経験，訓練年数，総合的臨床能力（コンピテンス）などが考えられるが，これらの変数を厳密に統制した効果研究においても，明らかなカウンセラー効果がみられることがわかっている（Orlinsky & Rønnestad, 2005）。効果研究では，同じ学位をもち，特定のアプローチを実践する臨床経験を10年程度もった臨床家を集めている。そして，彼らに1年にわたり得意とするアプローチの訓練を受けてもらい，さらに1～2ケースを担当してスーパーヴィジョンを受けてもらう。カウンセラーの個人差によるばらつきを少なくし，そのアプローチの介入が技術的にも十分な域に達していることを確保して介入自体の効果を測定することがその目的である（e.g., Elkin, 1994）。ところがそれによっても統制されない「人」要因が働いている。それがカウンセラー効果である。

　それでは，カウンセラーの何がその効果を生んでいるのだろうか。すべてを説明する答えがあるわけではないが，その一部を理解する手がかりが実証的研究から得られている。Anderson et al.（2009）は，大学の学生相談室に勤務する25名のカウンセラーと彼らが担当した1,141人のクライエントのデータをもとに，カウンセラーのアプローチ，年齢，性別などといった背景要因に加えて，カウンセラーの対人スキルを2つの異なる方法で評定した。1つは，カウンセラーの一般的な社会・対人スキルであり，自己報告式の質問紙を用いて回答を求めた。もう1つは，言葉や表情などから伝えられる対人的メッセージを知覚し，理解し，それを伝え返す能力を表す臨床的な促進的対人スキルである。具体的には，面接場面のビデオを見せ，カウンセラーとしての反応を実際に言葉にしてもらい，言葉表現の巧みさ，感情表現，説得力，共感，あたたかさなどの観点から評定者が客観的に測定した。その結果，さまざまなカウンセラー要因のうち，促進的対人スキルのみがカウンセリング効果と関連していることがわかった。

　また，カウンセラーの内省力や感情状態がカウンセリング効果と関連することを示す研究知見もある。70人のカウンセラーと彼らが担当した255人のクライエントを対象とするNissen-Lie et al.の研究（2013b）では，カウンセラー効果が，症状の変化の4%，対人問題の改善の21%，全体的機能水準の改善の28%を説明した。そして，カウンセラーが臨床家としての自身の能力に疑念を抱く内省傾向（professional self-doublt）が高いほど，クライエントの対人関係問題の解決度が高かった。Nissen-Lie et al.（2013a）の他の研究では，カウンセラーのプライベートの満足度が高いほど作業同盟水準が高いことが明らかになっている。加えて，カウンセラーがプライ

ベートで感じる感情的負担の重さが，クライエントが評定する作業同盟の水準と関連していた。つまり，日常生活におけるストレスが大きいほど，クライエントと良好な治療関係を作る臨床力が損なわれていたのである。

　Zeeck et al.（2012）は，26人のカウンセラーと98人のクライエントを対象として，臨床活動を効果的に行っているカウンセラーと高いストレスを覚えているカウンセラーのあいだにどのように違いがあるのかを調べた。カウンセラーのストレスには，職場の風土，クライエントの病理や症状の重篤度，カウンセラーの経験不足などが関係していると推測されるが，実際にはカウンセラーが恒常的に抱えている個人としての心理的課題・葛藤が関わっており，回避的，従属的，復讐的パーソナリティ傾向が強いとストレスを感じやすいことがわかった。さらに，カウンセラーが面接外の時間にクライエントのことを考え，落胆・挫折感を覚えたかということもストレスの強さに寄与していた。そして，そのようなストレスが大きいほど，クライエントが評定する作業同盟の評価得点は低かった。

　さまざまな実証研究から得られた知見をもとに，Wampold（2010, 2012b）は，効果的なカウンセラーの特徴をまとめている（表1）。ここに挙げられた特徴は，本書で紹介されるさまざまなテクニック・技法とも関連が深い。クライエントと感情的にしっかりとつながること，クライエントの問題や状況を理解する一貫した枠組みを提供しながらも柔軟にクライエントに合わせて対応すること，変化・改善について積極的かつ誠実に扱い，困難を乗り越えようとする積極性などは，まさに多くのテクニックに通底する。

　Wampold（2012a）は，カウンセラーの効果の中心は，体験を理解し，それに意味を与えること，他者に影響を与え，また他者から影響を受けること，他者とつながりを作ることといったヒューマニズム・人間性（Humanism）にあると論じている。テクニック・技法は，クライエントに向けられ，一人のカウンセラーの人格を通してはじめて効果をもつようになる。そのような意味において技法は，人間関係に準拠するものである（Norcross, 2011）。このような事実を認識し，クライエントとカウンセラーとの関わりのなかにあるものとして技法を学ぶことが，何よりも重要な前提であろう。

表1 効果的なカウンセラーの特徴（Wampold, 2010, 2012b）

1. 優れた対人スキルをもつ。対人スキルには，弁才，対人関係の知覚，適切に感情を調整し表現する力，あたたかさと受容，共感，他者に焦点を当てることが含まれる。
2. クライエントが，「わかってもらえた」「カウンセラーを信頼できる」「カウンセラーが自分を助けることができる」と感じられる。クライエントは，面接ではじめてカウンセラーと出会ったときからこのように感じられる。
3. さまざまなクライエントと作業同盟を形成する力。作業同盟とは，感情的な絆・つながり（信頼感・安心感）に加えて，カウンセラーとクライエントが治療目的やその作業に関して話し合いをもち，確認する協働関係を指す。
4. クライエントの問題に対して一貫性のある説明を与え，変容と問題解決のためにそれを活用できる。その説明は，カウンセラーの実践と一貫しており，クライエントにとって納得のいくものであり，最終的にはクライエントの問題解決のための方法や道筋を示す。
5. 上記の説明に沿った介入計画を立て，それをわかりやすく伝えることができる。
6. カウンセリングのなかで起こることに関して，自信と説得力をもってクライエントに伝え，クライエントが納得するのを手伝う。
7. カウンセリングの進展を誠実にモニターし，その結果をクライエントに伝える。たとえば，尺度や質問紙を使い，その結果を話し合う。特に，状態の悪化や未解決の状態が続いていることに注意を向ける。
8. クライエントの特徴に介入法を調整する柔軟性をもち，クライエントが抵抗を示したり，想定される効果が上がらない場合，介入法を調整する。必要であれば，他のカウンセラーにリファーしたり，他の介入や治療を追加することに応じる。
9. 面接中に起こる困難な事態を避けずに，そのような困難と向き合い，それを治療的に役立てることができる。クライエントが表す不満などの陰性感情を扱い，面接におけるやりとりの仕方を話題として取り上げる。
10. 希望と肯定的な方向性をクライエントに伝える。改善や成果が困難な慢性的問題に苦しむクライエントにも，長期的に取り組むことによって着実に成果を上げることができると伝え，クライエントの強みやリソースを問題解決のために活かす方策を見出す。
11. クライエントの特徴と治療関係の文脈に敏感である。クライエントの特徴とは，文化，民俗，スピリチュアリティ，ジェンダー，年齢，身体的障害や健康の問題，変容への動機付けなどを含む。文脈とは，社会経済指標，家族や周囲の人たちのサポート，雇用状況，社会文化的状況，他の支援（精神科，福祉，教育など）を指す。また，カウンセラー自身の特徴と背景要因がクライエントのそれらとどのような相互作用を起こしうるのかということにも注目する。
12. カウンセラー自身の心理的プロセスに対して気づきをもつ。自分自身の問題や葛藤を面接プロセスに持ち込まない。もしそうするときは，その行為がもたらす治療的な意味についてよく考えたうえで行う。
13. 最良の研究エビデンスを認識する。介入方法，問題，社会的文脈などといった点から，クライエントの問題の生物－心理－社会のすべての側面に関して検討し，一人ひとりのクライエントに適したエビデンスを選び出す。
14. 継続的に訓練および教育を受け，絶え間なく改善することを求める。そしてクライエントからカウンセリングの進展に関するフィードバックを得て，それを介入プロセスに取り入れて軌道修正できる。

III｜技法を組み合わせる

　技法を学ぶうえで多くの人が疑問に思うのは，異なるアプローチで考案された技法をどうやって組み合わせたり，自分の現在のアプローチに統合したらいいのか，ということであろう。アプローチの壁を越えて，理論概念や技法を取り入れることに関しては，さまざまな見解が示されてきた。1つのアプローチの技法がすべてのクライエントに対して適した理解や介入を提供することは難しく，概念や技法を相補的に使うことは自然な臨床的工夫だという考え方も広くある。一方で，1つの理論アプローチに他のアプローチで開発された技法を持ち込むと一貫性がなくなり，クライエントに混乱をもたらすという理由から，強く反対する意見もまだ根強くある（Messer & Winokur, 1980）。実際のところ，半数を超えるカウンセラーは，2つ以上の理論アプローチに影響を受けていることを認めており，なんらかの形で技法や概念を組み合わせることが一般的である。このようにアプローチを超えて技法や理論概念を学び，より効果的な援助方法を模索する試みは，心理療法統合と呼ばれている（平木，2011；中釜，2010；Norcross & Goldfried, 2005）。本書で紹介されるさまざまな技法を学び，それらを組み合わせて自らのレパートリーに効果的に加えるためにどのようなことを考える必要があるのか，心理療法統合の知見から検討してみたい。

　心理療法統合にも異なる立場がある。たとえば「理論統合」は，異なる技法や概念を組み合わせるとき，技法のレベルではなく，理論概念やより根底にある人間観・世界観といった理論的基盤において齟齬が生じないような理論レベルでの統合が重要だと考える（e.g., Messer & Winokur, 1980；Wachtel, 1997）。この見解と大きく異なるのは，概念レベルでの統合は必要なく，面接の状況やクライエントの特徴に最も適した技法を，研究知見に沿って選ぶことが望ましいと考える「技法折衷アプローチ」である（e.g., Lazarus, 1981）。理論統合や技法折衷がアプローチの違いに着目して，それを活かすことを志向するのに対して，異なるアプローチで開発され，さまざまな理論用語を使って記述されている技法や概念の根底にある共通の治療機序や治療原則を理解し，それを最大限に活かそうとする「共通因子アプローチ」がある。さらに，「同化型統合」は，1つのアプローチを基盤として，そのアプローチに足りない技法や考え方を補う形で加えていく実践的統合法である（Stricker & Gold, 2005）。同化型統合は，多くのカウンセラーが1つのアプローチを学び，そのうえで

他のアプローチの技法を学び取り入れていくという，自然な形で起こる統合の形態とも言える。

　これまでは，心理療法統合のあり方について論じられるとき，あれこれと技法をつなぎあわせることでクライエントへの基本的姿勢に混乱が起こらないように配慮することの重要性が指摘されてきた。たとえば，共感的で受容的な関係に，行動の変化を促すアプローチを組み合わせて実施する場合，クライエントは積極的な行動を取るようにプレッシャーをかけられていると感じたり，それまで受けていた共感や感情的支持を急に取り上げられたと感じかねない。しかし，最も影響力をもちつつある統合アプローチには，禅仏教の教えと認知行動療法を統合した弁証法的行動療法 (Linehan, 1993)，精神力動療法と行動療法を統合した循環的力動療法 (Wachtel, 1997) もある。これらの例からも明らかなように，一見矛盾し，拮抗するような考え方をうまく調和させ，しかも実効性を高めることは可能である。

　最近では，面接の状況に合わせて必要な介入を組み合わせることが特定の効果を上げることも示されている。たとえば，Castonguay et al. (2004) は，認知行動療法に，作業同盟の問題を修復するための介入法を加えることによってドロップアウトが減り，症状もより改善されることを示している。また，Lambert (2007) は，カウンセラーにクライエントの状態をフィードバックし，危機介入，関係修復，感情調整などの介入を必要に応じて加えることによって，ドロップアウトを回避できることを示している。

　さまざまな心理療法統合の形態や考え方，そして統合的な試みの効果に関する研究知見をみるかぎり，テクニック・技法を組み合わせることによって，意図する効果を上げることは可能である。しかし，テクニック・技法の統合は，明確な治療的目的のもとに整合性をもって行われる必要がある。そのためカウンセラーは，自身がテクニック・技法を何のために組み合わせるのか（たとえば，特定の問題をもつクライエントとの面接という局面において，ある療法における感情的変容を行動パターンとして根づかせるという目的），そしてどのようにして整合性が確保されるのか（たとえば，共感的受容的な関係を維持する，クライエント主導のペースを尊重して行動変容に取り組む），そして統合によってクライエントにどのような悪影響が起こりうるのか，クライエントの視点から，さらに介入プロセス全体を視野に入れて考える必要がある。

Ⅳ｜カウンセリングのプロセスと技法

　本書では，カウンセリングのプロセスを3つの段階に分けることによって，多種多様なテクニック技法を整理した。また，テクニック・技法に先立つ基盤となる臨床的コミュニケーションスキルを6つのベーシックモードとしてまとめた。コアテクニックには，カウンセラーの発話の仕方（たとえば「直面化」など）から，介入全体（たとえば「エクスポージャー」など）に関わるもの，概念的枠組み（たとえば「変容プロセス」など）までが含まれており，どのテクニック・技法もそれぞれが属する段階を超えて使われることが少なくない。この3段階モデルは，カウンセリングの流れを理解するために広く使われており（e.g., Greenberg, 2002 ; Hill, 2004），実証的データから得られたモデルにも近い（e.g., Howard et al., 1993）。

　本書では，読者が各段階の作業に関して広がりをもって考えられるように，特定の理論アプローチの考え方を表す専門用語から離れ，日常的でなじみの深い動詞を使って各段階を表した。第1の段階は，「始める」段階である。カウンセラーはクライエントと心理的接触を確立し，クライエントが悩んでいることを話し合い，問題を整理することを手伝う。そして，カウンセリングにおいてどのようにその問題を扱っていけるのか話し合い，どのようなことが達成できるのかクライエントと協働して治療目的を立てることが中心的作業になる。時に，クライエントが緊迫した状況に置かれ，心理的苦痛が強ければ，それを緩和し，対処法について具体的に指示する危機介入も必要になる。この段階では，クライエントに自分のなかに強みや力があることに気づいてもらい，カウンセリングを通して状況を改善できるという希望がもてるようにするなど，内的リソースを活性化することも重要である。

　第2の「深める」段階では，クライエントが，これまでの自分の問題の理解を越えて，その原因や関連する要因を掘り下げ，問題を十分に理解する。それは，現在の対人関係の問題の原型となっている養育者との関係パターンに気づくことであったり，これまで避けてきた強い感情を十分に体験し，その意味を理解することであったり，深く根を張った歪んだ物事のとらえ方に気づくことかもしれない。それまで気づけなかったことに到達するためには，何らかの「壁」を乗り越えることが必要となる。そのため，カウンセラーがより積極的に働きかける技法が使われる。クライエントは，問題を十分に理解することから一歩先に進んで，現状を変えたいという意志が強まり，行動を起こすための準備がなされる。

最後の「広げる」段階では，前段階で得られた理解に基づいて行動の計画を立て，それを実行するためのスキルを身につけ，理解を行動へと変換する作業が中心になる。カウンセラーとの修正感情体験が一度の体験に終わってしまうのではなく，そこから得られた気づきや理解が，クライエントの行動レパートリーに組み込まれ，最終的には自己感の一部として浸透させることがこの段階の目標である。

V｜おわりに

　カウンセリングは対人援助であり，テクニック・技法が効果的に使われるためには，良好なコミュニケーションを可能にする対人関係が基盤となる。テクニック・技法を学ぶのはカウンセラーである。しかし，それはクライエントにとって役立つものでなければならず，そのためにはテクニック・技法をクライエントに合わせてつねに調整する柔軟さが必要になる（APA Presidential Task Force on Evidence-Based Practice, 2006；村瀬，2003）。このように考えると，さまざまな研究から得られた効果的なカウンセラーの特徴に，対人コミュニケーションスキルが挙げられていることも納得できる。柔軟にテクニック・技法を使うためには，それがカウンセラーの一部となるように練習することが必要である。その技法を使っている面接場面を録音・録画して振り返ること，特に成功場面と失敗場面を何度も振り返って見比べ，そこで何が起こっているのか理解できるようになることが役立つ。熟練したカウンセラーがテクニック・技法を使う面接場面をみていると，それが技法であるとわからないくらいコミュニケーションのスタイルに溶け込んでいることに気づかされる。このように，カウンセラーとしての自分のあり方を徹底的に細かく分析し，最終的には自分のコミュニケーションの一部となることが，テクニック・技法自体の効果を最大限に発揮するためのひとつの道であろう。

文献

Anderson T, Ogles BM, Patterson CL et al.（2009）Therapist effects : Facilitative interpersonal skills as a predictor of therapist success. Journal of Clinical Psychology 65；755-768.
APA Presidential Task Force on Evidence-Based Practice（2006）Evidence-based practice in psychology. American Psychologist 61；271-285.
Castonguay LG, Schut AJ, Aikens DE et al.（2004）Integrative cognitive therapy for depression : A preliminary investigation. Journal of Psychotherapy Integration 14；4-20.
Elkin I（1994）The NIMH Treatment of Depression Collaborative Research Program : Where we began and where we are. In : AE Bergin & SL Garfield（Eds.）Handbook of Psychotherapy and

Behavior Change (4th Ed.). Oxford, England : John Wiley & Sons, pp.114-139.
Greenberg LS (2002) Emotion-Focused Therapy : Coaching Clients to Work through Feelings. Washington, DC : American Psychological Association. doi:10.1037/10447-000.
Hill CE (2004) Helping Skills : Facilitating Exploration, Insight, and Action (2nd Ed.). Washington, DC : American Psychological Association.
平木典子 (2011) 統合的介入法. 東京大学出版会.
Hollon SD, Stewart MO & Strunk D (2006) Enduring effects for cognitive behavior therapy in the treatment of depression and anxiety. Annual Review of Psychology 57 ; 285-315.
Howard KI, Lueger RJ, Maling MS et al. (1993) A phase model of psychotherapy : Causal mediation of outcome. Journal of Consulting and Clinical Psychology 61 ; 678-685.
Lambert MJ (2007) What we have learned from a decade of research aimed at improving psychotherapy outcome in routine care. Psychotherapy Research 17 ; 1-14.
Lambert MJ & Ogles BM (2004) The efficacy and effectiveness of psychotherapy. In : MJ Lambert (Ed.) Handbook of Psychotherapy and Behavior Change (5th Ed.). New York : John Wiley & Sons, pp.139-193.
Lazarus AA (1981) The Practice of Multimodal Therapy. New York : McGraw-Hill. (高石 昇, 大塚美和子, 東 斉彰ほか訳 (1999) マルチモード・アプローチ――行動療法の展開. 二瓶社)
Linehan MM (1993) Cognitive Behavioural Treatment of Borderline Personality Disorder. New York : Guilford Press. (大野 裕ほか訳 (2007) 境界性パーソナリティ障害の弁証法的行動療法――DBTによるBPDの治療. 誠信書房)
Messer SB & Winokur M (1980) Some limits to the integration of psychoanalytic and behavior therapy. American Psychologist 35 ; 818-827.
村瀬嘉代子 (2003) 統合的心理療法の考え方――心理療法の基礎となるもの. 金剛出版.
中釜洋子 (2010) 個人療法と家族療法をつなぐ――関係系志向の実践的統合. 東京大学出版会.
Nissen-Lie HA, Havik OE, Høglend PA et al. (2013a) The contribution of the quality of therapists' personal lives to the development of the working alliance. Journal of Counseling Psychology 60-4 ; 483-495. (http://dx.doi.org/10.1037/a0033643)
Nissen-Lie HA, Monsen JT, Ulleberg P et al. (2013b) Psychotherapists' self-reports of their interpersonal functioning and difficulties in practice as predictors of patient outcome. Psychotherapy Research 23-1 ; 86-104. (http://dx.doi.org/10.1080/10503307.2012.735775)
Norcross JC (Ed.) (2011) Psychotherapy Relationships that Work (2nd Ed.). New York : Oxford University Press.
Norcross JC & Goldfried MR (Eds.) (2005) Handbook of Psychotherapy Integration. (2nd Ed.). New York : Oxford University Press.
Orlinsky DE & Rønnestad MH (2005) How Psychotherapists Develop : A Study of Therapeutic Work and Professional Growth. Washington, DC : American Psychological Association.
Smith ML, Glass GV & Miller TI (1980) The Benefits of Psychotherapy. Baltimore : The Johns Hopkins University.
Stricker G & Gold J (2005) Assimmilative psychodynamic psychotherapy. In : JC Norcross & MR Goldfried (Eds.) Handbook of Psychotherapy Integration. (2nd Ed.). New York : Oxford University Press, pp.221-240.
Wachtel PL (1997) Psychoanalysis, Behavior Therapy, and the Relational World. Washington, DC :

American Psychological Association.（杉原保史 訳（2002）心理療法の統合を求めて──精神分析・行動療法・家族療法．金剛出版）
Wampold BE（2001）The Great Psychotherapy Debate : Model, Methods, and Findings. Mahwah, NJ : Lawrence Erlbaum Associates.
Wampold BE（2010）The Basic of Psychotherapy : An Introduction to Theory and Practice. Washington DC : American Psychological Association.
Wampold BE（2012a）Humanisim as a common factor in psychotherapy. Psychotherapy 49 ; 445-449.
Wampold BE（2012b）Qualities and Actions of Effective Therapists : Research Suggests that Certain Psychotherapist Characteristics Are Key to Successful Treatment. American Psychological Association Education Directorate.
Zeeck A, Orlinsky DE, Hermann S et al.（2012）Stressful involvement in psychotherapeutic work : Therapist, client and process correlates. Psychotherapy Research 22-5 ; 543-555.（http://dx.doi.org/10.1080/10503307.2012.683345）

カウンセリングテクニックの「訓練」

平木典子

　本論のテーマ「カウンセリングテクニックの『訓練』」には，3つのキーワード「カウンセリング」「テクニック」「訓練」が含まれている。まず，「訓練」の前提となる「カウンセリング」と「テクニック」について確認しておきたい。

I │ 「カウンセリング」とはエンパワーする関係である

　「カウンセリング」と「心理療法」はこれまで互換的に使われてきたが，近年，明確に区別することがますます困難になってきた。一般に心理療法家（psychotherapist）は，医療の現場でより深刻な心理障害に関わり，カウンセラーはそれ以外のより広い問題領域に関わると受け取られている。ただし，学校や大学などの教育機関で仕事をしているカウンセラーは，日常の問題や人生の困難などを支援すると同時に，心理障害のクライエントに心理療法を駆使した支援をすることもある。また個人開業をしている場合，それほど深刻でない問題にも深刻な心理障害にも対応している。カウンセリングと心理療法に活動の本質的な違いがあるというよりは，個々のカウンセラー・心理療法家の訓練，関心領域，職場などの違いが大きいと考えられる。

　このような傾向は，カウンセリング発祥の地である北米と，その影響を大きく受けているカナダ，英国でも起こっているようで，21世紀に入っていくつかの学会が興味深い動きを見せている。

　1952年に設立されたアメリカ・カウンセリング学会（American Counseling Association：ACA）は，その前身であるアメリカ・キャリアカウンセリング学会（1913年設立）の歴史も含めると，精神分析とほぼ同じ100年を越える歴史をもつ団体であるが，2010年にカウンセリングの新たな定義を発表した。本書の対談でも紹介したが，「カウンセリングとは，メンタルヘルス，ウェルネス，教育，そしてキャリア

目標を達成するために多様な個人，家族，グループをエンパワーする**専門的な関係**」（強調は筆者）としている。

　一方，1965年に設立されたカナダ・カウンセリング学会は，2009年にカナダ・カウンセリングと心理療法学会（Canadian Counselling and Psychotherapy Association：CCPA）に名前を変え，会員に心理療法家を含むことにし，2011年に公認された定義と実践領域を発表した。曰く「カウンセリングとは，人間の変化を促進するために特定の専門的能力を倫理的に活用することを基盤とした**関係のプロセス**である。カウンセリングは，ウェルネス，関係，個人の成長，キャリア発達，メンタルヘルス，そして心理的疾病または苦悩（psychological illness or distress）に対応する」（強調は筆者）としている。

　また，1970年に設立されたイギリス・カウンセリング学会は，2000年にカウンセリングと心理療法の共通性に関心をもつ専門家を統合し，イギリス・カウンセリングと心理療法学会（British Association for Counselling and Psychotherapy：BACP）として再出発したが，その目標を「語りによる治療（Talking Therapy）という大きな傘の下で訓練された専門家によって行われる**効果的な変化や健康な生活の増進を**もたらす短期または長期の支援」（強調は筆者）としている。

　欧米の学会では，カウンセリングと心理療法は，illnessを含めてwellnessの増進を目指すエンパワーメントを目標として，かなり広い対象と領域をカヴァーする倫理的，専門的関係ということになっている。

　ちなみに，1967年に設立された日本カウンセリング学会は，1997年にカウンセリングの定義を発表したが，その定義の主なところを引用すると，「カウンセリングは，サイコセラピー（心理療法）とは識別された援助的人間関係を中心とする活動で［…］**疾患の治療ではなく**，①健常者の問題解決，②問題発生の予防，③人間の成長への援助［…］」（強調は筆者）を行うものとされており，欧米の3学会の定義とは異なっている。日本心理臨床学会は，学会として心理臨床業務については明示しているが，定義は公表していない。

　本邦でも，心理支援の現場の状況や個々の実践家の働きは，北米，カナダ，イギリスに近いと考えられるが，専門職集団の掲げる理念・使命は時代の要求に即して明示されたり改訂されたりしてはいない。筆者自身の心理支援職としてのアイデンティティは欧米のカウンセリング・心理療法の定義に近いため，その観点からカウンセリングテクニックの訓練を考えていく。

Ⅱ 「テクニック」とは技術と技倆の統合である

　カウンセリングテクニックについては，以下の章でベーシックモード6，コアテクニック24，計30のテクニックが紹介されている。「探索」「理解」「行動」のベーシックモードと，3つのステージに分けて取り上げられたコアテクニックは，カウンセラー・心理療法家の訓練の研究で世界をリードしてきたジェラルド・イーガン（Gerard Egan）の *The Skilled Helper*（初版＝1975，10版＝2013）とクララ・E・ヒル（Clara E. Hill）の *Helping Skills*（初版＝1999，4版＝2014）で取り上げられた3つの基本スキルと重なっている。このスキルと段階の優れた特色は，三大カウンセリングの理論であるクライエント中心療法，精神分析，（認知）行動療法の技法を基本スキルとして抽出し，同時にそれらを協働的支援関係の進展に従って活用される3段階モデルに統合したところである。

　ちなみに，英語のskillは「熟練のいる技能」の意味であるが，techniqueは「専門的に熟練した技術・技巧，あるいはその表現手法」を指す。表現手法には技倆（うでまえ，手なみ，わざ）・手腕・こつなどが含まれる。カウンセリングにも，つぼ，呼吸，勘所を押さえたタイムリーで巧みなテクニックが求められる。そして，テクニックの習得には，訓練（能力・技能を系統的に教えること）と練習（自ら行うスキル向上のたゆまぬ工夫）が不可欠である。

Ⅲ カウンセリングテクニックの「訓練」

　プロとして独立してカウンセリングを実践できるようになるためには，基本スキルを習得すると同時に，支援関係の複雑さに対応するために，関係性のなかで自己を生かしながら，しかし自己流にならない支援関係づくりのテクニックを習得する必要がある。

　カウンセリングが支援される者と支援する者との協働的変化の関係であるように，「訓練」にも，訓練する者と訓練を受ける者との協働関係がある。ただし，この2つの関係の違いは，「訓練」の中核にはクライエントとカウンセラーがいるということ，つまりクライエントのためにカウンセラー「訓練」があるということである。

1 「訓練」の要素・段階・方法

図1「カウンセラー訓練のための統合モデル」(Connor, 1994) は、「有能な思慮深いカウンセラー」の「専門性の発達」を、4段階の訓練課題の循環的過程として要約したものである。各段階の課題は、①態度と価値観の発達、②知識とスキルの発達、③クライエントとの面接とスーパーヴィジョン、④振り返りと評価である。実践力を身につける態度やテクニックの訓練には不可欠な体験学習の循環過程――体験する、体験を振り返る、振り返りをもとに仮説を立てる、仮説を新たな状況で試みる――を踏まえたものである。

その課題には、「スーパーヴィジョンの統合モデル」(平木, 2017) と同様の、トレーニーとクライエントの関係を中心とした個人内の発達と対人関係の発達があり、カウンセラー訓練には、ファシリテーター、教育者、査定する人としての専門的役割があることが示されている。

(1) 第1段階――態度と価値観の発達

この段階は、カウンセリングを専攻したというトレーニーの新たな試みの選択を支えてきた価値観、信念に気づくと同時に、その姿勢のさらなる発達と明確化を促

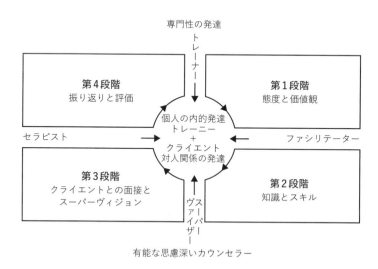

図1　Connor (1994) の「カウンセラー訓練のための統合モデル」

す。近年では，この課題をスピリチュアリティ（使命感や精神性）の発達として重視するようになった。この段階で，トレーニーはカウンセラーという仕事の真価を問い，自己の信念を問われる環境のなかで，新たな学習が使命感などの形成につながる。この段階は他の3つの段階の作業を支える基盤であり，訓練や面接の過程では陰に陽にテクニックとして影響を与える。

　この課題の発達には，異なった考えや価値観をもった仲間との出会いやグループ体験（エンカウンターグループ，トレーニンググループなど）が大いに役立つ。グループ体験を含む訓練を大切にしたい。

(2) 第2段階――知識とスキルの発達
　この段階では，主たるカウンセリング理論に触れることによって，パーソナリティの発達，メンタルヘルス・心理障害などの理解を進め，クライエントの変化のプロセス，個人・家族・社会・組織などを文脈のなかで理解するためのシステミックな見方を取得し，主要理論の適用に必要なスキル学習を行う。そのプロセスで，自分の関心領域の強弱，自己の能力の長所や短所などが明確になっていく。

　訓練の方法としては，文献や論文，講義，討論による知的学習，主要理論の実践ビデオの視聴，グループでの専門用語を活用した討論，レポートや記録による学習のまとめ，先輩トレーニーや実践家のケース検討会や学会への出席，面接のロールプレイと振り返りなどがある。

(3) 第3段階――クライエントとの面接とスーパーヴィジョン
　この段階の課題は，カウンセリング実習，あるいはインターンにおける実際のクライエントとの面接，定期的なスーパーヴィジョンによるカウンセリングテクニックの習得とカウンセリング理論の適用体験である。体験学習には，クライエントとの面接体験だけでなく，実践機関の仲間やスタッフとの交流による学び，面接を取り巻く事務的，倫理的，管理的業務（記録，時間管理，報告など），連携やリファーなど他機関との協働などの経験が含まれる。

　実践をめぐる多様な体験は，テクニックの習得につながる。陪席やコ・セラピーは，生のカウンセリングモデルを観察し，介入のタイミングや言葉遣いなどを実感しながら体験する機会となる。面接記録，逐語記録は，面接をより深く振り返り，自己の心理や言動を見つめる機会になる。スーパーヴィジョンの準備，個人およびグループスーパーヴィジョン，ケース検討会への自分のケースの提出は，プロに不

可欠なケースの流れを専門的視点によってまとめ，全体像をつかむ能力であるケース概念化のスキルを養う。この知的・情緒的作業を通して，直接的なカウンセリングテクニックの習得が行われる。実践の場における専門職の先輩や仲間との交流は，専門家としての成長と感覚を促進し，自己信頼を高める。

(4) 第4段階——振り返りと評価

　Connor（1994）は，「行動しない限り学びはなく，振り返りのない行動は学習を促進しない」（p.53）と述べて，最初の2つの段階の学習はカウンセリングという行動の準備であり，この第4段階こそが学習の促進に関わると強調している。自己による振り返りと評価はもとより，仲間や指導者からのフィードバックが学習の循環過程における体験から導かれる自己の態度や知識，スキルの再検討，再構築を促し，新たなテクニックや言動への仮説化を促進する。自らの経験をケースレポートや論文にまとめることも実践能力の促進には欠かせない。

　この段階の作業は，トレーニーが自己の学習責任を担い，自己の内なるスーパーヴァイザーを育てることにつながる。訓練のみに頼ることなく自ら行う練習（テープ視聴，逐語記録作成など）は，自己の弱点や癖に気づき，修正する手がかりとなる。振り返りと評価は苦しくもあるが，自己の内面への気づきを活性化し，成長の要となる。

　テクニックの取得に関わる微妙で目に見えない勘所の取得は，体験学習そのものから得ていくしかない。積極的に個人とグループにおける成長体験を求めることを勧めたい。

文献

Connor M（1994）Training the Counsellor : An Integrative Model. New York : Routledge.
Egan G（1985）Exercises in Helping Skills : A Training Manual to Accompany the Skilled Helper.（3rd Ed.）．Brooks/Cole.（福井康之，飯田 栄 訳（1992）熟練カウンセラーをめざすカウンセリング・ワークブック．創元社）
Egan G（1986）The Skilled Helper : A Systematic Approach to Effective Helping（3rd Ed.）．Brooks/Cole.（鳴澤 實，飯田 栄 訳（1992）熟練カウンセラーをめざすカウンセリング・テキスト．創元社）
Egan G（2013）The Skilled Helper : A Problem-Management and Opportunity-Development Approach to Helping（10th Ed.）．Brooks/Cole.
Hill CE（2004）Helping Skills : Facilitating Exploration, Insight, and Action（2nd Ed.）．American Psychological Association.（藤生英行 監訳（2014）ヘルピング・スキル［第2版］——探求・洞察・行動のための援助法．金子書房）
Hill CE（2014）Helping Skills : Facilitating Exploration, Insight, and Action（4th Ed.）．American

Psychological Association.
平木典子（2017）増補改訂 心理臨床スーパーヴィジョン――学派を超えた統合モデル．金剛出版．

III

カウンセリングの
ベーシックモード
6

[探索]
傾聴

●

諸富祥彦

I｜はじめに

　傾聴を学ぶとき，カール・ロジャーズが説いたカウンセリングの3つの態度条件，すなわち，「受容」「共感」「一致」の3つの体得を目指して行なわれることが多いであろう。

　ロジャーズが3つの「態度」を説いたのは，1940年代にみずからの立場に対してなされた「ただ相手の言葉を繰り返すだけ」といった，いわば「技術主義的な理解」に抵抗するためであった。そのために，「態度」という抽象度の高い概念を中心にみずからの見解を示すようになったのである。このようなロジャーズの考えからすれば，「傾聴はあくまで態度としてのみ論ずべきもの」であり，それをテクニックとして論じるなどというのは言語道断であろう。

　しかし，ただ態度としてのみ論じていては，「私は本当に共感できたか」「受容できたか」「一致していたか」という観念的な内省を助長するばかりで，これらをどう身につけていけばいいかということのヒントにはならないだろう。

　そこで本稿では，「受容」「共感」「一致」というカウンセラーの態度を具現化するためには，具体的にどのようにすればいいのか，「3つの態度を具現化するためのテクニック」を説くという冒険にあえてチャレンジしてみたい。

Ⅱ 究極目標としての「受容」「共感」「一致」

　傾聴（アクティブ・リスニング）とは，文字通り，相手の話に積極的に耳を傾けて，聴くことである。つまり，話の「内容」だけでなく，その話を通して表現される「気持ち」や「表現されようとしていること」「表現されてしまっていること」をていねいに聴いていくことである。

　代表的な理論は，カール・ロジャーズの「クライアント中心療法（Client-Centered Therapy），受容（無条件の積極的関心），共感的理解，一致という「三条件」「中核条件」を骨子とする理論である。

　こう考えると，「なんだ，話を聴くだけか」「それならもう知っている」と思われがちである。しかし，カウンセリングや心理療法に限らず，芸術やスポーツ，学問などの多くの分野でそうであるように，「誰でも知っている」「わかっている」つもりになりがちな基礎基本にかかわる内容であればあるほど，実は相当に奥が深く，真に理解し習得することが困難なものである。

　「受容」「共感」「一致」というロジャーズの傾聴の「三条件」もまさにそうであり，この3つを真に理解し習得したと言えるカウンセラー，心理療法家は，いったいどれだけいるであろうか。河合隼雄氏が，かつてこの三条件について，それは基礎基本というより，目指すべき究極目標のようなものであり，よきカウンセラーになりたいなら「受容」「共感」「一致」を身につければよいというロジャーズの考えはたしかに正しいのであるが，それは，ホームランを打ちたいと言っているバッターに，ボールをよく見なさい，そしてバットの芯に当てなさい，バットの芯に当たったら思い切り振り切りなさい，と言っているようなものだ，と指摘したのは，言い得て妙である。

　「受容」「共感」「一致」という傾聴の三条件を真に習得するのは，基礎基本であるどころか，実はきわめて高い目標であること，したがって，カウンセラーや心理療法家のみならず，心理的なことにかかわるすべての人が，時折，この三条件に即してみずからを顧み，自省すべきであることを最初に申し上げておきたい。そのうえで，カウンセリング「テクニック」として，それを習得する手がかりを得るためには，具体的に何に留意すればよいかを記しておきたい。

III なぜ，傾聴されると人は変化するのか

　カウンセリングを学びはじめた当初，次のような疑問を抱いたことのある方は少なくないであろう。
　「話を聴いてもらっているだけで，よくなっていく人がいるのはなぜなのだろう」。
　もちろん，傾聴しているだけですべての人がよくなっていくわけではない。しかし，小手先の技術にこだわったり，やたらとエンパワーメントしたりするよりも，そうした欲を捨てて，ていねいに相手の話を聴き，理解していくと，そのほうがはるかにクライアントがよくなることが多いのも，また真実である。
　ではなぜ，話を傾聴されているだけでよくなるクライアントがいるのか。
　傾聴され，受容されていると，人間の自然治癒力，ないし，自己成長力が働くから，という人もいるだろう。
　植物が，肥えた土，よくあたる日光といった「よい環境条件」に置かれるとよく育つように，子どもが愛に満ちた両親による「よい養育環境」に置かれるとよく育つように，クライアントのあるがままを受容し共感的に理解してくれるカウンセラーとの関係のなかで，クライアントの自然治癒力ないし自己成長力がよく働いて，治癒され成長していく。
　それはたしかにそうなのであるが，説得力としては，少し弱い。
　その自然治癒力ないし自己成長力が働いているときに，クライアントのなかで何が起こり，どのような現象が展開して変化が促進されてくのか，という点こそが説明されるべき点だからである。
　では，傾聴されていると，何が起きるのか。傾聴され，みずからの内面を共感的に理解され受容されていると，クライアントの内側で何が生じるのか。
　一言で言えば，カウンセラーから真に傾聴されているとき，クライアントは，「みずからの内側を傾聴するようになる」のである。そしてまた，カウンセラーに真に受容されているクライアントは，しだいに，「みずからを受容するようになっていく」のである（自己受容）。カウンセラーに共感的に，すなわち，自分自身の内側の視点に立ってていねいに理解されているクラインアントは，しだいに，みずからの内側に共感的に耳を傾け，ていねいに自分自身を理解しはじめるのである（自分自身の内側への共感的理解）。
　すなわち，カウンセラーに受容され，共感的にていねいに理解されるようになっ

たクライアントは，しだいに，自分自身のことを受容しはじめ，自分自身のことを共感的にていねいに理解するようになっていく。これがクライアントが変化する理由であり，「ただ話を聴いてもらっているだけで，よくなっていく理由」である。

このことについて，ロジャーズはこう言っている。「クライアントの変化は，セラピストの態度を反映したものになっていく。まずはじめに，クライアントはセラピストが自分の感情に受容的に傾聴していることに気づくにつれて，少しずつ自分自身に耳を傾けるようになっていく。彼は自分の中から伝えられるものを受け取りはじめる。……（中略）……それまでは自分の中に存在するとは認められなかった感情に対して耳を傾けることができるようになるのである。自分自身を傾聴することを学習すると，クライアントは自分自身に対してより受容的になれる。……（中略）……クライアントは少しずつ自分自身に対してセラピストと同じような態度を取るようになっていく。つまり，ありのままの自分を受容するようになり，そして生成のプロセスの中で前進しようとするのである」（ロジャーズ，2005, pp.62-63）。

IV│無条件の受容は，「絶対的な肯定」とは異なる

以下では紙幅の都合から，受容と共感の2つに絞って解説する。

まず「受容」について。「私なんて，この世に存在する価値はないのです」「悪いところばかりで，いい点なんて，一つもないのです」と語る人がいる。

この人を「無条件に受容する」とは，どのようなことであろうか。

「そんなことはありません。ただ，生きているだけで価値がありますよ」と言うことだろうか。そうではない。この人が語ることに対して，「生きているだけで価値がありますよ」と言うのは，クライアントの気持ちから目を反らしていることに等しい。クライアントは「私のどろどろしたところが面倒くさくなったから，この人は，体のいい励ましをしたくなったのだろう」と思うかもしれない。

それでは，「受容」とは，「あなたは無条件に素晴らしい」「ただ存在しているだけで，絶対的にすばらしい」と相手の存在そのものを無条件に，かつ絶対的に肯定し賞賛することであろうか。そうではない。セラピストからこんなことを言われたクライアントは，「セラピストは，私のどろどろした感情につきあうのが面倒くさくなったのだ。だからこんな一般論の，抽象的な励ましを言っているのだ」と感じるであろう。

「受容」とは，文字通り，「ただそのままを受け止めること」である。

「私は存在する価値がない」と言っているクライアントの，「自分には存在している価値がないという思い」をそのまま受けとめることである。「無条件の受容」とは，相手がどんな気持ちを表明しても，それをただそのまま受け止めることである。「あなたは，存在しているだけですばらしい」と，「絶対的に肯定する」こととは異なる。

　「受容」はむしろ，相手を肯定しもしないし，否定もしない。肯定とか否定といった価値評価的なことをしない姿勢である。

　したがって，「受容」においては，相手をほめもしなければ，けなしもしない。「いいですよ，その調子ですよ」と言うのは，「肯定」「賞賛」であって，「受容」ではない。

　ではなぜ，「受容」においては，相手をほめないのか。なぜ，ほめてはいけないのか。クライアントが，セラピストに「ほめられそうなこと」しか言えなくなるからである。

　また，「受容」では，相手に「賛同」もしなければ「同感」もしない。したがって「受容」では，「そうですよねー」とは言わない。「そうですよねー」は，賛同であり，同感である。同感と共感は，異なる。「そうですよねー」と，クライアントに賛同し同感すれば，クライアントは，セラピストの賛同や同感を得られなさそうなことを話せなくなる。これでは，日常会話と同じになってしまう。

　日常会話で私たちは，「そうですよねー」とお互いに賛同しあい同感しあっていく。これは心地よいが，しかし同時に，相手に賛同されないような気持ちは言葉にできなくなっていく。

　クライアントがカウンセリングや心理療法を受ける意味は，ひとつには，日常生活ではとても話せない自身の内奥の気持ちを言葉にして聴いてもらえることにある。そうした内奥の気持ちを，価値評価されずに，そのまま受け止めてもらえる「非日常性」にある。

　この「非日常性」を保つために，カウンセリングにおいては，「そうですよねー」とお互いに同感し賛同しあう関係とは異質な関係性を提供することを明確に維持しておく必要がある。

　お互いに同感しあったり賛同しあったりしない「非日常的な関係性」——ここでは，どんなことでもそのまま受け止めてもらえる。相手の賛同を得られるかどうかなんて気にすることなく，自由に話ができる——を保つために，ここはきわめて肝要な点である。

カウンセラーの価値評価——賛同，承認，賞賛——を気にかけることなく，どんなことでも自由に語ってよいという「受容」のもつ非日常性こそが，カウンセリングをカウンセリングたらしめ，日常生活の人間関係と一線を画すものであろう。
　そういう意味では「受容」こそ，カウンセリングや心理療法の本質を体現する要素である。

V　共感——相手の「心のフレーム」の内側に立って，相手になったつもりで理解する

　共感的理解の大切なポイントのひとつは，相手の「心の内側のフレーム（inner frame of reference）」（内的準拠枠，内的照合枠などとも訳される）に立って，その人自身になったつもりで，相手をその内側から理解することである。
　「心の内側のフレーム」とは，相手の「価値観，ものの見方，感じ方，考え方の枠」のことである。「もし，私がこの人で，この人と同じ価値観をもち，この人と同じ感じ方，考え方をしているのだとすれば，たしかにこんなふうに思うだろうなぁ」と，その人自身になりきったつもりで，相手をその内側から理解していくことである。その人自身になりきったつもりで，その人の内的な体験を，ありありと推測し想像してこうであろうか，を思い浮かべながら話を聴いていく姿勢である。
　共感的理解のポイントの2つ目は，気持ちが響いてくる，といった情緒的要素のみならず，自分の理解を確かめる，という認知的な要素が大きい，ということである。晩年の論文（Rogers, 1986）においてロジャーズは，クライアント中心療法でもっともよく使われる技法とされる「リフレクション（伝え返し）」について，「私の受け取り方をクライアントにチェックしてもらうこと（Checking Perceptions）」「私の理解をクライアントに吟味してもらうこと（Testing Understandings）」と言い，カウンセラー側の理解を「クライアントに確かめてもらいながら話を聴く」姿勢であると言っている。

クライアント	迷いながらも，なんとか，進んでいこうという決心を固めているんです。
カウンセラー	迷いながらも，なんとか，進んでいこうと。
クライアント	ええ，そうなんです……迷いながらも……なんとか，進んでいこうと……（自分の内側に響かせながら，確かめている）……

このときクライアントは，カウンセラーの言葉を自分の内側に響かせて，自分の心の内側とぴったりかどうかを吟味しチェックしている。

　傾聴で最も重要なのは，話を聴く側が「わかったつもり」「受容したつもり」「共感できたつもり」にならずに，自分の理解をそのつど，話をしている側に伝え返して，心の内側に響かせてもらい，それでよいかどうかを絶えず確かめ，微修正しながら進んでいく姿勢であろう。

文献

Rogers CR (1986) Reflection of feeling and transference. Person-Centered Review, 1-4 ; 375-377.

カール・ロジャーズ［諸富祥彦，末武康弘，保坂 享 訳］（2005）心理療法について何を知りえたか. In：ロジャーズ主要著作集3 ロジャーズが語る自己実現の道. 岩崎学術出版社.

 読書案内

ロジャーズ主要著作集3 ロジャーズが語る自己実現の道
［著］カール・R・ロジャーズ　［訳］諸富祥彦　末武康弘　保坂 享
岩崎学術出版社　2005年

　傾聴やロジャーズについて，解説書を読んだだけで「知っているつもり」になっている方が少なくない。ぜひ，ロジャーズ自身が書いた著作を読んでほしい。ロジャーズの著作を読めば，たとえば「傾聴」のもつ深い意味についても，必ずや大きな発見があるからだ。そのロジャーズの数ある著作のなかでも，「これぞ主著」と言えるのが本書である。米国や欧州の書店で，ロジャーズの著作が1冊だけ置いてあるとすれば，この本だ。

　この本を読むと，カウンセリングや心理療法の本質について改めて学び直すことができる。なぜ治療面接のなかで，カウンセラーが話を聴くだけで，クライアントが数々の気づきを得て変化していくということが起こりうるのか。そうした変化が起きるとき，クライアントの内面では何が起きているのか。そうした変化が起きる面接と起きない面接では，何が違うのか。そうした「セラピーの本質」について改めて考えさせられる1冊である。

はじめてのカウンセリング入門（下）──ほんものの傾聴を学ぶ
［著］諸富祥彦　誠信書房　2010年

　傾聴について私が大学院などで行なっているトレーニングの実際とそのエッセンスを記した本。傾聴のレベルをあえて格付けし，最上級の傾聴をどのようにして学習することができるのかを示している。深い，ほんものの傾聴を学ぶ体験学習の5ステップ式トレーニング法を紹介した。

　カウンセリング学習機関や大学院でトレーニングにあたっている方に，ぜひ読んで使って

いただきたい。限界まで平易に書いており，読者の方々も私とほぼ同様のトレーニングを行なうことができるように工夫してある。またカウンセリングを学んでいる方であれば，受講生同士4人1グループをつくって本書をもとにトレーニングを積んでいただければ，特に指導者がいなくても深い傾聴を体得する自主トレーニングを行なうことが可能である。

　傾聴の技量を高め，今よりワンランク上の「本物の深い傾聴」を習得されたい方にお読みいただきたい。

［探索］
「見る」こととカウンセリング

●
信田さよ子

I │ 開業カウンセリングの経験

　長年開業（私設）心理相談にかかわってきたカウンセリング経験にもとづき，「見る」ということについて述べてみたい。筆者のカウンセリングを実施する面接室は非常に狭い縦長の部屋で，そこに置かれた2つのソファにクライエントとカウンセラーが対面して座る。そこには大きな机もなく，PCもない。これが本稿の前提となっているカウンセリングの場の装置である。

　一般的に，カウンセリングにおいて「見る」主体はカウンセラーであり，クライエントは見られる客体として位置づけられてきた。カウンセリングでは言葉を「聞く」こと，共感的に「感じる」ことは重要視されてきたが，見ることに関してはあまり触れられることはなかった。その理由は，おそらく「見る」行為には，現前する姿かたち＝身体性が大きくかかわるため，言語的遂行を中心とし，クライエントとの身体的接触が原則禁じられているカウンセラーは，見るという行為を大きな課題にすることがなかったからだろう。

II │ 3つの「見る」

　それではまず，見ることを分類してみる。

　①相手と視線を合わせないようにしながら相手を見る（観察する）
　②視線を合わせて見る
　③見られていることを知りながら別の方向を見る（視線を外す）

このように「見る」行為には，さまざまなタイプがある。ここで介護の現場で奇跡の方法とまで評されて，大きな話題となっている「ユマニチュード」を例に取ろう。これは，フランス人のイヴ・ジネスト，ロゼット・マレスコッティ両氏によってつくりあげられた，主として認知症を対象とするケアの哲学および方法論のことである。ユマニチュードには「見る」「話す」「触れる」「立つ」の4つの柱がある。なかでも「見る」については，寝たきりになっている人の傍らに行き，正面から「視線をつかむ」ことが推奨され，つかみつづけながら2秒以内に話しかけるのが技法として推奨される。ほぼ寝たきりで時には暴力的になるような人たちに対して，ユマニチュードは「人間になる」ことを徹底する具体的技法を提唱している。見る方向性が関係性を決定すること，見ることと語りかけることがセットになっていることなど，カウンセリングの原点ともいうべき点が技法化されており，最も困難な認知症ケアの技法がカウンセリングの基本と通底していることに気づかされるのである。

III｜視線をつかまれる

　「視線をつかむ」という視点から，ユマニチュードとカウンセリングを対比してみよう。私たちは認知症の人たちの援助者のように，ベットサイドに行き変化を起こさせることが仕事ではない。むしろクライエントは変化・解決・転換させたい何か（課題・問題）があって自ら来談しているのだ。来談されるという関係性において，すでに私たちは「つかまれている」のであり，相談料はその対価なのだ。サービスとしての心理臨床という言葉が意味するのは，つかまれる存在としての心理臨床家ということなのだろう。
　見ることに引き寄せれば，出会った瞬間からカウンセラーはクライエントに視線をつかまれる。つまりカウンセラーは，クライエントに対して受動的関係性から出発するのである。たとえば精神科医療では一般的になっているPC画面に向かい合いながら患者を診療する場合，上述の③「見られていることを知りながら別の方向を見る」のである。しかし多くの医師は，データを打ち込む作業によって受動性を自覚しないですむのである。電子カルテの導入は，省力化と同時に，「見る」ことをめぐる関係の錯綜を回避可能にしたといえよう。

IV 出会い

　カウンセラーとクライエントとの出会いは，②の視線を合わせる（交錯させる）ことから始まるのだが，それはさらにつかまれるという受動性から始まる。クライエントの能動性（相談料(セッションフィー)を支払い，予約時間に間に合うように来談する）ゆえに，カウンセラーは出会った瞬間，自らをつかまえた相手を見る強度をもたなければならない。ホスピタリティあふれる笑顔で，緊張感がほぐれるように自己紹介するのは必要不可欠な導入であるが，それがどれほどの強度によって支えられているかは秘められなければならない。おまけにこのわずかな時間で，能動的観察を行なうのである。服装や表情，疲労度などを約1秒で看取する。重要なポイントは，「見る」という能動性がクライエントに伝わらないようにすることである。

　カウンセラーからの視線はあくまでクライエントにつかまれながらでなければならない。なぜならクライエントが来談したのは，相談料を対価とする何かのためであり，カウンセラーはそのための存在だからである。

V 展開

　クライエントの話を聞きながらどのように質問や相槌をはさむかについては詳述しないが，時間や内容の変化に伴って，視線がさまざまに変化することが観察できる。それを4つに分けてみる。

①横を向いて座りながら時々こちらを見る
②正面に座って身を乗り出すようにずっと視線をつかまえつづける
③視線をこちらの方向に向けているのだが，自分の話に熱中してカウンセラーを見ているわけではない
④話しながら別の方向を見て沈黙してしまう

　このようなクライエントの視線に応じて，カウンセラーの視線も変化していくし，させなければならない。①のように視線を外されていると，カウンセラーは視線の強度を減衰させる必要がある。②の場合は，つかまれるままにしなければならない。ここで視線を外すと，カウンセラーが逃げたり関心を失ったりしたと判断される可

能性がある。③の場合は，相談記録を活用する。うつむいて記録を取る姿勢によって，一生懸命話を聞いていることを証明しつつ，視線を少し外すことで話への熱中度・内圧を下げることができる。④の場合は，カウンセラーも同じように「う〜ん」と言いながら腕組みをして天井を見上げて考え込んだりする。

　カウンセリングと並行して相談記録を筆記できるかどうかは，このようにクライエントからの視線をつかまえる強度によって決まってくるのではないだろうか。

VI｜勾配関係の構築

　では，カウンセラーは受動性に徹するものであり，それがサービスなのだろうか。実際カウンセラーが負っているのは，一般的な受動性(パッシヴネス)とは異なり，課題・問題の解決が付託されているそれなのである。私たちが帯びる権威や権力性，勾配関係の上位に位置することも，その付託の一環なのである。クライエントの多くは「こんなに話を聞いていただいて申し訳ありません」「お耳汚しの話ですが」「本当にお恥ずかしいばかりです」といった言葉とともに勾配関係をつくりあげる。いわばワンダウンの位置取りをしながら，カウンセラーを勾配の上位へと持ち上げるのである。

　その勾配関係は，クライエントがカウンセラーである私たちから有効な解決方法や情報を引き出すために自ら構築しているものである。しばしば経験することであるが，クライエントはどう行動すればよいのか，どのように考えればいいのかが半ばわかっている。にもかかわらず混乱ゆえに明確に自覚できず，それに向けて動機づけできず，決断する迷いを払拭できず，行動に移せない。自己決定という言葉を用いれば，自ら決定することへの怖れがあり，それに伴う責任を負いきれないのである。だからカウンセラーに会って「○○しなさい」「○○したらどうなんですか」と言われることを期待し，望んでいるのである。なかにはそのようなカウンセラーもいるだろうし，ご託宣を述べる人もいるだろう。

　クライエントから構築された勾配関係に受動的に乗るというのも，時には必要とされることは事実だ。権威的位置取りをクライエントからの要請に伴って行なうことは，見ることと大きなつながりをもつ。

　つまり，クライエントの視線をカウンセラーが更なる強度で，つかまえるのである。こうすることで勾配関係は明確になり，カウンセラーの発言は水が低いほうに流れるように効果的に伝達される。視線をつかまれることで，クライエントは「決めてもらったことに従う」という行動に踏み出せるのである。

たとえばDV被害を自覚した女性や，親との関係に苦しむ女性などは，配偶者や親から離れることを望みつつ，並行して生起する罪悪感や恐怖によって身動きできない場合がある。そのようなクライエントから私たちは視線をつかまれるのであるが，それを圧する強度で彼女たちの視線をつかまなければならない。それは私たちの権力への欲望ではなく，クライエントから付託された勾配関係の権威性を受諾することなのである。

　それはしばしば多大なエネルギーを要するものであるが，感情労働や共感疲労などとは異なる疲れなのだ。しばしば彼女たちは「背中を押してもらいに来ました」と言うが，そこには見ることを窓口にした，受動性と権威・権力の付託を伴うカウンセラーとの「つかむ／つかまれる」という関係性が展開しているのだ。

VII｜終了時間

　カウンセラーは，時計を配分しながら終了に向けて進行する。クライエントが終了時間をどのように意識しているかは，時計への視線によって3つに分けられる。

　　①カウンセラーの態度や視線を見ることで時間を測りながら話す人
　　②一切気にしないで話す人
　　③時々携帯や時計を見ながら「あと少しですね」と確かめながら話す人

　カウンセリング時間の終え方は最も注意深くしなければならない。10分前になった頃から，どこでセッションを終えるか，最後に何を伝えればいいのかを頭のなかで組み立てながら話を聞いたり質問したりするのだ。②のタイプは，予定時間を過ぎても気にせず，セッションの時間をできるだけ引き延ばそうとする。しかし，一瞬時計を見るカウンセラーのしぐさを，見逃さないクライエントは多い。なかでも①のタイプは浮き足立ってしまうので，視線をできるだけ動かさないようにしなければならない。③のタイプは「もう時間ですか」と尋ねてくることが多く，「大丈夫ですよ，あとまだ15分ありますよ」などと正確な残り時間を伝えるようにしている。

　クライエントがどれほどカウンセラーの視線を見ているかを思い知らされるのが，この時計への一瞥なのである。

Ⅷ 「見ない」こと

　時代劇の大名行列の場面では，ひれ伏している町人が行列を見たというだけで打ち首になり，百人一首の絵札でも，高貴な人たちは御簾に隠れて顔が見えないように描かれる。多くの宗教は，秘仏や聖痕といった不可視の存在を信仰の対象とする。見ることは，対象を客体化する＝自らを主体化することを意味するので，神聖化と権力化は，客体化されること（＝見られること）を禁忌としたのだろう。心理療法のなかには，あえてカウンセラーがクライエントから見えないようにしたり，クライエントを見ないようにする技法もある。相手を見ることで主体化され，その結果として生じる相互性が言葉への集中と内省や洞察に抵触するのかもしれない。このように見ないことで相互交流を遮断し，一方向的関係性を構築しようとする心理療法があることも付け加えておきたい。

Ⅸ おわりに

　カウンセリングの対極ともいえる認知症ケアにおいて提唱された「視線をつかむ」というユマニチュードの中心的課題は，徹底して相手を人間としてあつかうことを意味する。そして，（開業＝私設）心理相談においても，「見る」ことをめぐるクライエントとの「つかむ」「つかまれる」関係性が重要な役割を果たしている。そこに生じる勾配関係と非対称性が，クライエントからの付託を受諾することによって生じるということを自覚し，クライエントの変化や課題・問題の解決に「見る」ことを生かしていく必要があるだろう。

文献
イヴ・ジネスト，ロゼット・マレスコッティ［本田美和子 訳］（2014）ユマニチュード入門．医学書院．
信田さよ子（2014）カウンセラーは何を見ているか．医学書院．

 読書案内

カウンセラーは何を見ているか
［著］信田さよ子　医学書院　2014年

　カウンセリングの技法やその効果ではなく，カウンセラーの位置取り，見る，聞くなどについて，臨床経験にもとづいて公開した一冊である。カウンセラー自らの権力性はセッションフィーと引き換えに付託された信頼によって正当化されること，カウンセラーを査定するのは同業者やスーパーバイザーではなくクライエントであるということ，これが最も主張したかった点である。本稿と併せて読んでいただければ幸いである。

[理解]
組み立てる＝アセスメントから ケースフォーミュレーション

藤岡淳子

　アセスメントは，情報に基づいた効果的な治療を行ううえで不可欠であり，その後の介入すべての基盤を提供する。それは個々バラバラに「心理機能」を測るためのものではなく，持てる力を伸ばし，弱点を補うためにクライエントの多様な側面と彼（女）をとりまく環境とに関わる情報を入手し，まとめていくことを目指す。ただし，アセスメント結果を求めている機関や対象者の特質に応じて，入手すべき情報や報告すべき重点は異なる。また，近年は，問題や欠点に関する情報だけではなく，本人と環境の持つ強さやレジリエンスに関する情報を考慮することの重要性が強調されるようになってきている。実際に治療や介入を行う際には，強さとリソースが重要な役割を果たすからである（プリント，2015）。

　本稿では，①最初に会ってアセスメントに必要な「関係」を作ること，②必要な情報を集めること，③集めた情報をもとに「見立て」を行い，それをクライエントと共有しながら共に今後の方向性を作っていくこと，および他者に伝達するためのケースフォーミュレーション（事例定式化），という3段階を追いながら，重要と考える点を論じる。

I｜アセスメントに必要な「関係」を作ること

① 不安と緊張への対処
　アセスメントは，臨床家にとっても緊張する場面であるが，クライエントにとっては，さらに不安と緊張が高いことがほとんどであろう。心理臨床では，面接室などの臨床家のフィールドで行うことが多いので，クライエントにはアウェイとなるのでなおさらである。最初に顔を合わせた際の表情，姿勢，態度，服装，印象などは，新奇場面でのクライエントを表す重要な情報である。それらの情報をインプッ

トしたうえで,できるだけ速やかに平常な状態に近づけるよう心を配る必要がある。それには,安心・安全感を体験してもらうことが必須である。そのために留意すべきことにはどのようなことがあるだろうか？

　まずは,臨床家自身が安心していて,穏やかで信頼できる印象を与えることが不可欠であろう。これを満たすには,ある程度場数を踏むことが必要である。アセスメントの手順を構造化しておき,次に何をすべきか十分に把握していることも役に立つ。事前に得られている情報に目を通し,どういったことが問題となりうるのか心当たりをつけ,必要な書類やツールをきちんと用意する。面接の時間をクライエントの課題に集中できるよう,自身の集中力や他者への関心など情緒的安定を維持しておくことが前提となり,そのためには日頃の自身の心のケアが必須である。これはアセスメントに限らず,また臨床に限らず,仕事をするうえでの大前提でもある。

2 アセスメントの目的・枠組み・秘密保持の原則とその限界を伝える

　臨床家自身にとっても枠組みや手順を明確にしておくことが安心につながるのと同様,クライエントにとっても,明確な枠組みの提示,予想と見通しの提供が,安心感構築の基盤となる。

　迎え入れ,来談をねぎらい,自己紹介をし,クライエントの氏名などを確認した後は,来談についての今の気持ちや思いを尋ねる。本人がアセスメントを受けることに積極的なのか消極的なのかを見ながら,アセスメントの目的と,どうやって進めるか,どのくらいの時間がかかりそうか,結果をどのように使うかといった枠組みを説明する。特に大切なのは,「秘密保持の原則とその限界」である。「ここでの話はここだけのこと。家族にも伝えない」という原則と,ただし主治医,弁護士などアセスメントの依頼者に対しては報告すること,そして自傷他害の恐れがある場合は,秘密保持の原則には従えないことを明確に伝える。ちなみに家族同伴で来談した場合,最初に同席でこうした枠組みや秘密保持の原則とその限界について共有した後,家族には席をはずしてもらう,あるいは別室で別の担当者が話をうかがうほうがよいと感じている。これは本人中心であることを示すことにもなる。面接の最後に家族に戻ってもらい,今後の方向性について共有しておく必要があることを話し合う。

　ほとんどの場合は,ここまでで,こちら(臨床家)に目が向いてきたという印象を持てる。

③ 動機づけと協働関係

　加えて，アセスメントは本人の正直な話がないと不可能であること，その意味で，本人と臨床家の協働作業であることを強調し，嘘や隠し事をできるだけしないようお願いする。どうしても言えないときは「言えない」と言ってほしいと伝え，「後で思い出したときはいつでも言って」と頼んでおき，後から「事実」を知った場合は，「話してくれてありがとう」と感謝を述べる。これでだいたい自分から話してくれるという構えができる。アセスメントの結果は本人も確認できること，あるいはフィードバックすることも伝える。専門家にお任せしておけばよいとか，あるいは支配されるという関わりではなく，できるだけ本人が自身のパワーを体験し，発揮できる状況を作り，力を合わせて作業を行っていくという関わり方を提示することが大切であると考えている。

　専門家の役割と責任は，安心・安全な場を作り，そこで本人の力を充分に発揮できるようにすることであり，その意味でのリーダーシップと専門性の発揮は不可欠である。そうした場を作るためには，本人に，こちらが望んでいることを明確に示す必要がある。

II ｜ 必要な情報を集めること

　アセスメントに必要なある程度の協働関係が作れたら，いよいよ必要な情報を集めていくことになる。主となる方法は，やはり本人との面接であろう。とはいうものの，心理検査などの検査，あるいはカルテや公的記録，さらに家族からの情報など，第三者からの情報を照らし合わせていくほうが，より信頼性・妥当性が高く，全体像としてクライエントを立体的にとらえることができるであろう。

　必要な情報を挙げると以下のようなものとなる。

(1) 個人的要因（生物的／発達的，心理的特性，行動上／対人関係上の困難など）
(2) 環境的要因（幼少期の親子関係・家族の問題，学校適応，ストレスなど）
(3) 誘発要因
(4) 個人的な維持要因（主訴あるいは問題の詳細，自己概念と社会的機能など）
(5) 個人的な保護要因（主訴あるいは問題の詳細，自己概念と社会的機能など）
(6) 環境的な維持要因（主訴に対する周囲の態度，家族機能，社会的状況など）

(7) 環境的な保護要因（主訴に対する周囲の態度，家族機能，社会的状況など）

　このように列記すると，聞き漏らしてはならないとか，短時間でこんなに聞けないと当惑する可能性もあるが，実際には，これらを一つひとつ聞いていくわけではない。これらを頭の片隅に置きつつも，できるだけ本人に自由に話してもらい，そこから道筋を見つけ，仮説を立て，それを検証する質問をしながら，個人と環境について，その特徴と弱みと強み，それらがどのように現在の主訴あるいは問題につながっているかなど，全体像をつかむことを目指す。以下に筆者の考える「コツ」を挙げておく。

1 面接

　たとえば，司法場面でのアセスメントなどで，犯罪事実から聞きはじめることに抵抗感があり，面接をどこから始めるか迷う人も案外いるかもしれないが，そうした場合も含めて，まずは来談理由から入るのが自然であろう。来談理由とか主訴とはいっても，表に出ているもの，たとえば家族や学校，裁判所など他の人から来させられた理由と本人の意図とは異なることが普通だからである。ここまでに一定の信頼関係や話す構えができていれば，来談理由についてご自由に話してくださいと水を向けると，自身の方向づけで話しはじめてくれる。

　このように自由に話しはじめた最初の5分から10分は，特に集中して耳を傾け，よく観察し，クライエントについて仮説を立て始める大切な時間である。話のまとまり，どこから話を始めるか，それは外的な来談理由と同じなのか違うのか，どの程度正直あるいは率直か，アセスメントや面接者に対してどのような構えがあるのかといったことを心に留めながら，話をうかがう。ある程度のまとまりと話す意欲があれば，しばらくはふんふんと聞いているだけで，むしろ余計な質問を挟まないほうが話は進んでいく。質問には，「流れを変える」「視点を転動させる」という効果があるので，まずは本人の視点にできるだけ近づけるよう，流れに掉ささず，身を任せて相手の波長に自身の波長を合わせていく。事前には思っていなかった事実が明かされ，展開していくこともしばしばである。ここで話がうまく流れないことがわかれば，クライエントの主体性をできるだけ損なわずに情報を集める話の聞き方の工夫を施す。

　ある程度調律でき，あるいは話がひと段落つくと，「会う前よりほんの少し見えてきた」という気がしてくる。最初はどこへ行くのかまったくわからない冒険のよう

なものであるが，徐々に見たことのある風景，似た風景を頭に浮かべることができてくる感じがする。「こういう風景だと，ここが大切なのでは？　こうなっているのでは？」という疑問が浮かんでくるので，そこを質問する。流れている舟に少し別の力を加えて，進行方向を少し修正したり，様子を見るという感じであろうか。欲しい情報を入手し，また質問に対する本人の反応を見聞きしながら，仮説を発展あるいは修正させていく。流れのなかで，問題の経過や家族，成育歴に関わる質問をすれば自然に話が広がり，そのなかで，心理機能やその特徴といったことも見えてくる。アセスメント時に特に必要なことは，傾聴し，共感しつつも，現実検討や論理的思考を見失わないことである。

　1点から始まって，徐々に広がり，「絵」になってくる感じがすると，ワクワクしたり，ちょっと驚いたり，こちらの感情も動くことが多いが，冷静な思考を保つ必要がある。同時に，折に触れ重要と思われるポイントでは，可能な限りの理解と共感とを示す。そのほうが，クライエントも話しやすく，話は展開しやすいように思える。

② 本人との面接以外の情報

　紙数の限りもあり詳しくは述べられないが，心理検査，公式記録，本人の他の場面での行動観察，あるいは家族や教師など身近な人からの面談による情報など，他にどのような情報を集めるかは，重要な判断となる。心理検査や他の検査をするのか，するとすれば何をどのように行うのか。一般に無暗に多種類の検査を実施する傾向も見られないでもないが，対費用効果を考えつつ，戦略的にテストバッテリーを組む必要がある。たとえば，司法臨床ではリスク・アセスメントが不可欠であるなど，それぞれのフィールドに応じて基本となるバッテリーはある程度決まってこよう。

III ｜「見立て」からケースフォーミュレーション（事例定式化）へ

　90分程度の面接後，その時点での「見立て」を本人（および家族）と共有し，治療や介入によってどの程度問題が改善する見込みがあるか，どのような治療や介入の効果が期待できるか，費用や期間はどれくらいと予想されるか，それらを受ける意思があるかどうかを話し合う。他機関からの依頼によるアセスメントの場合は，その機関による今後の流れなどを説明し，自身の機関で治療を受ける場合には，治

療の枠組みや仕組みなどを説明し，治療契約にまで至ることが多い。もちろん，「見立て」は治療と介入の進展や結果を見ながら，随時見直しつづけることを説明する。次の予約を取り，それまでにやっておくべきこと，注意すべき点があればそれを伝える。

　情報収集後にもまだ重要な仕事が残っている。アセスメントから得た大量の情報を整理し，まとめることである。介入プランを作成したり，他の治療者や機関に説明するためには，不可欠な過程である。ケースフォーミュレーションとは，検証可能な仮説を進展させるような方法で重要な情報を統合することである。それは，①問題を明確にし，②問題がどのようにして始まり，どう維持されているか理解を助け，そのうえで，③個別の治療・介入計画を策定することを目標とする。したがって，どのような情報を入れ，どのようにまとめ，治療計画を立てるかは，基盤とする心理学的モデルによって異なる。ケースフォーミュレーションは，理論に基づき，その理論の実証的な根拠によって支えられていなければならないのである（ネズほか，2008）。本稿は，認知行動療法に基盤を置いているが，もちろん精神分析に基盤を置くこともできる（マックウィリアムズ，2006）。

　どのような理論的モデルを使うかは，それぞれのフィールドや臨床家によって異なるであろうが，自身の臨床に有効な理論を中心に，活用できる理論的モデルを学びつづける必要がある。たとえば，性加害行動を持つ少年のアセスメントを行うとなれば，RNR理論は必須であるし，加えてグッドライフ・モデル，さらにアタッチメント，精神力動論，認知行動療法，発達理論などに目を配っておくことが望まれる。そして，理論はアセスメントとケースフォーミュレーション，そして治療と介入の経験から学ぶことによって，臨床家のなかにしっかりと根付き，自身の言葉で活用できるようになる。

　最後になるが，プリント（2015）が，「ケースフォーミュレーションは，しっかりとしたアセスメントに基づいたものであり，できれば若者自身や彼らを支えるネットワークと協働で行われることが望ましい」と述べているように，狭い意味での心理臨床にみられるような，個人しかも場合によってはその心理面だけに注意を向けるものではなく，家族や学校・職場，友人関係，地域社会といった環境面に関する情報と個人との関わり方についても情報を集め，介入計画に盛り込んでいくことが，今後の臨床実践において重要性を増していくものと考えている。そうなると，心理学的理論ばかりではなく，社会学など近隣領域の理論にも目を配る必要が生じてくるであろう。

文献

伊藤絵美(2010)認知行動療法実践ワークショップⅠ――ケースフォーミュレーション編(1).星和書店.

ナンシー・マックウィリアムズ［成田善弘 監訳］(2006)ケースの見方・考え方――精神分析的ケースフォーミュレーション.創元社.

アーサー・ネズ,クリスティン・ネズ,エリザベス・ロンバルト［伊藤絵美 監訳］(2008)認知行動療法における事例定式化と治療デザインの作成.星和書店.

ボビー・プリント 編［藤岡淳子,野坂祐子 監訳］(2015)性加害行動のある少年少女のためのグッドライフ・モデル.誠信書房.

読書案内

認知行動療法実践ワークショップⅠ――ケースフォーミュレーション編(1)
［著］伊藤絵美　星和書店　2010年

　認知行動療法に基づくインテーク面接,初回セッション,応急処置について,きわめて実践的に述べられている。実例が豊富に掲載されていてわかりやすく,役に立つ。

性加害行動のある少年少女のためのグッドライフ・モデル
［編］ボビー・プリント　　［監訳］藤岡淳子　野坂祐子
誠信書房　2015年

　リスクとストレングスの両方を評価し,介入のためのグッドライフ・モデルに基づくプランを作成していく道筋がわかりやすく記載されている。

触れあう＝「今ここ」での関係
[理解]

福島哲夫

I｜はじめに

　カウンセリングでクライエント（以下，Cl）とカウンセラー（以下，Co）が触れあうということについて，わかりやすく説明するのはとても難しい。いろいろなレベルの触れあいがあり，さらにどのように触れあうとClがどのように感じるのかという予測も効果もわかりにくい部分が多いからだ。また，主訴や相談内容とは別に，さまざまな要因が絡み，さらには意識的な触れあいと無意識的な触れあいとがあることをまずは認識しておきたい。そして，このようなさまざまな要因のうちCl側のそれは，はじめから明らかな場合も多いが，Co側のそれは，自身にもよくわからないまま巧妙に覆い隠されつつ，それでも数回会ううちに，クライエント－カウンセラー関係に多大な影響をもたらしはじめるのである。

II｜「今ここで」触れあう
　　　──ロジャース・精神分析・ユング・認知行動療法

　カウンセリングにおいてCoとClが心理的に触れあうとは，どういうことだろうか。カール・ロジャースによる，「治療過程が生じる条件」としてあげられている6条件のうちの第1条件が，まさにこの触れあいに関するものである。それは「二人の人が心理的な接触をもっていること」とされている。そして，第2条件以下は，例の主要3条件とそれがClに伝わっていることなどが続く。

　しかしその一方で，精神分析においては「Clの欲求を満たしてはいけない」として，Clの触れあい欲求や不安低減欲求をある程度でも満たすような治療法を「支持

的療法」と下に見る傾向がある。でありながらも，やや古い研究ではあるが，精神分析的精神療法で顕著な改善を示したのは，すべて支持的な要素をもった精神療法だったという報告もある（生田，1996）。

　ユング派においては，箱庭療法を分析心理学の技法として導入したドラ・カルフ（1999）の「自由で保護された空間の中での，母子一体感にも似た」という言葉からも，十分に触れあいを重んじていることがうかがえる。ユング自身の著作に当たれば，とくに『分析心理学』や『転移の心理学』のなかで，ClとCoの無意識的な触れあいとしての「神秘的関与」による両者の変容が，その危険性への十分な注意喚起とともに述べられている。

　認知行動療法においては，触れあうことについて積極的に論じられていないが，「ホットな認知を扱う」として，感情を伴った認知を喚起する場合がある。おそらくこのような認知を取り扱う際には何らかの触れあいが生じているはずだが，あまり正面から「触れあい」として取り上げられることはない。

　筆者の基本的な姿勢は，統合的心理療法を探るというものである。ここまでに述べてきた技法も態度もClに合わせてカスタマイズするという考え方であるため，この項の結論を述べてしまえば，「Clに応じて，最適な形で触れあうことをめざす」ということになる。それは単にクライエントの求めに応じるわけでも，Clに同調するわけでもない。あくまでも「個々のClに最適な」触れあいをめざすのである。

　しかし，そんなことがいったい可能なのだろうか。たしかに不可能かもしれないが，不可能と知りつつめざすことが，不可能だからめざさないよりも，はるかに質の高いものになると考えている。では，何をよりどころに最適な形を推測するのかは，本稿の後半で述べることにする。

III ｜ 各学派における「触れあい」方

　来談者中心療法における「触れあい」は，Coの「うなずき」「相づち」から始まって，Coの共感と「無条件の肯定的関心」によって，すでにある程度成立する。さらにCoの純粋性に由来する「Coの自己開示」によってなされることが多い（Coの自己開示については本書の「自己開示」の章を参照）。

　また，精神分析技法における「今ここ（here and now）」では，主にClがこれまでの人生で繰り返してきたパターンをCoとの間でも繰り返していることを，まさにその瞬間に指摘する。その意味では直面化などの解釈技法の中心となるものである

ため，詳しくは本書の「解釈」の章に譲りたい。この解釈技法であっても，自我心理学的な精神分析における「解釈の投与」から，サリヴァンに代表される対人関係学派や，ウィニコットやビオンに代表される対象関係論，さらにはコフートの自己心理学派におけるかなりソフトな「言葉による触れあい」と言ってもよさそうな解釈の伝え方まで，大きな幅があると言える。なかでも特にビオン（Bion, 1970）の有名な言葉「記憶なく，欲望なく，理解なく」は，もちろんCoが何もしないことを指しているわけではなく，そこで敏感かつ繊細に触れあっていることを表す言葉として，現代精神分析の目指している方向性を示してくれている。

　さらに近年確立されつつある統合的心理療法のなかでも，触れあいはさまざまな言葉で重視されている。感情焦点化療法（Emotion-Focused Therapy：EFT）(Greenberg et al., 1993) では，まさに感情に焦点化していくために，「空の椅子」や「二つの椅子」の技法を使いながら，CoがリードしつつClのこれまで封印されてきた感情にまで触れていく。この際にCoが共感的に肯定すること（empathic affirmation）や共感的に探索すること（empathic exploration）が重要視されている。また，精神力動的なアプローチから発展した短期力動療法のひとつである加速化体験的力動療法（Accelerated Experiential Dynamic Psychotherapy：AEDP）(Fosha, 2000) では，セラピーの場の安全性を確保するためにClを積極的に肯定すること（affirmation）を重視しながら，トラウマティックな感情に対して「そこに私（Co）といっしょに留まって！」と伝えて，十分に触れていくことで変容を促進する。さらに弁証法的行動療法（Dialectical Behavior Therapy：DBT）(Linehan, 1993) では，承認（Validation）やはげまし（Cheerleading）によってClの問題行動を「これまでの経緯からすれば妥当なもの」と認めつつ，新しい行動を応援するという形で触れあっていく。

　おそらくシステムズアプローチやその他のブリーフセラピーにおける「リフレーミング」や「エンパワーメント」（どちらも本書の別稿を参照）も，結局は触れあいながら行っているという点では触れあいのための技法でもある。

IV　verbalな触れあいとnon-verbalな触れあい
―― 「視線」「うなずき」「相づち」「沈黙」「声のトーン」「笑い」

　ここまで紹介してきた理論や概念を抜きにしても，CoとClが会った瞬間から，すでに視線による触れあいが始まり，Clが話しはじめれば「うなずき」「相づち」という形で触れあいが進んでいく。さらに沈黙にどう対応するか，声の大きさや話す

スピードによっても，触れあっているかどうかの差は截然とする。そしてそれらがうまく進んでいった後に自然な「微笑み」や「笑い」にまで到達できれば，かなり触れあえているかもしれない。これらはすべて基本的にはClのスタイルに合わせるべきである。視線は「じっと見つめてくるClには，こちらもじっと見つめて」いく。反対に「目を逸らしがちなClには，Coも見つめすぎないように」することが大切である。そして「ヒソヒソ話」には「ヒソヒソ話」で応じることで，静かだが劇的な触れあいが生じることもある。

　もちろん，描画や箱庭による触れあいや，時には筆談，例外的には動作法のような身体的な触れあいもある。いずれにしてもnon-verbalな触れあいは，とてもインパクトが大きいものだが，Coの側は定型化して無自覚になっていたり無神経になっていたりする場合がある。時々，自分の面接を録音・録画して，自己チェックを試みたり仲間同士のチェックを受けたりすると，このような歪みが修正できる可能性があるので，お勧めする。

V｜添った触れあいとズラした触れあい

　特にnon-verbalな触れあいは，触れあっていればいいというものではなく，「Clにぴったり添った触れあいができていればいい」ということでもない。たとえば，いつもとても明るく元気よく話すClに合わせて，こちらも明るく元気よく話しつづけたとき，「先生，能天気なんですね」と言われたことがある。反対に，Clに合わせて暗く沈黙がちに対応していて，「そんな暗い顔しないでください」と言われてしまったこともある。どちらの例も，このように言われること自体は悪くないし，こう言いあえる関係があるということは，関係作りに成功している証拠だと言える。しかし，Clがこのように率直には言えずに不満を募らせ，関係が修復不能にまで陥る場合もある。

　つまり，声のトーン，話す速度，視線，沈黙，笑い等々のすべてに関して，Clのそれに合わせつつも「合わせ過ぎない」という「意図的なズラし」も必要なのである。速くて大きなしゃべり方には，それとかけ離れない程度のゆっくりめで中くらいの音量の声で応じる。表面的な語りには，それよりもやや内容を深めて返すなどの意図的な「ズラし」である。同様に，あまりにも沈んだ沈黙がちのClには，それよりもやや明るめの声で，少しCoのほうが言葉多めにする工夫も必要だと思う。笑いに関しては，ここで短く論じるのはとても難しいが，基本的にはClの笑いについ

ていくべきであり，「ごまかし」でない笑いが自然に起こるようなセッションは，これこそまさに触れあいの極致と言えるだろう。

VI │ 触れあうことはパンドラの箱を開けるのに似たリスクを含む

　ここまで述べてきた「触れあい」が，同時にリスクをはらんだものだということも強調しておかなくてはいけない。自己開示も，「今ここ」の解釈や直面化も，non-verbalなものも，すべて下手にやったらClを傷つけたり，セラピー関係を修復不能なまでに損なうことがありうる。

　けれども，この「触れあうこと」なしには本当の変化が生じることが難しいケースが多いのも事実である。ある女性専門職のClは，30回近いセッションを経た後，Coの対応のズレに対して，Coの促しに応じてかなり厳しいCo批判を繰り広げ，その後に初めてCoへの信頼感がもてるようになり，自己愛傾向が弱まっていった。これも，通常ならば「何もしない」はずのところで，Coがあえて触れあっていったからこそ起こった怒りであり，厳しい批判であった。

　このように，触れあうことはそれまでClが固く閉ざしていた心のなかの「パンドラの箱」を開けることにつながり，そこには激しい怒りや深い悲しみ，雪女のように触れるものすべてを凍てつかせる恨みが秘められているかもしれない。しかし，これを開けなければ変容が訪れないなら，慎重に意図的に開いていくしかない。

VII │ どのようなClにどのように触れあっていくのか

　では，本稿の本題ともいうべき「どのようなClにどのように触れあっていけばいいのか」というテーマについて，簡単に解説したい。福島（2006, 2011）においては，Clの内省力と変化への動機づけを簡単な質問でアセスメントして，それに応じて大まかに4種類の態度と技法を調整すべきであるとした。

　ここにごく簡単にまとめれば，内省力と動機づけがともに高いClには，受身的中立的な態度で，まさにこれまでの教科書にあるような来談者中心的あるいは精神分析的な触れあいから，洞察を促すような態度でいるのがよい。しかし，動機づけが高いものの内省力の乏しいClには，Coがリードしながら触れあいつつ，心理教育を中心とした関わりが必要となる。さらに内省力が高くとも変化への動機づけが低い場合には，Coは積極的に感情面に触れたり，Co自身の感情をある程度開示した

り,「肯定的介入」でClと触れあったりしないと変化が生じない。最後に動機づけと内省力がともに低いClの場合には,触れあい自体が難しいが,Coの肯定的な触れあいや,時にはCo自身の失敗談や挫折体験をすら含んだ「体験の自己開示」が有効な場合もある。本書の別稿で論じられる「ミラクル・クエスチョン」や「リフレーミング」が特に有効なのも,この領域のClである。

　福島(2006, 2011)の統合モデルでは,これら以外にClのスピリチュアルな次元も,ClとCoとが響きあう領域で深めていくべき項目として含まれているが,詳しくは上記文献を参照していただきたい。

Ⅷ 今後の展開

　筆者は,ここ数年,ここで述べてきたような「触れあい」に関して,シンプルに「ClとCoの心理的距離」という視点からとらえられないかと試みている。図1のような2つのスケールを,カウンセリング・ロールプレイや試行カウンセリング,さらにはカウンセリング実験の評定軸として用いて,ある程度の有効性が確認できている(樽澤・福島,2015)。少なくともCo側がこのようなスケールを頭に入れて,「今ここ」での関係性への感覚を研ぎ澄ますことが何より重要と思われる。

　さらにMallinckrodt et al. (2014) によって試みられているような,理想的な「治療的距離」とClのアタッチメント・スタイルとの関連を探ることによって,Clごとに異なる理想的な触れあいを提供する際の指標となるのではないかと考えている。Mallinckrodt et al. (2014) によれば,治療前に回避的なアタッチメント・スタイルを示したClは,Coの関わりを「近すぎる」ものとして知覚し,反対に治療前に不安を感じていたClは,Coの関わりを「遠すぎる」と知覚していたという。さらに治療の進展によって,はじめは回避的だったClがCoに対して関わりをもつように

図1　ClとCoの心理的距離測定スケール

なり，反対に治療前に不安の高かった Cl は，期待に反して治療後も自律性が高まっていなかったとしている。

　この研究はまだまだ試論の段階であり，Cl のアタッチメント・スタイルや治療的距離をどのように測定するかという方法上の問題もあるが，「個々の Cl に最適な触れあいを探る」という点では，可能性に満ちた研究だと言える。

　いずれにしても，触れあい方に唯一正しい定式化された解はない。何らかの指標をもちながら，その瞬間瞬間に最適なものを選び取っていくしかない。その意味で，「探究する姿勢」が欠かせないということを強調して，本稿を終えたい。

文献

Bion WR (1970) Attention and Interpretation. London : Tavistock (Maresfield Reprints, London, 1984).

Fosha D (2000) Transforming Power of Affect : A Model of Accelerated Change. New York : Basic Books.

福島哲夫 (2006) 心理臨床学の基礎としての折衷・統合的心理療法——基本的態度の微調整と技法選択に関する試論．大妻女子大学人間関係学部紀要 8 ; 49-61.

福島哲夫 (2011) 心理療法の3次元統合モデルの提唱——より少ない抵抗と，より大きな効果を求めて．日本サイコセラピー学会雑誌 12-1 ; 51-59.

Greenberg LS, Rice LN & Elliott R (1993) Facilitating Emotional Change : The Moment-by-Moment Process. New York : Guilford Press. [岩壁 茂 訳] (2006) 感情に働きかける面接技法——心理療法の統合的アプローチ．誠信書房．

生田憲正 (1996) 精神分析および精神分析的精神療法の実証研究 (その1)——メニンガー財団精神療法研究プロジェクト．精神分析研究 40 ; 1-9.

ドラ・カルフ [山中康裕 監訳] (1999) カルフ箱庭療法 [新版]．誠信書房．

Mallinckrodt B, Choi G & Daly KD (2014) Pilot test of measure to assess therapeutic distance and association with client attachment and corrective experience in therapy. Psychotherapy Research 25-5 ; 505-517.

Linehan MM (1993) Skills Training Manual for Treating Borderlines Personality Disorder. New York : Guilford Press.

樽澤百合，福島哲夫 (2015) カウンセリング場面における聴き手の頷き量が話し手に与える影響に関する実験研究——知覚された共感性，快感情，心理的距離に注目して．日本心理臨床学会第34回秋季大会発表論文集．

 読書案内

新世紀うつ病治療・支援論——うつに対する統合的アプローチ
［編著］平木典子　岩壁茂　福島哲夫　金剛出版　2011年

　「触れあう」ということに限定せずに，広い立場から最新の専門的な知見を編集した著書。いわゆる新型うつ病やその他の疾病との併発も含めて，マインドフルネスなどの最新アプローチや，筆者の「3次元統合モデル」なども紹介している。

臨床心理学入門——多様なアプローチを越境する
［著］岩壁茂　福島哲夫　伊藤絵美　有斐閣　2013年

　ヒューマニスティック・アプローチと力動療法，さらに認知行動療法の3大学派を偏りなく扱っている。なかでも10章は1つの架空事例に対して，3人の著者がどのようにアプローチするかを解説し，互いにコメントしあうという，入門書をはるかに越えた内容になっている。

繋げる＝理解から行動へ
[行動]

松見淳子

I　はじめに

　本書の目的は，「カウンセリングの条件や環境に左右されない基礎となるテクニック」について学ぶことである。筆者に与えられた課題は，カウンセリング場面における「今ここ」での理解から，理解したことをクライエントの日常生活における行動変容へと繋げるための方法を検討することである。カウンセリングの目標は，①クライエントと同じ目線に立ち，②協働関係を築き，③実践的技法をカウンセリング過程に適用し，④クライエントがカウンセラーとの相互作用を通して自主的に問題解決できるように専門的に援助することである（渡辺，2002）。行動変容を促す技法は非常に多く，400を超すともいわれている。また，支援により実際に望ましい変化が得られたかどうかを検討することも，カウンセラーが説明責任を果たすうえで必要である。

　筆者は，行動療法を専門にしているが，さまざまなアプローチによる支援の「通文化的」で普遍的な要素に関心をもっている（Tanaka-Matsumi, 2010）。大学の「臨床心理学」や「異常心理学」の授業では，デモンストレーションの面接場面を映像で見せ，心理療法がセラピストとクライエントとの相互作用によって成立することを示している。また，支援の専門職に従事している人の研修では，実践的なデモンストレーションは技能の習得を促進させるうえで有効であることを強調している。

　本稿では，ロジャーズの面接映像を参考に，支援における「今ここ」での即時的な理解を行動に繋げていくための方法を検討する。専門的には，セラピーの効果が日常生活に一般化すること，セラピー終了後も効果が維持されることが重要である。なお，本稿では，カウンセリングと心理療法，カウンセラーとセラピストという用

語を区別せずに互換性をもたせて適用する。

II│行動——セラピストとクライエントの相互作用

① ロジャーズの面接論をめぐって

　心理療法は，さまざまなアプローチによりクライエントの困りごとの改善を目指す。一般に，面接はセラピストとクライエントの相互作用によって成り立つ。心理療法の実際については，これまでに膨大な事例報告が残されている。しかし，すでに過去の出来事となった事例の記録からは，セラピストとクライエントの行動がどのように実際に変化したのかを見ることはできない。このようなとき，治療面接の映像や録音テープは貴重な情報源となる。スーパーヴィジョンにおいても，ビデオに録画された支援者とクライエントとの相互作用を注意深く見ることにより，指導者は研修者により適切なフィードバックをすることができる。

　ロジャーズによると，心理療法は，二人の人間の出会いにより成り立つ。そして，セラピストはクライエントに対して，純粋で無条件の肯定的配慮と共感的理解を示すことにより，クライエントの「自己実現」が促進されると説いた。ロジャーズは，クライエント中心療法の創始者として知られる一方，心理療法の過程について科学的な研究を促進するために，自身が行ったクライエント中心療法のフィルムや録音テープを公表している。

　ロジャーズは，1957年に「パーソナリティ変化の必要にして十分な条件」と題する論文（Rogers, 1957）を発表し，セラピストとクライエント，そして互いの関係について6つの条件を提示し，心理療法の実証的研究が発展することを奨励した。ロジャーズによると，6つの条件は仮説である以上，反証される性質をもつ。たとえば，条件1は「2人の人間が心理的な接触をもっていること」である。本条件は，心理療法におけるセラピストとクライエントの関係性に関わるものであり，これを基盤としてさまざまな治療的変化が促進されることになる。

　これに関連して，2007年には，ロジャーズの論文発行50周年を記念して"Psychotherapy : Theory, Research, Practice, Training"誌上で特別企画が組まれた。11名の心理療法の専門家が「パーソナリティ変化の必要にして十分な条件」の今日的意義を論議しているが，賛否両論であり，批判的な見方もある。心理療法の統合的アプローチで著名なGoldfried（2007）は，ロジャーズの論文が心理療法の実証的研究の発展に貢献したことを称えている。同時に，今日では特定の問題にはエビデンスに

基づく技法が開発されていることから，6つの条件の適用範囲は限定的であることも指摘している。

2 ロジャーズのデモンストレーション面接

　本稿では，ロジャーズによる事例面接を検討する。本面接は，アメリカの心理学者ショーストロム（Shostrom, 1975）の企画による「サイコセラピーへの3つのアプローチⅡ」に収録されており，16ミリフィルムで撮影された。百聞は一見にしかずという言葉通り，セラピストとクライエントの相互作用を映像で見ることにより，セラピストがクライエントに示す共感的理解のモデルを確認することができる。ロジャーズは最初にクライエントを面接している。2番目は企画者のショーストロムであり，Actualizing Therapy（自己実現療法）のアプローチによる面接を行っている。3番目に，マルチモーダル行動療法のアプローチに基づき，ラザラスがクライエントを面接した。三者はそれぞれのアプローチの創始者であり，面接を受けたクライエントは同一人物である。

3 面接過程における行動のダイナミックな変化

　撮影された当時，心理療法家として熟年の境地に入っていたロジャーズは，30歳代女性のクライエントであるキャシーに約35分間の初回面接を実施した。クライエント中心療法に則り，クライエントについて何の予備知識も求めず，初めて出会った人として「今ここ」でキャシーとの面接を行う。キャシーは，自分のこれまでの対人的な悩みと苦悩をロジャーズに語りはじめる。以下に，面接の前半で発せられたキャシーの言葉をいくつか順番に引用してみる。

　「私は，長い，長い間，孤独でした」
　「私は，自分の殻に閉じこもっています。そこは安全です」
　「自分の殻から出てくるのが怖いのです」
　「私は，自分ではなく他の人に焦点が当てられているときはオープンになれます」

　ロジャーズは，クライエントの「内的世界」を発見するために，クライエントの言葉に耳を傾け，クライエントから目をそらすことなく，クライエントの気持ちに寄り添い，共感し，面接を進めている。クライエントの表情，言葉，しぐさ，時々の沈黙，カウンセラーの対応，表情，言葉，声の強さなどに注目しながら，クライ

エントの言葉や表情がどのように変化していくかに注目すると，一見穏やかな時間の流れのなかで，非常に多くの反応に変化が起こっており，セラピストとクライエントの相互作用が次第に変化していくことがわかる。

　本面接では，ロジャーズがキャシーに共感的理解を示すなか，即時の判断を要する場面が次から次へと展開する。最も印象に残るシーンのひとつは，クライエントが自分の心理状態を洞窟（cave）に例え，こころの引きこもり状態について語る場面である。しかし，ある程度まで話をすると，それ以上は進めなくなり，クライエントは沈黙してしまう。一番長い沈黙は1分ほど続く。ロジャーズは，その間じっと穏やかにクライエントを傍で見守っている。沈黙を破るのは毎回クライエントのほうである。

　ロジャーズは，クライエントに傾聴しながら，適宜クライエントの言葉を別の言葉に言い換え，今聞いたことをさらに明確な言葉で反映し，クライエントが先に進めるように積極的な配慮をしている。自分自身に関わる場面になると，クライエントは逃げ腰になり，その場を何とか回避しようとする言動が見られるが，ロジャーズはそれを見逃すことなく，穏やかな雰囲気のなかで確実にクライエントに寄り添っている様子がうかがえる。

　面接が中期に入ると，セラピストとクライエントとの相互作用に展開が見られるようになる。クライエントは，自分が傷つきやすい（vulnerable）部分にセラピストが近づいてきたと感じたとき，「今，私は怒りを感じています（"Now, I feel angry"）」とロジャーズに述べるシーンがある。それに対してロジャーズは，「そのように人を退けることが，あなたを孤独にさせるのですね」と，クライエントの「内的世界」をより明確に反映し応答している。このときのクライエントの感情の変化は，クライエントの瞬時の表情の変化からも読み取ることができる。

　面接が後半に入ると，クライエントは徐々に肯定的な感情表現を口にするようになり，微笑みも増え，発話のテンポが速まり，自己に関わる発話も見られるようになる。しかし，表情が曇ったり，話が滞ったり，あるいは他の話題にもっていこうとする場面もある。最後は，「人生を余すところなく生きるには自分のすべてを受け入れなければならない」という主旨の発話がクライエントからあり，ロジャーズは面接を終了する。

④ 見立て——ケースフォーミュレーション

　面接が終わると，ロジャーズが単独で映像に登場し，事例面接を振り返り，簡潔にコメントしている。キャシーには安全を確認してから階段を一段ずつ上れるようなセラピーが適しているだろうと述べている。ロジャーズによると，キャシーは自分が「決して人に愛されることのない人間（"completely unlovable"）」だと信じており，長年にわたって抱いてきた孤独感と絶望感がその根底にあると述べている。キャシーは，非常に有能な看護師だが，自己表現が極端に苦手であり，自分に焦点が当てられることを極力回避しながら人生を送ってきた人であるとしている。

　このようなクライエントに対する支援の方法は，来談者中心療法以外にもいろいろと考えられるだろう。安心できる場面で徐々に自己主張をすることを目的としたアサーション法は，とくに奨励できるように思われる。実際，キャシーはロジャーズに対してアサーションを試みたが，それは相手を拒否する怒りの表現となっていた点からも，アサーションスキルを正しく身につけることは有意義だっただろう。

　ロジャーズは，どんなに小さな発話でも聞き逃すことなく，タイミングよく相づちを打ち，反映しているが，これらの行動はクライエントの発話行動を強化するものと考えられる。面接方法は異なるが，2番目に面接したショーストロムも，3番目に面接したラザラスも同様の見立てをしている。3名のセラピストが見出したテーマは一貫している。すなわち，キャシーがアサーション行動を身につけることを推奨することである。

　セラピーにおける「今ここ」での相互作用から，日常生活場面における行動変容へとクライエントを導く場合，アプローチにより異なるが，セラピストはクライエントと協働関係を築き，セラピーの目標を定め，支援プログラムを作成する。本事例で照らし出された問題については，「自己実現」を具体化するひとつの方法としてアサーション・トレーニングが推奨されるだろう。アサーションの文化的な定義は異なる可能性もあるが（三田村・松見，2010），日本でも適切なアサーション・トレーニング（平木，2009）は活用されている。

　まとめると，ダイナミックに変化する相互作用に注目すること，言動や表情の変化を瞬時に判断する必要があること，傾聴と共感的理解は面接を進めるうえで重要であることが，本面接の映像から浮かびあがってくる。治療的変化は，一人ひとり異なった形で表れる。「今ここ」での変化に気づく判断力を身につけることが，セラピストには求められる。

Ⅲ　おわりに

　エビデンスに基づく実践が社会に受け入れられる時代になり，心理療法に対する期待が高まっている。事例のエビデンスの在り方も検討されるようになった（Iwakabe, 2013）。困りごとをもつクライエントに接するとき，セラピストはクライエントの微妙な行動の変化を見逃すことなく根拠のある判断をしなければならない。変化はダイナミックな相互作用の過程で起こってくるため，セラピストは常に仮説を立て，ケースフォーミュレーションを行い，個々の事例に即した技法を適用し，エビデンスの検証を行う。

　最後に，情報のデジタル化時代の到来が程遠い時代に「サイコセラピーへの3つのアプローチⅡ」に登場したロジャーズ，ショーストロム，そしてラザラスは，それぞれ新しい心理療法のアプローチを開発し，さらに事例面接の名場面を映像の形で後世に残し，心理療法の研究，教育，および実践の発展に貢献したことを特記しておきたい。

文献

Goldfried MR（2007）What has psychotherapy inherited from Carl Rogers?. Psychotherapy : Theory, Research, Practice, Training 44；249-252.

平木典子（2009）改訂版 アサーション・トレーニング――さわやかな〈自己表現〉のために．金子書房．

Iwakabe S（2013）Competing models of evidence and corraborating research strategies : Shaping the landscape of psychotherapy research in the era of evidence-based practice. Psychologia 56；89-112.

三田村仰，松見淳子（2010）アサーション（自他を尊重する自己表現）とは何か？――"さわやか"と"しなやか"2つのアサーションの共通理解を求めて．構造構成主義研究4；158-182.

Rogers CR（1957）The necessary and sufficient conditions of therapeutic personality change. Journal of Consulting Psychology 21；95-103.

Shostrom EL（1975）Three approaches to psychotherapy Ⅱ（Film）. Santa Ana, CA : Psychological Films.

Tanaka-Matsumi J（2010）Culture and psychotherapy : Searching for an empirically-supported relationship. In : KD Keith（Ed.）Cross-Cultural Psychology : Contemporary Themes and Perspectives. Wiley/Blackwell, pp.274-292.

渡辺三枝子（2002）カウンセリング心理学――カウンセラーの専門性と責任性．ナカニシヤ出版．

読書案内

60のケースから学ぶ認知行動療法
[監修] 坂野雄二　北大路書房　2012年

　認知行動療法のアプローチにより，クライエントの問題のアセスメントを行い，さまざまな技法を適用して問題を改善した60の事例に明快な解説が付されている。

［行動］
伝える＝変化と指示のための
コミュニケーション技術

●

原井宏明

I｜はじめに

　伝えることは英語に訳せばコミュニケーションである。どちらも意味するところはとても広い。"コミュ障"という民間診断名も目にする。ビジネス書のなかでは"コミュニケーション"は頻繁に出てくるテーマである。社内コミュニケーションのキモを覚えやすくまとめた「報連相」（山崎，1986）やジャーナリズムにおける「5W1H」（田村ほか，2004）は読者もどこかで聞いたことがあるだろう。報連相とは報告・連絡・相談のことであり，5W1Hは，いつ（When），どこで（Where），誰が（Who），何を（What），なぜ（Why），どうやって（How）をまとめたものである。
　IT業界もコミュニケーションを重んじる業界である。重要なテーマに「要求定義」がある。システム開発ではユーザーがそのシステムなどで何がしたいのかを具体的に定義しなければならない。ユーザーは自分の要求をまとめて提案依頼書（Request For Proposal：RFP）として開発者に送らなければいけない。開発者はユーザーに対してリサーチとヒアリングを行い，ユーザーが心に描くゴールを具体化し，それを実現するために実装しなければならない機能や，達成しなければならない性能などを明確にする必要がある。この作業が「要求定義」と呼ばれる。読者のなかには学会の大会などを開催した経験をもつ人もいるだろう。学会業者に実務を依頼したことがあるかもしれない。しかし，大会長が提案依頼書を口頭だけで済ませ，業者は要求定義の作業をサボったとしたらどうなるだろう？　大会終了後に残るものは赤字決算だ。
　精神障害をもつ患者にコミュケーションの障害が伴うことには誰も異論がないだろう。自分がどう困っているのかを相手にうまく伝えられないことが患者を患者に

している。クリニックに来た患者が問診票に"うつ，不安，不眠"とだけ書き，すなわち提案依頼書には3語しかなかったとしよう。患者のゴールが不明なままで，治療者は何も聞かずに「うつ病ですね。仕事を休み，ストレスを避けて，うつと不安の薬を飲んで，寝なさい」と伝えたならば，その"うつ病"はかなりの確率で多剤併用を要する難治性になる。

　ここでは"伝えること"がもつ機能を解説し，その具体例を示す。そして，臨床では必ず使っているはずだが，まともに扱われることがない"指示を伝える"コツを示す。患者に"コミュ障"があるのは仕方ないし，それは最初から織り込み済みのはずだ。しかし，治療者の指示が意味不明ならば患者はどこに訴えればいいのだろう？

II｜伝えることがもつ3つの機能

　ヒトは社会性動物である。多数の個体が強調したり，競合したりしながらひとつの社会を形作っている。お互いに影響し合いながら，社会の恒常性と発展を実現している。このようにしてお互いに影響し合う手段のうち重要なもののひとつが言語だが，それだけではない。アイコンタクトや表情，身振り手振り，言葉にならない声などもそのなかに入る。伝達手段はさまざまでも，それらが果たす機能を大きく分ければ，①マンド（要求言語行動），②タクト（報告言語行動），③イントラバーバル（言語間制御）の3つになる。表1に3つの基本的な言語行動を示す。

　何かを伝え，それで相手の行動が変わることを目的とするならば，マンドとタクトが大切だということは，この表からもわかるだろう。イントラバーバルの本来の役割は行動の変化ではなく，いわば対人関係の潤滑油のようなものである。病院のスタッフが忘年会などで他愛もない話で盛り上がるような場面を思い浮かべてほしい。大いに呑み，大いに語り合い，後から写真を見ると「あのときは楽しかった」という思い出が残るような場面である。しかし，お互いに何を話したかは記憶に全く残らないだろう。むしろ，そのほうが良い。このような場面で部下に「報連相しろ」と言い出す上司がいたならば，それこそ，空気の読めない"コミュ障"である。

　マンドとタクト，イントラバーバルには良し悪しがある。診察の場面で，「苦しいです，助けてください」と患者が訴えたとしよう。これはマンドである。スタッフがこれは大変と慌てて，すぐに救急車を呼んだとしよう。患者のマンドに応じたわけである。やってきた救急隊員はスタッフに「患者はどうですか？」と尋ねる。その

表1　3つの基本的な言語行動

名称	機能	刺激／結果	説明と例
マンド 要求 命令 お願い		確立操作（話し手の欲求など）／欲求などに応じた特定の結果	欲しいものが制限されたり、嫌悪的な事態に置かれたりするなどの動因操作を受けて自発し、それらの動因の低減や嫌悪事態の除去によって強化される言語行動。マンドは聞き手に対して好子や嫌子を指定する。 良い例：医師が患者に「苦しいのはどこ？」と質問する。診察後に次回の受診と会計の指示を出す。患者が話している途中で医師が許可を求めて別の話題に変える。 悪い例：患者が医師に「苦しい」と訴えるが、なぜ苦しいか、助けて、何が欲しいかは指定しない。医師が患者に「ちゃんとわかるように説明しろ」と要求する。医師が診察時間を気にして時計をチラチラ見る。
タクト 報告 記述 科学的知識		非言語的な状況・刺激・変化／日持果などの社会的強化	「そうだね」や「なるほど」「すごい」などの是認のような般性好子により強化を受ける言語行動。タクトは特定の事物が弁別刺激となっている言語行動、2人の間で共有できるとみなされている場合。バ 良い例：患者が「胸がバクバクしだして、パニック発作が起きたらどうしようと思って」と述べ、医師が「なるほど、と考えると苦しくなり、病院までまた来たら、今回は救急車を呼ばなくてよかった」と認める。 悪い例：患者が医師に「もう苦しくて、自殺するかもとか考えます。仕事も休んでしまって」とあとこれ話す。医師が「それは子期不安、心身交互作用、SSRIの量が足りないからそうなる」と専門用語で説明する。
イントラバーバル		一対一対応しない言語刺激／社会的強化（社交的おしゃべり）	語呂合わせや連想ゲームのような言語の繋がり。タクトが主として事物の視覚的な弁別刺激であるのに対して、イントラバーバルは他者あるいは話し手自身の言語刺激を弁別刺激とする言語反応。 良い例：医師が「いかがですか？」と質問し、患者が「まあ、お陰様で」と答える。診察後患者が医師に「お大事に」と声をかけ、患者が「ありがとうございました」と答え、和やかになる。後で内容は誰も覚えていない。 悪い例：患者が医師に「SSRIでなんとかパニック発作が増えたみたい」、医師は「初期賦活作用があるからね」、患者が「賦活？　副作用ですか？」、医師が副作用はほかにセロトニン症候群やQT延長の可能性もと答え、話が広がってしまう。

原井 (2012 [p.144]) を改変。

スタッフが「患者さんが苦しそうなのです，とにかくどこか病院に連れて行ってください」としか答えられないとしたら，これは恥ずかしい。患者の状況についてタクトしなければならないのに何も説明できていない。このスタッフは患者の「苦しい，助けて」という訴えに対して脊髄反射を起こしたようなものである。

診察で患者がマンドをするのは普通のことである。何がどうなっているのか問診票の主訴の欄に"うつ，不安，不眠"と書いたとしたら，それがどのような要求なのか，どのようなものが足りなくて欲しているのか，どのような嫌悪的な事態から逃れようとしているのか，それを問診していかなければならない。

III とても大事な伝える方法としての「文章」

言語の三大機能が分かったところで，ひとつ練習をしてみよう。ある治療者から筆者のところに届いた紹介状の一例をあげよう（本物ではない）。患者の状態をタクトした報告書のはずだ。

> この10代のクライエントは，中学に入った頃から発達障害による生きづらさが原因となって慢性のうつ状態が発症し，そのため意欲低下や対人場面での不安，低い自己評価が生じるようになった。この結果，教室でのパニックや自傷傾向が生じるようになっている。
> クライエントと家族には，現在の生きづらさの原因が今まで見過ごされてきた発達障害によるものであり，本人の努力不足のせいではないと説明した。パニック発作時に対する対処方法として呼吸法を教え，自傷行為に対してはマインドフルネストレーニングをさせるようにした。

日本語の文章としては成り立っているし，一応5W1Hもありそうだ。しかし，どうだろう，これを読んでクライエントについての情報は何も付け加わっていないことに気づかないだろうか？　文章として意味が通じていて5W1Hもありながら，情報を伝えていないというのはどういうことだろう？

IV｜コミュニケーションのモデル

　コミュニケーション理論のなかでもっとも単純でわかりやすいモデルは，シャノンとウィーバーのモデルである（Shannon & Weaver, 1963［p.125］）（図1）。彼らはラジオ放送にたとえて，話し手を放送局，言語を電波やラジオ受信機，聞き手を受信者のように考えた。

　先ほどの報告書で言えば，情報発信者はクライエントそのものである。送信機が紹介状を書いた治療者である。チャンネルは手紙や封筒，郵便局になる。受信機はこの紹介状を受け取った筆者になる。情報受信者は紹介されてきたクライエントになるだろう。紹介状を書くということは，クライエントの様子を専門用語にエンコードすること，すなわちクライエントがもつ情報を一枚の手紙に圧縮することだ。受信機である筆者はクライエントの様子を見ながら，その手紙をデコードしてエンコードされる前のもとの情報に戻さなければならない。

　その気持ちで，もう一度紹介状を見てほしい。ここに書かれていることはクライエント固有の情報ではなく，治療者の脳内の考えだということがわかるだろう。治療者は"発達障害による"として問題の理由づけを行い，その理由づけに基づいて，自分がどう解釈し，クライエントと家族に説明したかを書いている。すなわち，治療者の解釈がほとんどである。解釈を削ぎとり，クライエント固有の情報だけにすると次のようになる。

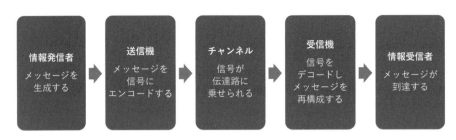

図1　シャノンとウィーバーのモデル

- このクライエントは10代である。
- 中学に入った頃から意欲低下や対人場面での不安，低い自己評価が生じ，今でも続いている。
- 最近，教室でパニックになったり，自傷したりすることがある。

　これだけだ。もとの文章では，"発達障害→うつ病→症状"のような因果連鎖を考えているが，これは間違いである。うつ病の診断は症状がいくつか揃っているから，そう診断するのであり，うつ病があるから症状が出るのではない。発達障害の診断には中学入学前からその要件を満たす行動があったことが必要だ。学童期の問題が確認できていないのならば，"発達障害→うつ病"は仮説にすぎない。今，発達障害のように見えるからといって，根拠もないまま，うつエピソードが起きる前からあったように紹介状に書いてしまうのは，後付けの理由づけ＝"屁理屈"である。
　先の紹介状を書き直してみよう。

　　このクライエントは中学に入った頃から，成績が下がり，友だちと遊ばなくなった。親が様子を聞いても何も答えず，ぼんやりしていることが多い。食事を残すようになり，好物のカレーパンを親が買ってきても見向きもしない。朝はギリギリまで寝ており，朝食抜きの日が多い。この1カ月間，教室で様子がおかしくなり，保健室で休んだことが3回ある。そのとき，手の甲の傷が見つかり，養護教諭が尋ねたら「シャープペンで傷つけた」と言う。
　　受診時，本人は「自分は病気じゃない」と最初に言う。後はうつむき，あまり話さず，自閉的に見える。「教室で息苦しくなるときがある」というので深呼吸の仕方を教えたところ，これには興味を示した。

　患者の状態に対する評価，因果関係づけを省き，患者の様子をタクトすることに努めている。最初の紹介状とどちらが役立つかは明白だろう。最初の紹介状は治療者の頭のなかの概念ばかりが目立つ。

V │ 従いやすい命令と従いにくい命令を意識しよう

　どんなカウンセリングでも1つは指示や教示がある。認知行動療法（以下，CBT）でよく使われるホームワークはその代表選手である。セルフモニタリングやクライエントが抱える問題や疾患について説明したセルフヘルプ本や先輩患者の治療感想文を読むように勧めることは読書療法と呼ばれて，CBTでは説得することもあるだろう。これらは命令である。言語行動の機能で言えばマンドである。話し言葉とは限らない。目配せや咳払いも状況によっては命令である。公道で警察官が振る警棒にほとんどの人は従う。学会発表でのレーザーポインターも立派な命令である。処方箋やポスターの場合もある。マンドのない診察はないと言って良いほどよく使われているのだが，問題はその良し悪しである。

　「もっと勉強しろ」「やる気を出せ」と読者は何度も言われたことがあるだろう。「ダイエットしなさい」「酒やタバコ，ギャンブルをやめなさい」と患者に言ったことがあるかもしれない。自殺未遂をした患者に自殺しないことを約束させることは精神科医のひとつの常識になっているが，精神科医の精神衛生に役立っているだけで，患者の側にとっては不評という意見がある（Miller et al., 1998）。

　「心を安らかにし，イライラせず，周りに感謝しなさい」とは誰かが言いそうなマンドだ。読者のあなたが言われたとしたら，あなたはどう感じるだろうか？　果たして行動は変わるだろうか？　ネットで商品の注文をしているときに「注文は受け付けられません。フィールド123Aに不正な文字列が入力されました」のような表示を目にしたことがあるだろう。イライラせずにいられるだろうか？

　前者は「イライラするときはイライラに任せなさい，そうなる理由があるのですから。無理に心を休めようとすることは無用です。でも，どこかでイライラが止むときがあるでしょう。そのとき周りを見てご覧なさい。良いもの，落ち着けるもの，心休まる人がいたら，ありがとうと言ってみましょう。それが心の平安です」と言えば少しは落ち着くだろう。後者は「電話番号に全角数字とハイフォンが含まれています。半角数字だけをもう一度入力してください」であれば，イライラも少しは違ってくるだろう。

　どんな命令が従いにくく，どんな命令が従いやすいか，表にしてまとめてみよう（表2）。

表2 従いにくい命令と従いやすい命令

従いにくい命令（内容や服従に対する強化・罰を工夫しても，服従行動が生じにくい命令）

タイプ	定義	具体例
多重指示	記憶に残せる以上の数の命令 文脈と無関係な命令	ワーキングメモリの量を超える5個以上の単語。
曖昧な指示	行うべき行動を特定しない命令	不合理な認知を改めなさい。
質問命令	命令しながら，不服従の自由も与える	受付で次回の受診の予約をしてみる？ 嫌ならしなくてもいいけれど。
否定的情動を伴う命令	命令に情動を込める	今度は，必ず，次回の受診の予約してくださいね（いつも予約を守った試しがなく，うんざりという顔）。
曖昧なフレーズ	言葉をぼやかす	ご家族とはできるだけ良い感じで接していただくのが何よりも良いことだと当然思いますけれど，まあ私の個人的な感想ですが。
命令の繰り返し	命令を変えながら繰り返す	会計のとき，予約してね。無理？ じゃ明日，受付に電話して予約してね。無理？ じゃ来れなかったときには受付に電話してね？ 無理？ じゃ来るときには朝に電話して。無理？ 何でもいいから薬がなくなるまでに来てね。
長時間命令	完成するまでに時間がかかる命令	来月の受診まで酒を飲んではいけません。

従いやすい命令

タイプ	定義	具体例
注意を引く	注目を促す刺激提示	目をじっと見る／間を置く。
声調・音量	トーンを上げる，ゆっくり話す	地の文と区別をする。
具体化	対象行動を具体的に示す	ジェスチャーなどを示し，模倣できるようにする。
ポジティブな言い回し	否定文・禁止命令ではなく，肯定文・積極命令にする	「〇〇するな，〇〇してはいけない」ではネガティブな言葉の応酬になりやすい。「〇〇せよ，〇〇すると良い」にする。
服従までの待ち時間を示す	いつまでに服従すれば良いかを示す（それより早くやれば誉めることができる）	今から1分間に書いてください。会計が終わるときまでに次回の予定を決めておいてください。次の患者さんを診ます。後でお呼びしますから，その間に決めてください。
バックアップとフォロースルー	服従しなかった場合に対するバックアップ命令	課題表に〇や×を付ける。次回の診察のときにチェックし，できなければ薬を変える約束をする。
従いやすいステップ	複雑な課題を細かく分けて，従いやすくする	新幹線へのエクスポージャーを，「駅，乗ってすぐ降りる，自宅までの帰路に使う」などの不安階層表に合わせて行う。

伝える＝変化と指示のためのコミュニケーション技術

VI そもそもヒトはなぜ言語をもつに至ったのか？——言語の起源

　たいていの人は自分の考えは正しいと思っているし，考えることイコール言語だと思っている。だから，自分の言語は正しいと思っている。たとえば，今，読者の目の前にある活字の羅列＝言語は正しく，書き手の考えを読み手に伝えていると書き手は考える。そして考えを他者に正しく伝えることこそが言語の本分だと思うのである。しかし，言語の起源にまでさかのぼって考えてみよう。

　感情や意志を伝えることだけであれば，言語がない動物も行っている。猫がのどを鳴らすとき，そのシグナルは猫の満足している状態を直接に表している。それを飼い主が信じることができるのは，猫の性格が正直だからではなく，偽ってその音を出すことが不可能だからである。動物の音声によるシグナルはたいていの場合，本質的に信頼できる。ヒトでも叫び声，泣き声，喘ぎ声はやはり同じ理由により信頼できる。喜怒哀楽のような感情を表す微表情もそうだ。プロの俳優なら演技できるかもしれないが，普通の人では周りに演技とばれてしまう。一方，言語でウソをつき通すことは普通の人でもできることだ。言語を駆使するプロである政治家や広告ディレクターを思い出せば良い。そして，ヒトの社会で言語がもっとも活躍しているのは，ファンタジーや小説のようなフィクションの世界である。虚構をいかにもっともらしく見せることができるか，虚構を見せることでいかに読者から本物の感情を引き出せるかが，小説家の腕の見せ所である。

　他者を騙し通して虚構を見させ，信じこませ，感動させることが言語の役割だとしたら，それは自分自身をだますことにも使える。精神科患者の病理のひとつは，自分自身を自分の言葉で騙していることでもあると言えるだろう。自分の素の感情であれば，そこに嘘はないが，自分を言葉で慰めたり，周りがなだめたりしてくれていると，いつのまにか自分の問題が見えなくなり，何をどう変えたらいいのかわからなくなるだろう。面接では言語を使う。言語で相手の行動を変えていこう，相手の役に立とうと思うならば，今使っている言語の機能と起源についてよく考えてみることはとても役に立つ。

文献

原井宏明（2012）方法としての動機づけ面接．岩崎学術出版社．
Miller MC, Jacobs DG & Gutheil TG（1998）Talisman or taboo : The controversy of the suicide-prevention contract. Harvard Medical School Department of Psychiatry 6-2 ; 78-87.
Shannon CE & Weaver W（1963）The Mathematical Theory of Communication. Part 11. University of Illinois Press.
田村紀雄，大井真二，林 利隆（2004）現代ジャーナリズムを学ぶ人のために．世界思想社．
山崎富治（1986）ほうれんそうが会社を強くする──報告・連絡・相談の経営学．ごま書房．

読書案内

方法としての動機づけ面接
──面接によって人と関わるすべての人のために
［著］原井宏明　岩崎学術出版社　2012年

　不潔恐怖で行動療法を嫌がる強迫性障害の患者に対して，どのような面接を行えば動機づけができるかについて，逐語とその内容の分析に基づいて解説している。動機づけ面接を学ぶ前の著者自身の経験談や自宅にかかってきたセールス電話のかわし方の解説も載っている。興味をもって読めるだろう。

対人援助職のための認知・行動療法
──マニュアルから抜けだしたい臨床家の道具箱
［著］原井宏明　金剛出版　2010年

　仮想的なパニック障害と強迫性障害の2症例について，行動療法が適切に使えた場合とそうではない場合を並列して書いている。行動療法と普通の常識的な対応との間で，どれだけ患者の治療転帰に差が出るかがわかるだろう。

IV

カウンセリングの
コアテクニック
24

[ステージ1]
カウンセリングを始める

インテークセッション・スキル

出会い・始める技術

●

神谷栄治

技法の概要

　インテークセッションは，セラピストやカウンセラーなどの対人援助職がクライエントを受け付ける最初の面接であり，受理面接，初回面接とも言う。初回面接では「クライエントの主訴とニーズの把握」，そして「見立てと今後のセラピー（カウンセリング）のプランニングの提示」が一般に主要な課題であるとされている。だが最近こうした顕在的な主要課題の背景に，よりいっそう重要な課題があることが指摘され論じられることが増えてきている。それは，相互主体的で協力的である良好な相談関係（治療関係）の構築の促進という課題である。このような考え方が発展してきている背景には，セラピー過程とは，対人援助職がある特定の技法をクライエントに「正しく」適用していく一方向的なものというよりも，両者がパーソナルな部分を含めて双方向的に相互作用しながら構築していく関係性の過程であると考えるほうが，より現実的で臨床的効用もあるのではないかという近年の治療関係（相談関係）論の新たな潮流がある（岡野ほか，2011）。

　本論では，上記概要で説明した視点を重視した「出会い・始める」行程とその方法について，まず具体的に提示し，次に理論的補足や訓練上の示唆について触れたい（なお本論では，「対人援助職」を「援助職」と省略する）。

I 「出会い・始める」行程を具体的に振り返る

① 出会う前の段階
(1) パンフレット・ホームページ・電話応答のたたずまいを検討する

　クライエントと援助職の出会いを創発するのは，出会う以前にある「もの」，体験である。たとえばカウンセリングを行う機関のパンフレットやWeb上のホームページ，そして電話での問い合わせに対する受付職員の説明，こうしたものすべてがカウンセリングの出会いのイメージを予感させるものとなる。これらはみな当該機関で行われるカウンセリングの基本情報を伝えようとするものであるが，同時に非言語的な「感触」を伝えてもいる。それは情報を伝える媒体や，その背景となっているデザインや意匠や語調などによって伝わるものである。このような明示的情報と非言語的「感触」の両方によって，クライエント（となりつつある人）がある程度「信頼できそうな感じ」や「温かみ」を抱くことになれば，実際に相談を申し込む行動につながる。そうでなければクライエントとなるはずの人は躊躇し，出会いが遅れるか，あるいは出会い自体が生じないことになる。意味ある出会いを生むためには，パンフレットやホームページ，そして電話での説明を，予備知識のない人にもわかりやすく，そして冷たさを感じさせないように，デザインや語調など周辺言語的な要素にも配慮して示すのがよいであろう。また援助職は，自分の所属する相談機関のパンフレットやホームページ，電話説明を，一般の人がどのように受け止める可能性があるかを検討しておいたほうがよい。そうすれば実際の出会いの際，クライエントとの間でこうしたことが話題に上ったときも，機を逃さずその含意を理解したり説明を追加したりしやすくなる。

(2) 援助職のいる機関の設置目的と運営特性についての認識をもつ

　援助職としてクライエントと会おうとする人は，クライエントを担当する前に，自分が相談活動を行う基盤となる機関の性質をまず十分に認識している必要がある。そこが医療機関なのか，教育機関なのか，福祉施設なのか，開業施設なのか，それともそれ以外なのか，こうした機関の性質の違いで対応できる問題の性質が異なってくる。また提供できる相談や支援のスタイルや範囲も変わってくる。クライエントの主なニーズと，提供できる支援のマッチングにおいて，ずれや誤解があるまま出会いを開始し相談関係を展開させてしまえば，以降の相談や支援はうまくいかず，ク

ライエントの新たな傷つきを生じさせかねない。援助職は，初回面接にあたって「このクライエントが出会うべき支援や機関は何か」，そして「クライエントが必要とする支援をここで，そして自分が提供すべきなのか」を考え判断する倫理的責務が前提としてあるが，そのためには「自分が今いる機関」の性質を認識しておくことがまず必要である。そしてクライエントが出会うべき支援や機関が他所であると判断される可能性があることを想定し，よりクライエントのニーズにマッチした出会いが生じるような手助けと介入を行う選択肢を頭の片隅で考慮しておく必要がある。

(3) 援助職自身の属性とプレゼンスについて振り返り自覚する

　援助職個人のもつさまざまな属性も出会いに影響を与える。たとえば援助職が当該機関の室長であるのか研修相談員であるのかによって，クライエントの受ける印象は大きく変わってくるであろう。もっている資格の違いも影響するだろう。またほかにも援助職の性別・年代・外見・服装（白衣を着るのかどうかなど）も，クライエントにとって印象の違いを生むであろう。こうした属性の多くは援助職自身ではコントロールできないが，こうした属性やプレゼンス（顕在的要素が醸し出す雰囲気）をクライエントがどのように受け止める可能性があるのかを考慮しておく必要はある。こうした面を考えていなければ，これらの要因に関連して出会いや治療関係に起きる事象を適切に扱い対処することが難しくなる。たとえば初対面のクライエントが「先生はかなり若そうで結婚もされていないように見えるのですが，正直，私の子育ての悩みがどこまでわかってもらえるかと不安になってきています」と援助職に言ってくるような場合，その問いかけに適切に対応できるためには，まず自分の属性やプレゼンスを自覚しておくことが有用である。

2 最初のコンタクトの実際の行程

　最初のコンタクトは，援助職が，待合室などクライエントが待っているところに行って，クライエントの氏名を呼ぶことから始まる。クライエントが立ち上がり，近づいてきて立ち止まり，視線が合ったとき，おそらくたいていの援助職は自然にクライエントの氏名を今一度確認し，手短に挨拶をし，自分から名乗るであろう。このときにクライエントが一人ならば，そのまま面接室に案内していくことになる。同伴者がいる場合には，同伴者を面接室に入れるかどうかを判断することになる。学派によって多少傾向の違いはあるかもしれないが，たいていの場合は，クライエントとされる人の意向を確認して尊重したほうがよいであろう。

同伴者を面接室に入れて同席してもらう場合，面接室に入ったら，席の位置に配慮する。クライエントには相談の主体であることがわかるような席についてもらうほうがよい。同伴者が中心的位置に来るのは避けるべきである。また同伴者がクライエントの後方（クライエントの視線が届かない位置）に座るようにはしないほうがよい。クライエントの背中越しから，同伴者が声を発するような状況で話をすることは，クライエントには苦痛であろう。

　全員が着席をしたら，援助職はあらためてクライエントに自己紹介をし，簡潔に面接の目的（「主訴と関連情報の聞き取り」および「見立てと今後の面接方針の提示」をすること）を説明する。そして時間枠も説明する。面接時間をどれぐらい取ってあるかがわからないと，クライエントは，どの程度くわしく話せるか目安がつけにくいからである。こうした説明の仕方については，クライエントの年齢，発達程度，背景にもつ文化に応じて配慮する必要がある。もしクライエントについて事前情報を得ているならば，なるべく早い段階で，こちらから開示してクライエントと共有を図る。たとえば紹介状があれば，可能な範囲で内容をクライエントに伝え，誤りがないか確認してもらう。

　このような一連の過程のなかで，援助職は視線を（同伴者のほうではなく）クライエントのほうに向け，クライエントが話しているときは適度にうなずくなど応答性を示し，クライエントに関心をもっているという態度を示しつづけていく。

　こうした最初期の出会いのなかで，クライエントの表情や態度に，面接に対する不信や懸念や抵抗など否定的なものがうかがえるようであれば，それを早めに取り上げる心づもりをしたほうがよい。たとえば「ここで面接をするにあたって気になっていることがありますか」，また「今日ここに来たのはご自分からですか，それともどなたかがすすめたからですか」などである。面接の最初期に発せられることが多い懸念には，たとえば援助職の臨床経験の長さを問うものがある。このような職務を遂行する能力に関連する質問であれば，インフォームド・コンセントに関わることであるため，率直に答えることが必要である。そのうえで質問の背後にある意図や懸念を取り上げ，明確に受け止め，不安を緩和するのがよいであろう。また「今日は親が行けと言うからとりあえず来ただけ」というように，非自発的な来談であることを伝えてきた場合には，そのいきさつをより明確にして共有し，クライエントの気持ちをある程度ねぎらったうえで，あらためてクライエント自身の問題意識をたずね，主体的な姿勢を促すようにすることが必要であろう。

　そして主訴や来談理由についての聞き取りに入っていく。聞き取りの際は，言語

情報だけでなく，語調や表情・姿勢など非言語的な面も注意を払い，この場で生じていること，特に感情を取り逃さないように努めていく。

II 治療関係を重視し相互作用的に考えることの理論的背景

クライエントがセラピー（カウンセリング）の初期段階で，セラピストに適度に受け入れられていると感じられるような良好な治療関係（相談関係）が創発すると，その後のセラピー過程が奏功する可能性が高まることが，多くの研究を通じて立証されてきている（Horvath & Greenberg, 1994 ; Safran & Muran, 1998 ; Srupp & Binder, 1984）。しかもこのことは，パーソン・センタード・アプローチは当然のこと，学派横断的に通用するようである（Horvath & Symonds, 1991 ; Lambert & Barley, 2001）。適度に良好な治療関係の樹立が，セラピーの結果と相関があることはもはや頑健なエビデンスがあると言ってもよいようである（Horvath & Luborsky, 1993）。

そして「良好な治療関係に寄与する要因」について，今のところ指摘されているのは，援助職の「自然な応答性」や「クライエントの独自性に好奇心をもつこと」「率直な態度」などがクライエントに伝わっていることである（Ackerman & Hilsenroth, 2001 ; McWilliams, 2004 ; Peebles-Kleiger, 2002）。ただしこうした要因は，定義や客観的測定が困難であり，実証研究に基づいた指摘というよりも，かなりのところ臨床経験則に依るものだと言える。

さらに治療関係の構築過程に関して興味深い研究がある。もっとも堅固で良好な治療関係ができるのは，はじめから肯定的関係が徐々に順調に進展していくパターンよりも，関係が破綻しかけるような否定的な局面がありながら，それが修復されたパターンだというものである（Horvath & Luborsky, 1993）。この知見が妥当だとすれば，援助職は，関係の破綻を示唆するような否定的な感情の発現を恐れ過ぎるべきではなく，むしろ治療関係が深まる契機ととらえるべきだということの，ひとつの証左であると言える。

III 初回面接における「出会い・始める」技法の習得に向けて

① 起こりやすい問題・失敗とその対策

　初回面接を行う際に経験の浅い援助職に起こりやすい問題には，次のようなものがある。まず情報を得ることに気を取られすぎて，関係性への配慮がなおざりになることである。また特に多弁なクライエントの場合に起こりやすいことであるが，セラピストが受け身になり，初回面接でなすべき最低限必要な介入やマネジメントが不十分になることである。こうした点は後述する訓練でかなり改善が見込める。そしてさらに初回面接で重要な問題に思われることは，援助職がクライエントから否定的感情（経験不足への不満など）を向けられることを恐れ，クライエントとともに否定的感情をとりあげてこの場で共有することを避けるような「防衛的な構え」が強くなりがちなことである。範例的な初回面接のシナリオを思い浮かべ実行していこうとするよりも，初回面接はきわめて個別的なものであることを思い起こしたい。また，否定的な感情を避けることなく気負わずに扱うことこそが治療関係構築の第一歩であるという認識をもつことが，そうした防衛的構えの予防策となるであろう。

② 練習と訓練のポイント

　初回面接の訓練では，まずロールプレイをすることが有効であろう。臨床経験がほぼ同程度の者同士がペアになって，それぞれ援助職役とクライエント役を実演する。その後，録音録画したものを再生しながら，ロールプレイを担当した者を含めた数名程度の少人数で感想を言い合い検討することが役立つ。その際は，なるべく正解や理想を追求するような姿勢ではなく，互いの主観を持ち寄り，互いの差異を味わうような雰囲気でいることが望ましい。また，録音録画がなくても誰かに実際の初回面接の逐語録もしくは詳しい記録を素材として提供してもらい，そのプロセスを少人数で振り返り，印象を述べ合うのも有用であろう。そして，もっとも役に立つのは，実際にクライエントを対象にして初回面接を行った後に，面接記録をもとに，その関係性と過程を指導者とともに振り返ることである。自分以外の別の主観が加わることで理解が立体的になる。

3 種々の立場や臨床現場での実際的応用

　ここに述べたことは，特定の学派のアプローチや現場のみに通用するものではなく，多くの現場に通底するような基礎的な態度・姿勢であると言える。「出会い・始まり」の段階では，詳細に情報を集め，正確なアセスメントやフォーミュレーションをする以前に，苦境や苦悩を抱えてやってきた，今ここにいるクライエントを尊重し，その感情を受け止めることが重要である。それは，クライエントにとって，今後のカウンセリングで提供される関係の体験的理解につながるのである。

文献

Ackerman SJ & Hilsenroth MJ (2001) A review of therapist characteristics and techniques negatively impacting the therapeutic alliance. Psychotherapy : Theory, Research, Practice, Training 38 ; 171-185.
Horvath AO & Greenberg LS (Eds.) (1994) The Working Alliance : Theory, Research and Practice. New York : Wiley.
Horvath AO & Luborsky L (1993) The role of the therapeutic alliance in psychotherapy. Journal of Consulting and Clinical Psychology 61 ; 561-573.
Horvath AO & Symonds BD (1991) Relation between working alliance and outcome in psychotherapy : A meta-analysis. Journal of Counseling Psychology 38 ; 139-149.
Lambert MJ & Barley DE (2001) Research summary on therapeutic relationship and psychotherapy outcome. Psychotherapy : Theory, Research, Practice, Training 38 ; 357-361.
McWilliams N (2004) Psychoanalytic Psychotherapy : A Practioner's Guide. New York : The Guilford Press.（妙木浩之ほか訳（2009）精神分析的心理療法．金剛出版）
成田善弘（2014）新版 精神療法家の仕事――面接と面接者．金剛出版．
岡野憲一郎，吾妻 壮，富樫公一ほか（2011）関係精神分析入門．岩崎学術出版社．
Peebles-Kleiger MJ (2002) Beginnings : The Art and Science of Planning Psychotherapy. Hillsdale, NJ : Analytic Press.（神谷栄治 監訳（2010）初回面接――出会いの見立てと組み立て方．金剛出版）
Safran JD & Muran JC (Ed.) (1998) The Therapeutic Alliance in Brief Psychotherapy. Washington DC : American Psychological Association.
Srupp H & Binder JL (1984) Psychotherapy in a New Key. New York : Basic Books.

 読書案内

新版 精神療法家の仕事──面接と面接者
［著］成田善弘　金剛出版　2014年

　本書は，心理療法の始まりから終わりまでの過程，そして心理療法の営みを支えている種々の要素を，くわしく解説し論じているものである。第1章で「面接のはじまり」の様子が臨場的に示され，第2章で初回面接の意義が詳細に論じられている。

初回面接──出会いの見立てと組み立て方
［著］メアリー・J・ピーブルズ　［監訳］神谷栄治　金剛出版　2010年

　本書は，幅広い治療モデルを視野に入れながら，心理療法の最初期の段階で臨床家が考慮しておくべき普遍的な要素を，多くの事例エピソードをあげつつ，学問的根拠に基づいて解説し論じている。

ジョイニング

協働作業を始める

●

野末武義

技法の概要

　ジョイニング（joining）とは，構造派家族療法の創始者サルバドール・ミニューチンが提唱したものであり，家族と関わる際のセラピストの基本的な態度であり技法である。セラピストが家族に受容的共感的に関わり，家族から受け入れられ信頼されることによって，協働的な治療システムを構築することが可能になる。ジョイニングは，治療の初期段階，とりわけ初回面接では最も重要な要素であるが，治療の全過程においても欠くことのできないものである。また，個人療法におけるセラピストの基本的態度や技法としても取り入れることが可能である。

I ジョイニングの解説

1 ジョイニングはなぜ重要か

　何らかの症状や問題を抱えた家族がセラピストに援助を求めてくるとき，多くの場合，家族は症状や問題を抱えたメンバー（家族療法ではIdentified Patient：IP（患者とみなされた人）という）が変われば良いと考えている。これは，症状や問題を家族システムという文脈のなかで理解し，家族システムそのものの変化が必要だと考えるセラピストの認識とは一致していない。このように両者の認識がずれている状態では，協働的な治療システムが形成されていないため，セラピストが専門家として自身の見解を家族に伝えたところで，家族がそれをすぐに理解し，受け入れ，そして変化する可能性はきわめて低い。むしろ治療に対する抵抗が強くなったり，セラピストの見解を拒否することも起こりうる。つまり，セラピストが最初から自

分の枠組みに家族を引き入れ，家族に変化をもたらそうとしても，むしろ逆効果になることが多く，まずはいかにしてセラピストと家族が協働的な治療システムを一緒に作っていくかを考えなければならない。

そのためセラピストは，家族のこれまでのありようや葛藤，そして一人ひとりのメンバーのパーソナリティや価値観の違いを受け入れ，専門家というよりは一人の仲間として，家族システムに違和感なく溶け込めるように努力する。そして，家族の相互交流のパターンや葛藤の強さを直に体験しながらも，巻き込まれたり過度に感情的に反応したりしないで，落ち着いて対応しなければならない。このようにして，家族が面接室のなかで普段のありのままの自分たちの様子を安心して見せることができ，セラピストから一人ひとりが関心をもって受容され共感的に理解されることによって，家族は徐々にセラピストを信頼できるようになっていく。そして，自分たちとは異なるセラピストの見方や問題認識にも耳を傾けるゆとりが生まれ，セラピーという協働作業の基盤ができるのである。

2 ジョイニングの3つの要素

ジョイニングには3つの要素がある。第1の要素は，追跡（tracking）と言われるものであり，セラピストが家族に対して今まで通りのコミュニケーションや行動を続けるよう支持し，その交流の流れにセラピストがついていくことである。具体的には，セラピストの支持的なコメント，家族が語る内容を明確化するための質問，家族が言ったことの繰り返し，関心をもって傾聴する態度などである。したがって，個人療法におけるセラピストの基本的な態度や技法と大きな違いはない。ただし，家族療法の場合は，面接室に複数の家族メンバーがいることが多いため，セラピストがおだやかに受け身的に傾聴しているだけでは，家族にとって，受容されているとか共感的に理解されているとは実感しにくい。したがって，セラピストが理解したことをこまめに言葉にして伝えていく共感的応答が重要になる。

第2の要素は，適合または調節（accommodation）と言われるものであり，セラピストが自分の言動を家族の交流のパターンにマッチするように調節することである。そして，家族特有の交流のパターンやルールに従い，これまでの家族の構造をすぐに変えようとせず，まずは維持することを尊重する。

第3の要素は，模倣（mimesis）と言われるものである。セラピストは，いわばパントマイムのように家族のまねをする。家族の言語的，非言語的側面をよく観察し，その言葉遣い，比喩的な表現，感情の表現，仕草などを模倣するのである。たとえ

ば，比較的よくしゃべる家族メンバーが多いセッションでは，セラピストも意識的によくしゃべるようにするであろうし，反対に，非常に重苦しい雰囲気でぽつりぽつりとしか話さない家族とのセッションでは，セラピストも慎重に言葉を選びながら，ゆっくりと発言するであろう。あるいは，身ぶり手ぶりを交えながら感情を誇張して話す母親に対して，セラピストはその感情を受け止めて言葉で返すことを心がけるであろうし，反対に感情を語らずに理屈っぽく話す父親に対しては，セラピストも冷静かつ論理的に話そうとするであろう。

3 関連・近似概念との異同

ジョイニングと同様，個人療法におけるクライエントとセラピストとの信頼関係を表す用語に，ラポールがある。ラポールがクライエントとセラピストの治療関係の状態を表す用語であるのに対して，ジョイニングは，家族に対するセラピストの能動的な行為や態度を表す用語である。

また，多世代家族療法のひとつである文脈療法では，セラピストの基本的な態度・技法として「多方向への肩入れ（multidirected partiality）」がある。これは，セラピストが一人ひとりの家族メンバーに積極的に肩入れし，信頼関係を作っていくという点ではジョイニングとも共通する部分があるが，根底にある個人や家族が抱える問題理解の枠組みが異なる。多方向の肩入れでは，家族の相互理解と家族メンバー同士の対話の促進に強調点が置かれ，家族がより公平な関係を築いていくことを目指しているという特徴がある。

II｜ジョイニングの具体例とその解説

以下に，家族療法のセッションの一部を提示し，セラピストがどのようにして家族にジョイニングしようとしているかを解説する。

1 事例の概要

IPは中学2年生のA男で，夏休み明けから不登校になっている。母親が中学校のスクールカウンセラーに何度か相談し，父親が非常に権威的でA男に「とにかく学校に行け」と怒ったり，母親には「甘やかしていないでもっと厳しくしないと駄目だ」と責めたりすることが続いていると話した。スクールカウンセラーから「ご両親の足並みをそろえることが大事」と言われ，家族療法を勧められて母親が電話予

約をして来談した。

② 初回面接の冒頭部分

　セラピストが来談に至る経緯を尋ねると，まず母親が，A男が夏休み明けから学校に行けていないこと，このままでは高校進学がどうなるか心配していることを不安そうな面持ちで語った。ほどなく父親が自ら口を開き，A男は朝になると頭痛や腹痛を訴えて学校に行こうとせず甘えていること，母親がそうしたA男に対して厳しくしないのが問題であることを，イライラを抑えながら話した。そうした父親の厳しい発言を聴きながら，母親とA男はうつむき加減であった。以下，やりとりとセラピスト（Thと表記）の意図を［　］に示す。

Th	お父さんとしては，A男君は頭痛や腹痛があったとしても頑張って学校に行くべきだし，お母さんがもっとA男君に厳しくすべきだと思われているんですね。［父親の発言を繰り返し，支持している］
父親	（力強く）その通りです。
Th	そして，A男君が一日も早く学校に行けるようになってほしいと思っていらっしゃるんですね。［父親自身は言語化していないが，Thは父親も問題解決を望んでいると理解していることを伝えている］
父親	もちろんそうです。
Th	なるほど。（父親に向かって）お母さんがどんな風に考えていらっしゃるのか，お母さんのお話も伺いたいのですが，よろしいでしょうか？［家族における父親の権威的なありようをそのまま尊重し，父親の許可を得てから母親に発言してもらうようにしている］
父親	もちろんいいですよ。どうぞ。
Th	（父親に軽くお辞儀をして）ありがとうございます。［父親の権威の尊重］（母親に向かって）お母さんは，A男君が学校に行けないことについて，どんな風に考えていますか？
母親	お父さんからは，「おまえが甘やかすからだ」と言われるんです。たしかに厳しくはしていないとは思うんですが，でも，この子はこの子なりに苦しんでいるし，いろいろ考えていると思うので，少し見守っていてあげたほうがいいのかなと思って。
Th	なるほど，お父さんがおっしゃるように，ちょっと厳しさが足りない

	かなと思う気持ちもあるけれども，Ａ男君に対しては，少し見守ってあげたほうがいいと思われているんですね。［母親の発言のポイントを繰り返し，支持している］
母親	そうです。
Th	お母さんから見て，Ａ男君はどんな風に苦しんでいたり，考えているようなんでしょうか？［母親の発言を明確化するための質問］
母親	朝，お腹が痛いとか頭が痛いと言っているときは，本当に具合が悪そうな顔をしていますし，この前も「学校に行かなきゃいけないことはわかっているんだけど……」って落ち込んだ顔をして言っていましたので。
Th	なるほど，Ａ男君は本当につらそうだと。［母親の理解を支持している］
母親	そうです。
Th	（父親に向かって）でも，お父さんにはそのようには見えないんですね？
父親	まあ，朝は私が早く出て行くので，顔は見ていないですけど。
Th	ああ，そうなんですか，直にはご覧になっていないんですね。（父親に向かって）Ａ男君にもお話を聴いていいですか？［父親の権威の尊重］
父親	ええ，どうぞ。

　予約の電話から，セラピストはＡ男の不登校に対する父親と母親の考えや対処が異なることを把握しており，また父親が権威的であるらしいということも推測していた。そして，面接が始まってすぐに，父親が母親とＡ男を批判する場面に遭遇し，この家族の日常的なパターンのひとつとして理解した。つまり，面接を申し込んできたのは母親であるが，その母親を父親は批判的に見ており，また普段から権威的な父親で家族への影響力があるならば，まずはその父親の考えを理解し受け入れることが重要になる。そして父親の権威を奪うのではなく，尊重するところから始め，父親がセラピーに対して肯定的な印象をもてるようになることが，家族の来談継続のキーポイントになると理解したのである。

　セラピストが父親を尊重しつつ話を聴いていくと，徐々に父親の声の大きさも適度なものになり，面接の後半では，母親やＡ男に発言を求める際に父親の許可を得る必要もなくなっていった。こうして父親が母親やＡ男の話を傍らで黙って聴くと

いうことは，普段の家庭生活ではないことであり，父親のことを恐れている母親やA男にとっては，セラピーが安全で安心できる場として体験され，セラピストの助けを借りながら徐々に自分が言いたいことを言いやすくなり，面接を継続していく動機づけを高めることにつながった。

Ⅲ 技法の習得に向けて

　ジョイニングは，家族療法の成否を大きく左右するものだが，とりわけ合同面接の経験が少ないセラピストにとっては，非常に難しく感じられるかもしれない。最も効果的な訓練方法は，何と言っても，合同面接場面のロールプレイを繰り返し行うことである。

　ジョイニングがうまくいかない理由はさまざまであるが，もっとも起こりうるのは，セラピストのフレーム（問題に対する認識の仕方や価値観など）と，家族もしくは家族の特定のメンバーとのフレームが一致せず，セラピストが自分自身のフレームにこだわっているときであろう。通常は，多くの家族や夫婦において，全員が同じフレームをもっていることは少ない。そして，セラピストのフレームはあるメンバーのフレームと同じなのだが，他のメンバーのフレームとは異なっていることも珍しくない。そのようなとき，セラピストがいつの間にか「この人の考え方は正しい（自分と同じだ）けれど，この人の考え方はちょっと問題だ」というように，ある種の価値判断を下してしまう。そして，そこから自由になれないと，自分とは異なるフレームをもったメンバーの話を受容的共感的に聴けなくなったり，いつの間にか説得しようとしてしまい，そのメンバーがますます抵抗を強めることにつながりかねない。

　したがって，セラピストは家族メンバー一人ひとりに対して，自分がどのような印象をもっているか，誰に対して否定的な感情あるいは肯定的な感情を抱いているか，それらが家族に対する応答にどのような影響を与えているかを，常に意識化するように心がけておく必要がある。

　また，ジョイニングは，個人面接を主体に進めてきた途中でクライエントの家族と会うときにも重要である。セラピストはついクライエントの立場に同一化しがちであるが，家族の立場や考えや気持ちも尊重し，家族からも信頼されることで，結果的にはクライエントの治療に対する家族の協力も得やすくなるのである。

読書案内

家族・夫婦面接のための4ステップ──症状からシステムへ
[著]サルバドール・ミニューチン　マイケル・P・ニコルス　ウェイ=ユン・リー
[監訳]中村伸一　中釜洋子　金剛出版　2010年

　家族構造を重視する基本姿勢を保ちつつ，家族の歴史への関心を強めてきた近年のミニューチンの統合的な治療の実際を，豊富な逐語記録と解説によって知ることができる。

家族心理学──家族システムの発達と臨床的援助
[著]中釜洋子　野末武義　布柴靖枝　無藤清子　有斐閣　2008年

　家族ライフサイクル論を基盤として，家族が取り組むべき発達課題と危機に対する臨床的援助について，初学者向けにわかりやすく解説されている。

心理臨床実践にいかに夫婦・家族面接を取り入れるか
（個と家族を支える心理臨床実践I──個人療法に活かす家族面接［家族心理学年報33］）
[著]野末武義　[編]日本家族心理学会　金子書房　2015年　pp.13-21

　夫婦・家族の問題を個人面接で扱う場合と夫婦・家族合同面接で扱う場合の，それぞれのメリットと留意点について解説されている。

家族面接・家族療法のエッセンシャルスキル──初回面接から終結まで
[著]ジョーエレン・パターソンほか　[監修]遊佐安一郎　星和書店　2013年

　家族面接・家族療法の初回面接の前から終結に至るまでのプロセスで，セラピストとして何を考えどのように取り組むか，子どもや夫婦・カップルにどのように関わるかについて，初学者向けにわかりやすく解説されている。

家族療法入門──システムズ・アプローチの理論と実際
[著]遊佐安一郎　星和書店　1984年

　家族療法の基礎となる一般システム理論について解説したうえで，構造派家族療法，家族システム理論，短期療法のエッセンスが具体例と共にわかりやすく解説されている。

パラフレーズ・リフレクト・サマライズ

問題を設定する

藤生英行

技法の概要

定義：パラフレーズ，リフレクト，サマライズとは，一般にカウンセラーがクライエントの話した意味や内容について，クライエントが用いたよりも語数が少なく，同じ単語を使わず，類似した言葉で，簡潔に，しかもクライエントにとって的確な内容で言い換える技法である。それぞれ微妙なニュアンスの違いがある。パラフレーズ（paraphrase）は言い換えとも呼ぶ。リフレクト（reflect）は反映，反射ともいう。リフレクトに感情の説明も入れることもあり，その場合，感情の反映（Reflection of Feelings）とも呼ぶ。サマライズ（summarize）は要約ともいう。

目的・効果：カウンセラーが正確な鏡となって，クライエントにクライエント自身の考えている内容をそのまま聞かせることで，クライエントに自分自身の思考の問題点に気づかせる。推測としての言い方，断定した言い方のどちらの形態も取りうる。

I 技法の解説

① 理論的・歴史的背景

ロジャースの理論は，理論の発展に基づいて4つの時期に分けられるという（Bozarth et al., 2002 ; Zimring & Raskin, 1992）。第1期（1940年代）は，それまで主流だった指示的で解釈的な心理療法に対して「非指示的カウンセリング」（Rogers, 1942）を打ち出した時期である。この時期，ロジャースはパラフレーズ，リフレクト，サマライズといった技法がカウンセリングには必須であり，これだけで十分有効だとみなしていた。さらにロジャースは，問題の解決にはセラピストよりもクライエントが貢献できると考え，これらの技法によりクライエントは深い理解ができ，

自己探求し，自己概念を改善できると考えた。第1期初期のロジャースはパラフレーズを重視していたが，その後，感情の反映に関心を移している。

それに対して50年代の第2期以降，ロジャースは，これらのスキルをさほど重要と考えないようになる。次第に，クライエントの準拠枠，セラピストとクライエントとの治療的関係性，セラピーの成功のための必要十分条件，セラピストの態度へと関心を移していった。

2 クライエントに起こるべき効果・変化

カウンセラーは，自分の判断を加えずにクライエント自身の話した内容をそのまま聞けるような鏡や反響板になる必要があると，Rogers（1942）は信じていた。カウンセラーが鏡や反響板として機能するためのスキルがパラフレーズ，リフレクト，サマライズである。これらのスキルにより，クライエントが自分ひとりで考えていても解決できず放り投げていた問題を，真剣に聞いてくれる別の人物がいることになり，自分の悩みが他者にはどのように感じられるか自分で聞くことができる。クライエントが自分の話してきた内容をあらためて聞く機会は重要である。クライエントは自分の考えていることを掘り下げ，考えてこなかった側面についても視野に入れ，忘れていたことを付け加えるといったように，より深いレベルで物事を考えるようになる。これらのスキルによって，クライエントは自分自身の責任に気づくようになり，自分の役割を積極的に果たそうとするようになる。健康なクライエントにとっては，このスキルのみで重大な問題を理解し，意思決定できるようになることもある。

3 関連・近似概念との異同

(1) かかわりと傾聴

かかわりとは，カウンセラーがクライエントに対し物理的に自分自身を向けることである。傾聴とは，カウンセラーがクライエントの伝えるメッセージを言語行動および非言語行動の両面から理解することである。かかわりと傾聴はどの段階であろうとも，忘れてはならないスキルである。

(2) 開かれた質問

開かれた質問とは，クライエントが1語か2語程度では答えられないような質問であり，クライエントに自分の思考や感情を明確化させ探求させるようにする質問

のことである。カウンセラーの興味関心から投げかける質問ではなく，クライエントが積極的に自分の役割を果たそうとするよう促す質問である。これに対して，閉じられた質問とは，クライエントが1語か2語程度で答えられる質問である。閉じられた質問は素早くクライエントの情報を収集するには有効であるが，あまり多用されるとクライエントは質問を待ち，受け身的になる。

(3) 感情の反映

パラフレーズ，サマライズは，クライエントの思考を中心として言い換える。それに対してリフレクト（感情の反映）は，クライエントが今ここで抱いている感情（feelings）を特定しつつ，クライエントの話した内容を言い換えることである。感情の用語として"feelings"が用いられていることには特別な注意を要する。すなわち，クライエント自身が言葉にできていないような微妙な感覚に近い感情（むすっとする）から非常に激しい感情（激怒）までの幅広い感情スペクトラムを感情として捉える。

4 使う場面，条件，面接の文脈

パラフレーズ，リフレクト，サマライズは，カウンセリングが開始されたばかりで，セラピストとクライエントとの間にラポールが形成されていない時期に多く用いられる。また，カウンセリングが進行し，すでにラポールが形成されていても，クライエントが遭遇している問題の新たな側面が明確になったとき，その問題に立ち向かうべき場面で用いられることもある。

そのほか，「クライエントがとりとめもない自分の物語を話しているとき」「クライエントが自分の思考や行動について話しており，それを続けさせようと勇気づけたいとき」「クライエントが行き詰まり，堂々めぐりをしているとき」に，これらのスキルを使うとカウンセリングが新たに進展することがある。

サマライズは，特に，各セッションの開始時に前回までのセッションでの話し合われた内容を再確認するために用いる。また，各セッションの終了時にそのセッションの内容や成果をまとめるためにも用いられる。このほか，クライエントの話が堂々めぐりをしているとき，サマライズを行うとクライエントの話が進展することもある。

5 技法を用いるときのポイント・注意点

　これらのスキルを用いるときには，カウンセラーは受け身的にただ傾聴するだけではなく，クライエントの話した内容に積極的に耳を傾け深く理解する必要がある。カウンセラーはこれらのスキルをクライエントに投げかけることにより，自分の聞いていることが正確かどうか直接クライエントに確認できる。うまくいったときは，クライエントは話し手としての役割を積極的に果たすようになる。

　「そうです」「そうそう」といったように，カウンセラーの言葉かけが正しいことを積極的に話すクライエントもいる。自分の思考についての新たな気づきがクライエントに生じることもある。リフレクト（感情の反映）では，感情の浄化（カタルシス）が生じ，クライエントとカウンセラーの心理的距離が短くなることも多い。クライエント自身が気づいていない感情を言葉で表現することにより，自己理解も深めることができる。

　このように，これらのスキルによってクライエント自身に，自分が抱えている問題を取り組むべき課題として整理させることになる。

II｜具体例とその解説

1 事例の呈示（カウンセラー＝Co／クライエント＝Cl／［　］＝スキル）

Co1　こんにちは。遠いところご苦労様です。前回お聞きしたのは，学校に行けていないというお話でした［サマライズ］。今日はどのようなお話ですか？［開かれた質問］

Cl1　今は学校に行ってるんですけど，気持ちが悪くなったときに，先生とかにうまく伝えられなくて，ずっとつらいままになっちゃうんです，それが辛い。

Co2　先生に言えない［パラフレーズ］。

Cl2　基本的にずっと体調が悪いんですけど，人の目とかがすごく気になっちゃって，我慢しちゃう。

Co3　他人の目が気になる［パラフレーズ］。

Cl3　はい。なんか，授業中，先生が話しているので，話途切れさせちゃったらダメかなとか。結構，悪い方向に考えちゃうんですけど。

Co4　考えすぎて心配になっちゃうんだね［リフレクト（感情の反映）］。

Cl4　そうなんです。やっぱり普段の授業中でもうまく話せないのに，テス

Co5　テストのとき非常に緊張する［リフレクト（感情の反映）］。
　　Cl5　そうなんです……話は続く……
（面接の終了時間）
　　Co6　約束の時間が来ました。今日は，心配してしまうことについて詳しくお話を聞きました［サマライズ］。

2 事例の解説――技法がどのように役立ったのか

　上記の逐語録の内容を確認してみよう。
　Co1は，ねぎらいの言葉と，前回のセッションのまとめとしてサマライズを用いている。その後，開かれた質問を行うと，それを受けてCl1が本日の話題を呈示することになった。クライエントの言葉（Cl1）の一番大切なフレーズをカウンセラーはCo2でパラフレーズし，Cl2ではより深く自分の探求を進めている。同様にカウンセラーはCo3でさらにパラフレーズし，Cl3でクライエントが内面を探ることにつながった。カウンセラーはCo4で，心配という感情を特定するとともに，考えすぎてしまうという理由を付した（リフレクト（感情の反映））。その発言は，Cl4においてクライエントの感情の理解につながっている。さらにカウンセラーはCo5でリフレクト（感情の反映）を行っており，それがクライエントの発言Cl5を引き出していく。最後のCo6では，終了時間が来たことを伝えたうえで，サマライズを用いてこのセッションの内容のまとめを行った。

III　技法の習得に向けて

1 起こりやすい問題・失敗とその対策

　クライエントの言ったことそのままにオウム返しをしてしまうのは，起こりやすい問題である。特に日本語で，クライエントの話した内容の文末にある言葉をオウム返ししてしまうカウンセラーが多いように思われる。また，ほかにも多い問題として，クライエントの陳述の本当に意図するところを拾えず，思考のほんの表面的な部分のみを言い換えるだけのときもある。
　これらのスキルを多用しすぎると，カウンセリングが十分ではないと，クライエントがフラストレーションを感じることもある。これらの技法ではつねにクライエントに焦点を当てなくてはならないが，いつの間にか話題に上った第三者に焦点づ

けたものになってしまうこともよくある。

　このような失敗を避けるには，クライエントの話している最中に，次に何を言おうかとあれこれ考えすぎず，リラックスしてクライエントの話をじっくり聞くことが一番大切である。

　また，クライエントが積極的に話を続けているときには，何も口を挟む必要はない。これらの技法を挟もうとはせず，うなずくなど非言語行動を積極的に示し，クライエントの話を促すのみで良い。このようなときにカウンセラーがこれらの技法を用いてしまうと，クライエントは小うるさいと感じ，またカウンセラーに対して物足りなく感じる。

② 練習と訓練のポイント
　言い換えの練習を行おうとするとき，クライエントの話した内容すべてをオウム返ししてしまい，途中でどこまで返せたかわからなくなってしまうカウンセラーも見かける。つまり，クライエントの話した内容すべてを言い換えるのは不可能であり，また長々と言い換えると，クライエントの話を妨害し，話す意欲を削いでしまう。

　一方，クライエントの陳述のなかの一番大切な単語やフレーズをそのまま返すことでも効果がある。はじめて練習するときは，相手の話の一番大切な単語をそのまま返すことから始めてみよう。次に，重要な単語をフレーズに変えてみよう。慣れてきたら，相手の言葉をそのまま使わずに，内容を損なわない程度に言い換えて返してみよう。上達してきたら，クライエントが用いたよりも語数が少なく，類似した言葉で，簡潔に，しかもクライエントにとって的確な内容で言い換えることを目指してみよう。

　カウンセラーは，クライエントの思考や感情を明確化する，焦点づける，支持する，カタルシスを促すなどの意図をもって，これらの技法を用いるようにしたい。クライエントは，これらの技法が適切に用いられると，支持された，理解された，問題が明確になったと反応する。しかし，不適切に用いられると，クライエントは自分の思考と行動が誤っている，カウンセリングが膠着している，カウンセリングで指示が不足していると感じるといった好ましくない反応をする。

③ 技法を他のアプローチの枠組みに取り込むときの注意
　セラピスト－クライエント間の関係（ラポール）ができており，カウンセリングで何に焦点を当てて一緒に取り組んでいくのか，共通の目標や課題が明確になって

いたら，そちらに十分時間をかけて取り組むべきである。その際は，パラフレーズ，リフレクト，サマライズといった技法を多用してはいけない。

　これらの技法の適用に関しては，最初はクライエントの陳述のなかで何が大切かを十分に深く傾聴することから始め，徐々に効果的と思われる場面で技法を導入していくのがポイントであろう。

文献

Bozarth JD, Zimring FM & Tausch R（2002）Client-centered therapy : The evolution of a revolution. In : DJ Cain & J Seeman（Eds.）Humanistic Psychotherapies : Handbook of Research and Practice. Washington, DC : American Psychological Association, pp.147-188.

Corey G（2009）Theory and Practice of Counseling and Psychotherapy（8th Ed.）. Belmont, CA : Thomson Brooks/Cole, pp.164-196.

Rogers CR（1942）Counseling and Psychotherapy. Boston : Houghton Mifflin.（佐治守夫 編，友田不二男 訳（1966）カウンセリング．In：友田不二男，畠瀬 稔，佐治守夫，堀 淑昭，伊東 博 編：ロージァズ全集 改訂版 第2巻．岩崎学術出版社）

Zimring FM & Raskin NJ（1992）Carl Rogers and client/person centered therapy. In : DK Freedheim（Ed.）History of PsychoTherapy : A Century of Change. Washington, DC : American psychological Association, pp.629-656.

 読書案内

ヘルピング・スキル[第2版]
――探求・洞察・行動のためのこころの援助法
［著］クララ・E・ヒル　［監訳］藤生英行　金子書房　2014年

　クライエントとの間にラポールを形成し，クライエント自身が自分の物語を語るようにするための段階（探求段階）に用いる4つの主要なスキルとして，かかわりと傾聴，開かれた質問と探り，言い換え（この本では，restatementという語を用いている），感情の反映を取り上げている。このうち「言い換え」と「感情の反映」他が本稿で解説した技法に該当する。

リフレーミング

問題を多角的にとらえる

●

青木みのり

> **技法の概要**
>
> リフレーミングとは，リ－フレーミング，直訳すれば「再－枠づけ」のことである。ものごとを，前提となる枠組みを変えて見ることによって，違った意味を見出すことである。心理療法の文脈では，問題とみなされる事象に対して，肯定的な意味を付与する場合を指すことが多い。具体例として，「引っ込み思案」とされる態度を，「じっくり考えているために話すのに時間がかかる」ととらえ，「思慮深い」と表現する場合などがある。期待される効果としては，当事者が硬直した見方から脱して柔軟に問題を眺めることで，対処法の選択肢が広がることや，それによって問題維持のメカニズムを，より健康的なメカニズムに変えられることなどが挙げられる。

I｜リフレーミング──概要と解説

　コップに水が半分入っているとき，それを「半分しか入っていない」ととらえるか，「半分も入っている」ととらえるか──リフレーミングの説明によく用いられるたとえである。同じ水の量でも，とらえ方によって，意味づけは大きく異なる。前者は悲観的，後者は楽観的ともいえる。

　リフレーミングとは，「リーフレームすること」であり，直訳すれば「再－枠づけ」となる。先の例のように，物事を，その前提となる枠組みを変えてとらえることである。介入技法としては家族療法やブリーフセラピーから始まり，次第に他の心理療法や，心理学以外の分野でも注目されるようになった。

　『家族療法テキストブック』（日本家族研究・家族療法学会，2013）の用語解説で

は，「家族メンバーの症状や行動について，家族がラベルしている言葉を言い換えるなどして，家族が，それまで見ていたものの意味が変化し，家族に文脈の変化を引き出す方法」と記されている。つまり，再枠づけをすることによって，物の見方を柔軟にし，行き詰まりを打開することや，問題維持のメカニズムをより健康的なメカニズムに変える（平木，2003）などの効果を引き出すことが期待される。

コップの水の例でいえば，「半分しか入っていない」というとらえ方は，コップが水で満たされていることを前提，つまり枠組みとしている。完璧主義であり減点方式で考えるため，足りない部分が絶えず気になる。つまり水よりも，その上の空間のほうが気になっているのだ。一方，「半分も入っている」というとらえ方は，水の入っていない状態を基本とする枠組みにより，「たとえわずかでも空よりはよい」と，今入っている水に関心を向けている。うまくできたところ，自分や他人の長所に目を向ける考え方である。

「半分しか入っていない」と思う人が，「半分も入っている」と思う人に会うと，「こんなに足りないところがあるのに，大丈夫だろうか」と心配するかもしれない。理想が高いともいえるが，常に満点を期待するという点では，非現実的な期待を抱いているといえなくもない。常に不確定要素がついて回る人間関係については特になおさらである。だが，「半分も入っている」と思う人は，水があることの利点を理解し，すでにその活かし方を考えているのかもしれないのである。お互いに枠組みが違うということは，同じものを見ていても，それだけ世界が違ってくることでもある。何がしかの問題と思われること（不完全な部分）にとらわれて身動きできないとき，後者のとらえ方は，事態の打開のために有用であろう。

II ｜ 考え方と期待される効果――具体例を通して

リフレーミングを，「肯定的意味づけ」と表現することもある。たしかに否定的な状態を肯定的に言い換える場合は少なくないが，必ずしもそうとは限らない。枠組みと意味づけを変えることがその中核的機能であり，柔軟な視点を得て事態を打開することが主たる目的であるから，「今，どのような枠組みを通して，どのように見えているのか」をクライエントの言動などからできるだけ正確にアセスメントしたうえで，「どのような枠組みに変えることで，意味づけがどのように変わるか」「それによって，どのような効果が期待されるのか」についての見通しをもって行うことになる。

1 個人の問題行動や欠点

　大人の注意も聞かず勢いよく走り回る子どもを，親は「乱暴で」と恥じるが，周囲は「いいじゃない，元気が良くて」という。これは日常にも見られる例である。「子どもは行儀よくすべき」という枠組みでは「乱暴」と否定的にラベルされるが，「子どもは素直で元気なほうがいい」という枠組みからは肯定的にとらえられることになる。

　しかし同じ「子どもは素直で元気なほうがいい」という枠組みを採用した場合，慣れない場面でうまく話せない子どもは，「引っ込み思案」と否定的にラベリングされるだろう。逆に「子どもは行儀よくすべき」という枠組みでは，「おとなしい」と好意的に評価されるだろう。あるいは「よく考えて話すべき」という枠組みで見た場合は，「慎重」「誠実」と見ることもできる。同じように「内弁慶」な子どもは，見方を変えれば「相手や場面をよく見て，ふるまいを変えることができる」ということもできるだろう。

　どの枠組みを採用するのがよいかを決めるには，それによって当事者の健康的な面を引き出せるかどうかがひとつのカギとなる。それは時に，当事者が問題と思われる行動に至った経緯に着目することに通じる。

　臨床場面で出会う例を挙げよう。子どもが学校に行かないことは「不登校」という行動上の問題としてラベルされる。しかし対人関係のトラブルなど，抱えきれないストレスに圧倒されていたことに目を向ければ，「つらい場所に行くことによって，これ以上傷つくのを防いでいる」ととらえることもできる。これは，「学校に行くべき」という社会規範から，「本人のやむにやまれぬ選択」という内的体験への枠組みの転換といえるだろう。

　周囲が目の前の現象につい気を取られ，「何とか言うことを聞かせよう」「話させよう」「裏表のない子にしよう」「学校に行かせよう」ということだけにとらわれ，働きかけていると，事態が硬直し悪循環に陥ってしまうことがある。そのようなとき，意味づけを変えることによって，「元気でいいという見方もあるのか」と別の見方に気づいたり，「慎重に言葉を選んでいるのかもしれない」「つらい思いのなかで頑張っているのかもしれない」と本人の内的過程に思いをはせたりする契機を提供するのがリフレーミングである。それが周囲の物の見方を柔軟にし，働きかけの変化を促すことになる。

2 複数の関係者の関係や文脈

　いつもけんかの絶えない夫婦に対して,「お互いに強い関心のある夫婦」と意味づけることができる。これは,「けんか」という行動として現れた現象に焦点を当てる枠組みから, お互いの「関心」という関係性の枠組みへとリフレームしたことになる。あるいは,「静かで穏やかな関係がよい」という価値観による枠組みから,「穏やかでなくても無関心よりはまし」という別の枠組みへとシフトさせたということもできよう。いずれにしろ, このように考えることで, お互いに対する強い関心を別の形で表現する方法について考える機会を設けることができる。

　夫婦の一方が話をすることに積極的であるのに対し, もう一方が回避的な場合もある。たとえば妻は会話を求めて話しかけるが, 夫があまりそれに応じない, というような場合である。妻が熱心に話しかけるほど, 夫は関係を避けて部屋に引きこもってしまう。この場合,「夫があまり話さないことで, 葛藤が起きるのを防ぎ, 適切な距離を保てている」とリフレームすることで, 一見非協力的に見える行動の意外な効用に目を向け, 夫が二人の関係に貢献している可能性を示すことができる。さらに「妻が近づきたい気持ちのままに行動することが, かえって距離を遠ざけているのかもしれない」と伝えることも, 内的過程から行動の帰結へのリフレーミングである。これはまた, 関係性への相互の影響に着目すると,「会話が多いことが親密な関係の証である」という枠組みから,「会話以外の方法で関係に貢献できる」という枠組みへのリフレーミングでもある。

　このようにリフレーミングは,「何とかしよう」という解決努力が問題をめぐる悪循環を維持させてしまうとき, うまくいかない解決努力や, そこから生まれる意図せざる結果に別方向から光を当て, それぞれに「肯定的な意図」があるとみなし, 別の意味づけの可能性を開く。セラピストが肯定的に言い換えることによって, 関係者が良かれと思って行ってきたことに新しい枠組みと意味づけが与えられる。自らの意図を肯定されることにより, 関係者は現状に向き合い積極的に関わるためのエネルギーを得る。的確なリフレーミングは, 関係者のもつ力に根差し, 隠れた努力をねぎらい, 一見非機能的に見える努力を局面打開の原動力へと方向転換させる有効な手段となる。

　ただし留意点として, 家族や夫婦など複数の関係者がいる場合, すべてのメンバーにとって肯定的となる意味づけをする必要があるということが挙げられる。関係者それぞれにとって受け入れやすく, 的を射た介入とするためには, それぞれの枠組みを丁寧に理解したうえで, 新しい枠組みを提示しなければならない。また, 関係

者間の相互交流があるがゆえに，それぞれから見た意味づけの変化の影響と，その相互作用による影響を視野に入れる必要がある。

③ 問題や症状の再定義

　リフレーミングはもともと家族療法から始まった技法である。たとえば戦略派では，症状は家族が恒常性を保つための方略と考え，家族成員間の葛藤の暗喩としてとらえる。つまり，症状そのものに，たとえネガティブな状況であっても何らかの家族への貢献があると考え，それゆえに維持されているという見方をする。亀口（2006）は，「問題の見方が変わることによって，症状にまつわる行動が担っていた特定の役割が必要がなくなり，その行動を続けさせていた習慣的な家族成員間の相互作用も減っていく」と記している。たとえば，絶えず問題行動を起こす子どもは，それによって両親が協力し合わなければならない状況を作り，冷え切った両親の仲を取り持っているのかもしれない。この場合セラピストが，状況を適切にアセスメントし，両親が自分たちの問題に向き合い解決していけるよう支援すれば，問題行動を起こす子どもが担っていた仲介役としての役割は不必要になり，消失していくことになる。

　この場合は，問題や症状を，セラピストの枠組みから再定義するという意味での「リフレーミング」になる。家族の在り方に貢献している面を見つけ出し，より健康的に機能するように支援するにあたっては，単一の技法としてのリフレーミングのみならず，逆説的介入や円環的質問法など，さまざまな技法を用いて介入していくことになる。

　逆説的介入と組み合わせた例として，吃音をもつセールスマンの事例（Watzlawick et al., 1974）を紹介する。吃音をもつ男性がセールスマンの職に就こうとしていた。彼は吃音が障害になると信じていたが，セラピストは，それどころか逆にそれは強みになるという。人は早口でおしゃべりな人よりも，ぎこちなく話す人のほうに注意を向けるものである。そこで，良いセールスマンになるために，もっとぎこちなく話すようにと告げられた。

　この場合，「吃音を『障害』と考え，うまく話そうとする」→「緊張する」→「吃音がいっそうひどくなる」という悪循環が起きていた。そこで，吃音に対する「障害」というラベルを「強み」に変えるというリフレーミングとともに，逆説的介入が行われた。男性は，今まで避けようとして避けられなかった「ぎこちなく話す」ことを，セラピストの保障のもとに意識的に行うことになり，症状に対してイニシ

アティブを取れる立場になる。同時に，失敗への不安やプレッシャーから多少なりとも解放される。過度の緊張に苛まれずに話し，成功体験が得られれば，「ぎこちなく話す」ことが障害というよりむしろ役に立つという，全く新しい体験をすることになる。このようにして，「吃音」をもっているという事実は変わらないまま，それに対する意味づけが大きく変化することになる。

　問題の見方が変わることによって，現実の状況は変わらなくても，問題への意味づけが変わり，解決に至ることは少なくない。しかし実際，現実にはなかなか変わらないことも多い。リフレーミングは，その現実にいかに向き合うかということについての知恵のひとつといえる。

Ⅲ｜習得に向けて

　関係者が受け入れやすい有効なリフレーミングのために，いくつか留意したい点を述べる。

1 共感とねぎらいを伝える
　まず，関係者を丁寧に理解し，共感を示すことである。報われなかった解決のための試みを理解し，苦しみを十分にねぎらう。「意味づけ」や「枠組み」を理解するとともに，それらを通して世界に関わっている，主体としてのクライエントへの敬意が重要である。

2 関係者の枠組みを理解し，そこに含意される願いに着目する
　関係者はいかなる枠組みをもって問題をとらえているのか。それを理解することで，別の枠組みへとリフレームすることが可能になる。
　このとき，関係者の願いを活かすよう工夫することで，健康的な面を引き出せる。一見無駄や問題に見える行動の裏にある「やむにやまれぬ理由」や，これまでの努力に目を向ける必要がある。セラピストがお会いする個人や家族は，はっきりと意識していなくても，なんらかのつながりを確認したいと願っていることが多いように思う。たとえば言い争いが絶えないと訴える家族の場合，「葛藤なく意思疎通ができることが望ましい」という枠組みがあると考えられるが，それに関連した「つながりを確認したい」「わかってほしい」という願望を枠組みとすれば，「互いの関心の表れである」とする意味づけも，言葉の言い換えにとどまらない説得力をもつ。

3 セラピストの枠組みを知り活かす

　実施においては，目の前の「問題」にとらわれずに多様な視点から状況をとらえられる柔軟性と，新しい状況を作り出せる創造性が重要である．前項で述べた，関係者それぞれの「良い意図」「力」を見出そうとする努力が大切である．このセラピストの枠組みが，「肯定的意味づけ」の前提となる．そのためには，セラピスト自身がどのような枠組みを採用しやすいか，今用いているラベルはいかなる枠組みによるものなのかといった，認識のありようを熟知することが重要である．

文献
平木典子（2003）カウンセリング・スキルを学ぶ——個人心理療法と家族療法の統合．金剛出版．
亀口憲治（2006）家族療法．ミネルヴァ書房．
日本家族研究・家族療法学会（2013）家族療法テキストブック．金剛出版．
Watzlawick P, Weakland J & Fisch R (1974) Change : The Principles of Problem Formation and Problem Resolution. New York : W.W. Norton.（長谷川啓三 訳（1992）変化の原理．法政大学出版局）

 読書案内

リフレーミング：その理論と実際
——"つらい"とき見方を変えてみたら（現代のエスプリ523号）
［編］大熊保彦　ぎょうせい　2011年

　認知行動療法など他の心理療法や，虐待や被害者支援などさまざまな領域におけるリフレーミングの実例と基本的考え方が，平易に解説されている．初級者におすすめしたい．

リフレーミング——心理的枠組の変換をもたらすもの
［著］リチャード・バンドラー　ジョン・グリンダー
［訳］吉本武史　越川弘吉　星和書店　1988年

　リフレーミングについて，より詳しく学ぶことができる．中級者以上におすすめしたい．

動機づけ面接

治療動機を発掘するために

●

岡嶋美代

技法の概要

　動機づけ面接（Motivational Interviewing：MI）とは，変化への動機づけをクライエントのなかから引き出し，強めるためのカウンセリング・スタイルである。クライエント中心でありながら治療者が方向性をもって誘導していく。最初はアルコール依存症に対する治療として始まったが，今は行動変化を必要とするさまざまな領域に応用され，効果を示すエビデンスが蓄積されてきている。

　MIは他のカウンセリングアプローチと異なり，仮説検証実験を繰り返して集められたデータベースのようなものである。創始者の思いつきや既存の理論の応用として始まったものではない。さらに人格や個人の成長・変化における体系的な心理療法を目指したものでもない。理論・体系がないことは欠点でもあるが，それゆえに他の認知行動療法や薬物療法，栄養指導などともよく馴染む。他の治療法とともに使われることのほうが一般的である。

I｜技法の解説

1 MIの発祥

　学習理論を熟知した治療者からすると，クライエントの行動変容を狙うための技法選択はある程度決まっており，正しい知識や考え方を教示すればクライエントが従うと思われていた時代があった。

　一方，認知行動療法全盛期において，ウィリアム・R・ミラーが最も影響を受けたのはクライエント中心療法であった。ミラーが行った飲酒者に対する認知行動療法のアウトカムの研究が予想通りの結果とならなかったことに端を発し，カウンセ

ラーの態度がクライエントの動機づけにとって重要であるとする論文（Miller, 1983）へと発展した。その後，ミラーはステファン・ロルニックとの共著でMIを技術としてまとめた（Miller & Rollnick, 1991）。それを通じて，ロジャースが語らなかった，聞き返し（reflective listening）をどのようにすることが，クライエントに共感していることを伝え，行動変容へ向けての戦略的機能をもつのかを定義していった。

2 MIから見たクライエント理解

変わりたいとか変わらなければならないという動機がないクライエントが，抵抗的な発言をするのではなく，もしそれに終始したとすれば，カウンセラーがその発言を引き出してしまっているという立ち位置をMIは取っている。MIでは，カウンセラーの共感的態度や協働性こそが，クライエントの行動変容へ向かう動機づけを発掘する基本であるとされる（Miller & Rollnick, 2013）。関係性を重んじる傾向は，本書が初版から第3版へと変遷するうちに特に強調されていった。

MIでは，クライエントが現状維持を貫くことが，クライエントの価値に沿った生き方になっているかどうか，自身の未来について考えを整理して決断するきっかけ作りをしていく。そして決めたことを実行しやすいように計画することを支援する。

3 MIと似ているもの

しばしば，クライエント中心療法における傾聴とMIの聞き返しとの違い，解決志向アプローチにおけるビジター・タイプ（連れてこられただけの人）への対応や，NLP（神経言語プログラミング）との違いなどが話題に上ってきた。しかし，MIがその特長としているのは，ビジター・タイプのクライエントの発言のなかにあって変化への兆しを表現している発言（チェンジトーク）に注目することで，コンプレイナント・タイプ（自分の問題と思っていない人）を飛び越えて，カスタマー・タイプ（自分の問題解決に取り組む人）に変えていく技である。

解決志向アプローチは，解決に重点を置くあまり解決強制アプローチと揶揄されることがあるが，MIが恐れているのも同様で，方向性を意識しながらも，カウンセラーの指示的な態度をMI不一致という評価で戒めている。MIの場合，理念や精神をうたうだけではなく，技術としてどのような発言を使えばよいか，その種類や機能が細かく分類されている。

④ MIが重視する治療関係

　治療動機とは，カウンセラーが専門家としての権威を振りかざせばかざすほど遠のいていく。カウンセラーがクライエントのガイド役に徹するMIでは，カウンセラーの懸念や知識を提示する場合は，必ず伺いを立てることになっている。ここまでクライエントに対するワンダウン・ポジションをカウンセラーに要求するカウンセリング技法を筆者は知らない。

　MIでは，カウンセラーはMIスピリットとよばれる「協働・受容・思いやり・喚起」の態度や心構えをもって，クライエントの福祉を最優先にしなければならないと教えている（Miller & Rollnick, 2013）。もしもこの規定がなかったら，利益相反のある消費者に対して，欲しがってもいない商品を買わせる技術として使うことができるかもしれない。クライエントの福祉優先を強調する必要があるほど，人の行動に対する操作性の高いツールともいえ，倫理的な配慮を重視しているところが，ビジネス分野で用いられる技術とは趣を異にしている。

⑤ MIの特徴

　MIには，動機づけ面接スキルコードマニュアル（Manual for the Motivational Interviewing Skill Code：MISC）や動機づけ面接治療整合性尺度（Motivational Interviewing Treatment Integrity：MITI）という，カウンセラーがMIを実施できているかどうかを評価できるツールがある（原井，2012）。MITIでは，カウンセラーの発言をコード化し，質問と聞き返しの比率や，聞き返しのなかの単純なものと複雑なものをカウントし，カウンセラーの技能レベルを定めている。また，MISCでは，クライエントの発言も指標に入れてカウンセリング技能の全体評価を行うことができる。このような検証可能性を備えていることは効果研究にとって重要な要素でもある。

　誤解を怖れずに単純化すれば，MIとは「あなたの考えていることはこういうことですよね」と確認を続ける面接である。クライエントの言葉の背景にある考えなどを想像しながら詳しく聞き，その内容を確認し，どのように変わりたいのかを具体的に整理していく。その際，チェンジトークの出現頻度やそれについて詳しく語る時間を増やしていくようにすることで，行動変容を支援できるというのがMIの基本構造である。

　一方で，行動療法を基礎から学んでおくと，MIはさらに使えるツールになる。学習理論に基づく行動変容の技法とともに，どの技法がどの問題に対してどのような

状況で役に立つかがわかる"行動分析"という手法をもっていれば，クライエントの体質（こだわり度合や集中力など）や治療全体の環境に合わせて，行動の選択肢を提示しやすくなる。

II 動機を掘り起こすMIの特徴

次に，MIに必要な技術やスピリットについて述べるとともに，これらを身につけるためのエクササイズの一部を紹介したい。

1 関係づくりの会話技術

初めての医者や心理士との関係において，何をもってこの人に秘密を打ち明けようという気になれるのだろうか。内科や歯科とは違い，家族のことや学歴や仕事の内容や過去の恥ずかしい体験まで，必要ならどこまでも根ほり葉ほり聞かれるのが精神科や心療内科である。守秘義務という縛りのある状況とはいえ，初対面の専門家たちに「すべてわかってほしい」と願う一方で，どこまで話すべきかとクライエントは葛藤するだろう。

●メンタルクリニックでの会話例（セラピスト＝T／クライエント＝C）
T1　今日，こちらへいらっしゃったのはどんなことで？
C1　ここのクリニックが薬を使わないで治すようなことをホームページに書いてあったから。
T2　薬を使わないで治したいと……
C2　以前の病院からは5種類も薬が出て，2年間通ったのに，ちっとも改善しなくて。
T3　5種類も……そして2年間。
C3　なんだか，時間があっという間に過ぎました。その間に仕事も休職して治療に専念しようと思ったのですが。
T4　ちゃんと薬も飲み，通院したのに，期待したような結果がなく，薬には失望したということ……
C4　そうですね。認知行動療法ってよく話題になっているから，それは自分に合うのかなと，薬を使わずに治せる方法が本当にあるのならやってみたいと思ってきました。

このようなやりとりが，MIの導入部ではしばしばみられる。T1は開かれた質問，T2, 3は単純な聞き返し，T4はサマライズと複雑な聞き返しのひとつ（感情の聞き返し）となる。複雑な聞き返しとは，クライエントの陳述の裏にある「より深い意味を推測し，しばしばその内容を認知的にリフレームすること」である（Rosengren, 2009）。導入部では，何をどのくらい重要視しているか，そのバランスが明確になるようにしていく。

エクササイズ1——想像力の筋トレ
　4〜5人組で，クライエント役1名，残りはカウンセラー役になり，クライエント役が自分自身の特徴を一言告げる。たとえば「私は明るい性格です」など。カウンセラー役は「というと，それはよく人前で笑うということ」と語尾が上がった質問に聞こえないよう，確認するように返す。これを聞き返しという。クライエント役は「はい」「いいえ」で答えて，また次のカウンセラー役に向かって同じ言葉を言いながら2巡する。これが聞き返しスタイルの抑揚のエクササイズである。

エクササイズ2——オールさばき
　5人組になって，クライエント役1名，残りの4人は順番に，開かれた質問（O），単純な聞き返し（SR），複雑な聞き返し（CR），開かれた質問（O），単純な聞き返し（SR），複雑な聞き返し（CR），サマライズ（S）の順序で，7つの発言課題を1セットとして4巡する。4人で7課題なので課題が次々と変わることになる。クライエント役の話題は軽く迷っていることがよい（例 研修会に行くかどうか，バッグを新調するかどうか，子どもの塾選びなど）。開かれた質問で問われたら，ひとしきり内容を話して開始する。クライエント役は自然に答えながら，4巡するまで続ける。

2 間違い指摘反射をこらえる
　一般に，専門家として助言を求められていることに応えようとしても，奏功しないことがある。そのようなとき，まずは質問に質問で返してみることをお勧めする。「そのことを知りたいわけをもっと詳しく教えてほしい」というように。これは「質問と答えの罠」と呼ばれる質問の応酬を強化せず，クライエントに考えることを促す方法である。カウンセラーには明らかにクライエントの対人関係作りのまずさと思える問題でも，クライエントが自分で気づいていくように，こちらからは指摘せずに一緒に考えていく。そのためには，助言したい衝動をこらえる訓練がカウンセ

ラーにとって必要である。

エクササイズ3――バッティング練習

　5人組になって，それぞれの臨床でクライエントから言われて困った発言や抵抗されている場面の言葉を8個書く。たとえば，悪口の同意を求められる場面や，悪事への誘いや他の治療者への不満や違法薬物を摂取していることなどについて。1人がカウンセラー役になり，ほかの4人がそれぞれ書いたものを1つずつカウンセラーに向かって投げつけるように述べる。カウンセラー役は，たとえクライエントが非常識なことを言っても，それを否定も指摘もしないで，クライエントの考えを想像しながら聞き返していく。是認をしたり，共感性の高い聞き返しをしたりすれば，なおよい。

③ 矛盾を広げる

　禁煙か喫煙かならば，ゴールは禁煙だとわかっているはず，糖尿病の検査データが悪化しているなら，食生活に注意するはず，前科がつく前に薬物依存を治すはず……だが，そのような常識的な行動を選択せず，その結果生活に行き詰まったクライエントがカウンセリングに訪れてくる。彼らがどんなに嫌々ながらやってきて自暴自棄な発言をしていても，行動変容へ向かう動機が全く存在しないわけではない。MIでは，クライエントの言葉のなかからチェンジトークを効果的に拾い集め，治療に向かう動機が固まるよう，少しでも上昇するように形を仕上げていく作業を行う。

　チェンジトークは2つに大別され，1つは発言のなかに表れる変わりたい願望や変われる能力が現われること，また変わりたい理由やその必要性といった内心にもつ準備性が現われることである。もう1つは，すでに何らかの動き（人に宣言するとか，計画を具体的に練るなど）を始めているような実行性の発言である。これとは逆に，現状を維持したいとか，そうせざるを得ない事情があるなどの発言も出てくるので，この矛盾についてカウンセラーが評価を交えずに両極の考えを並べていき，クライエントが自ら行動を選び取ることができるような場を作っていく。チェンジトークの強化と維持トークの弱化を狙うのが，MIの戦略である。

エクササイズ4――チェンジトークと維持トーク

　5人組になって，1人のクライエントに対し，カウンセラー役は4人とする。クライエント役はアンビバレントな考えを一言述べる。たとえば，「運動したいのになか

なか暇がない」とか「締切を守りたいのにいつも遅れる」などと述べたら，カウンセラー役は1人ずつ質問や聞き返しをしながら2巡して，最後の人は「仕事が忙しい，一方で運動をしたいという理由や必要性は（○○○だ）と気づいていらっしゃるんですね」という形に整えてサマライズを行う。現状維持発言と行動変容に向かう発言を並列に見せるエクササイズである。

4 変化への誘い

行動計画を容易にするコツは，クライエントの日常が目に浮かぶほど具体的に話を聞くことである。協働で立てた計画通り課題が遂行されているかをセルフモニタリングする用紙を作って，小さな変化を継続させるように支援する。行動目標を絞ってから，具体的な課題の選択を考える手順を踏むと思われるかもしれないが，実は課題は会話の初期の段階からいくつもの選択肢として，セラピストにはうっすらと見えているのが普通である。

たとえば，最初の短い会話例からも，「クライエントは不安症なのかうつ病なのかわからないが，薬を減らしたいと考えている。一方で，不眠や抑うつ感など増えてもらっては困る症状があって，現状を変えると生じるデメリットもあるに違いない。認知行動療法をやりたいと口にするのは不安ゆえに調べたがる癖があるからなのかもしれないし，家族に迷惑をかけたくないという慎重さのせいなのかもしれない。不安の対処行動の問題か，処方する医師に対する自己主張の問題か」など，あれこれ想像をする。これを消去法で詰めていく。しかし，忘れてはならないのは，現状維持という選択もあってよいということである。悔いのない決断を支援するのにもMIの技術は大いに役立つ。

III 技法の習得に向けて

1 訓練そしてまた訓練

ここまで治療動機を発掘するには，会話の技術が必要であると述べてきた。MIにはその技術の習得のための方法論があり，常に新しいエクササイズを開発しようとトレーナーたちは切磋琢磨している。毎年，欧米で行われてきたMIトレーナーズ・ネットワークの研修会において，新しいエクササイズを考案したり既存のものを改変したり，技術を習得するために工夫することがトレーナーに求められ，次々と開発されている（例 Rosengren, 2009）。さらに，カウンセラーがMIを使えているかとい

う評価尺度も複数開発されている（原井，2012）。MIではトレーナーの養成に尽力しており，Miller et al.（2004）の研究でも効果的な学習効果は，ワークショップ後にフィードバックを受けることによって身につくとされ，スーパーヴァイズ（30分間5回電話でフォロー）によってセラピストの技能が上がったことを証明している。

2 行動療法を学ぶ必要性

アメリカではMIのトレーナーは行動療法から入っている人が6割だという（Miller, 2015）。一方，我が国においては，行動療法を出自とするMIトレーナーは2015年5月現在で1割にも満たない。MIの技術を取得する段階に行動分析の知識は必須ではないが，臨床でMIを活用しながらカウンセリングを行うためには，知識があったほうが面接の迷走を防ぐことができ，より短期のカウンセリングにもなるだろう。

MIも行動療法も同時に学べる場があるとしたら，日本では日本認知・行動療法学会を挙げることができる。MIは他の介入技法と比べると，習得方法が確立しており，比較的短期間で身につけることができ，いったん習得すればカウンセリング疲れが減るなどのメリットがある。対人援助の面接に携わる職種の方には，できるだけ早い段階で学んでほしいコミュニケーションの基本技能といえるだろう。

3 MIの技能検定

アメリカでは，MIのトレーナー研修に参加したことがカウンセラーとしての就職に有利に働く時代が来ているという。国民皆保険の日本では，カウンセラーの技能にそこまでの差別化が生じる可能性は低いが，日本動機づけ面接協会には資格制度（2級，1級，トレーナー）がある。これは，MIを使うセラピストの能力の基準を証明しているもので，たとえば，MIの基本的な技術がある学習者レベルの2級を取得すると，MIと他の技法との間でランダム化比較試験を行う場合のセラピストの最低基準を満たすことになる。一方，より実践的な事例研究の介入にMIを使う場合では，実務者レベルの1級を取得していることが必要となる。

文献
原井宏明（2012）方法としての動機づけ面接．金剛出版．
Miller WR（1983）Motivational interviewing with problem drinkers. Behavioral Psychotherapy 11 ; 147-172.
Miller WR（2015）Personal communication. TNT Japan, May 3-6, 2015, Tokyo.
Miller WR & Rollnick S（1991）Motivational Interviewing : Preparing People to Change Addictive

Behavior. New York : Guilford Press.
Miller WR & Rollnick S (2013) Motivational Interviewing : Helping People Change. 3rd ed. New York : Guilford Press.
Miller WR, Yahne, CE, Moyers TB et al. (2004) A randomized trial of methods to help clinicians learn motivational interviewing. Journal of Consulting and Clinical Psychology 72-6 ; 1050-1062.
Rosengren D (2009) Building Motivational Interviewing Skills : A Practitioner Workbook. New York : Guilford Press.（原井宏明 監訳（2013）動機づけ面接を身につける——一人でもできるエクササイズ集．星和書店）

 読書案内

動機づけ面接を身につける——一人でもできるエクササイズ集
［著］デイビッド・B・ローゼングレン　［監訳］原井宏明　星和書店　2013年

　MIのエクササイズで有名なバッティング練習はこの著者が作ったことなどが，本書を読めばよくわかる。そのほか，著名なトレーナーたちのエクササイズも紹介されていて，MIの入門書として最適である。

ミラクル・クエスチョン

「ありえない空想」の現実化

若島孔文

技法の概要

　ミラクル・クエスチョンとは，クライエントがいったん現実を離れて，解決をイメージすることを促すひとつの技法である。この質問法を実践するうえでは，ブリーフセラピーの基本的なシェマを理解しておくことが大切である。その大きな文脈において，この質問技法が効果を発揮していくことになる。
　ここではこのミラクル・クエスチョンについて，ブリーフセラピーのなかでの位置づけを踏まえながら，概説していくことにする。

　「これから変わった質問をします。今晩あなたが眠っていて，家中が寝静まっている間に奇跡が起こったとします。**あなたがここへいらっしゃる原因となった問題が解決した**という奇跡です。でもあなたは眠っていたので**奇跡が起こったことを知りませんでした**。それで明日の朝，目がさめたときにどんな違いから奇跡が起こって問題が解決したとわかるでしょうか」(de Shazer, 1988［p.5］)

　ミラクル・クエスチョンとは，このようにけったいな質問法である。
　インスー・キム・バーグが多くの問題に圧倒されたある女性の面接で，たまたま行った質問から技法化されたのが，このミラクル・クエスチョンである（参考として，De Jong & Berg（1988））。
　したがって，このミラクル・クエスチョンの効果のすべてを論理的に説明することはできない。ただ，あるケースにおいて，実践的に有効であったということは間違いない。

ここではこのミラクル・クエスチョンについて解説を加えるが，決して解説が網羅されているとは言いがたいことを述べておく。

I │ 技法の解説

① 理論的・歴史的背景
　ブリーフセラピーは Mental Research Institute で1960年代に開始された。知的巨人グレゴリー・ベイトソンやミルトン・エリクソンの貢献により発展した心理療法の一形態である。そして，Mental Research Institute で学んだブリーフセラピストであるスティーヴ・ド・シェイザーがソリューション・フォーカスト・アプローチを1980年以降に開発した。いずれのアプローチにおいても，ブリーフセラピーでは問題の原因を追究していくことを主題としない。なぜならば，それはたいへん複雑であり，川の上流から下流を理解しようとするような作業だからである。

　しかしながら，どのような解決像をもっているのかを明確化していくと，意外にシンプルなことが多い。家庭内暴力，非行，摂食障害，強迫神経症，不登校やひきこもりなど，どのような問題が生じていても，解決像は笑顔が増えることや，家族での会話が増えることや，掃除をできるようになることなど，たいへん日常的で，明確で，いつでも実現できそうなイメージである。それがクライアントから話されることが一般的である。したがって，まず押さえておかなくてはならないことは，問題の原因を明らかにしていく作業ではなく，ダイレクトに解決像を描き，それを現実のものにしていこうとするアプローチであるということである。

　また，多くのクライアントは問題に目が向いているが，解決像については考えたことがないという場合が多い。ミラクル・クエスチョンを使わずとも，解決像を明確化していく作業や，「どうなったらこの面接を終えられるのか？」をたずねて，セラピストとクライアントがつねに面接の目標を共有していくことが重要である。面接の目標の共有は，コラボレーティヴなアプローチの前提でもある。そして，それは面接に対するクライアントの関与を強めることを導く。セラピストにしかわからないような目標の設定の仕方はなるべくしない。

② 狙った効果
　筆者のもとにある女性が来談した。「漠然とした不安」に悩んでいるという。この女性は多くのセラピーをこれまで受けてきており，あるセラピストからの紹介で来

談した。「漠然」も「不安」も抽象的であり，「漠然とした不安」は抽象的なものに抽象的なものが重なっている。

　ブリーフセラピーでは，ここを丹念に扱い明確化していくことが必要である。その方法は，「漠然とした不安にどのようなことから気づきますか」「周囲はあなたの漠然とした不安にどのようなことから気づきますか」などという質問から明確化することもできるし，逆に「その漠然とした不安がなくなったら，どんなところが変わってくると思いますか」「その漠然とした不安がなくなったら，周囲はどんなことからそれに気づきますか」というような質問から明確化することもできる。上述の質問の例は，表の質問と裏の質問と説明してもよいであろう。これらの質問はウェルフォームド・ゴールを作るためのものである。そして，後者の質問が所謂，ミラクル・クエスチョンに通じている。

　ウェルフォームド・ゴールは，重要な他者との相互関係を表わす言葉で表現されることが望ましい。たとえば上述の女性は恋人とのやりとりの変化について言及した。また，状況を限定すること，たとえば，どのような場面でそれが生じてほしいのかを明確にしておくことも重要である。ウェルフォームド・ゴールは，問題がないとして定義されるよりは，望ましい行動の生起として定義されるほうが重要である。

③ 関連・近似概念との異同

　「問題が解決したら，何が（どのようなことが）生じますか」のような質問が，ブリーフセラピーではよく用いられる。また，これはミラクル・クエスチョンと同様の結果を狙う質問である。しかしながら，ミラクル・クエスチョンは，問題が解決した状態や何が変化するのかをイメージすることができないほど問題に圧倒されてしまっているケースが対象となる。

　多くのケースでは，ミラクル・クエスチョンは必要ではないが，少し現実から離れなければ解決像をイメージできないようなケースで，その威力を発揮する。ミラクルという突飛さが，現在のフレームを超えて想像することを促す。

　現実から離れ，解決像に至るための道具がミラクル・クエスチョンである。突飛さは，現実的な思考を超えて，現実的な思考と異なる論理階梯へと飛躍を促すものでなくてはならない。具体的に飛躍を促すために，セラピストは以下のような工夫ができる。

II｜具体例とその解説

　　「お父様が家に帰るとき，息子さんがすでに帰ってきている場合だと電気がついているんですね。そうですか。今，夜の6時ですけれど，今日はこれ終わったらどうされるんですか？　あ，そうですか。買い物をして，それでご自宅に帰られて，帰られたらいつもどんなことをなさっているのですか？　今日は何をなさいますか？　ああ，食事を作ってそれを食べて，仕事のことやってテレビを見て，はあはあ，ニュースを見て，そして，風呂に入って，あ，そして寝るわけですか。そうですか」（若島，2011）

　ここでの会話は，その今日の面接の終了後から寝るまでの生活を具体的に聞いている。これはミラクル・クエスチョンを実施するまでの導入部分である。
　眠るまでの現実の生活についての詳細な描写は，ミラクル・クエスチョン後のクライアントの反応の詳細さと相似形となることを私たちは知る必要がある。

　　「それで，お風呂に入って寝られますよね。で，寝ている間にですね，もしですよ，変な質問をしますが，寝ている間に奇跡が起こって，すっかり息子さんの問題がなくなっていたとします。でも寝ている間ですから，奇跡が起こったことにお父様自身は気づかないですよね，寝てますからね。では，朝起きて，どんなことから問題が解決して，奇跡が起きたことに気づきはじめますか？」（若島，2011）

　現実場面の詳細な描写からミラクル・クエスチョンをして，クライアントの反応をセラピストが助けながら，詳細に語ってもらう。セラピストは「それから……」「ほかには……」「その後で……」「周囲の人は……」などと詳細に語ってもらうための手助けをし，解決像を明確化していく。
　このとき自分たち以外の「誰がそれに気づくのか？」「どのようなことから気づくのか？」というように，システムを仮定した質問をし，システムの変化を明確にしていくことが大切である。

III｜技法の習得に向けて

1 技法使用の留意点
　De Jong & Berg（1988）では，以下のように留意点をまとめている。

- クライエントに問題志向から解決志向に切り替える余裕を与えるために，柔らかな声でゆっくりとおだやかに話す。
- 解決志向の過程が始まったことをはっきりと劇的に目立たせるために，ミラクル・クエスチョンを変わった妙な質問と断ってから使う。
- 質問は将来についての描写を求めるためのものなので，次のような未来形を使う。「どんな違いが**起こっているでしょうか**。そして奇跡が起こったとわかるしるしはどんなものでしょうか」。
- さらに詳しく質問する場合には，解決志向に移ったことを強調するために，「奇跡が起こってあなたがここに来る原因になった問題が解決したら」という言葉を頻繁に繰り返す。
- クライエントが問題志向の話し方に戻る場合には，奇跡が起こったら生活がどう違っているかという点に，おだやかにクライエントの注意を向けなおす。

2 ミラクル・クエスチョンの位置づけ
　解決像を明確化すること自体，クライエントの問題解決に役に立つ場合が少なくないが，面接のなかでのミラクル・クエスチョンの位置づけをここで述べておきたいと思う。
　セラピストの重要な仕事はミラクル・クエスチョンに対するクライエントの反応を，妄想のレベルではなく，現実のレベルに引き戻すことを手助けしなくてはならない。いや，この質問を実際に経験しているセラピストならばわかると思うが，多くの場合，この質問に対する反応は妄想ではなく，より現実的なことである。
　たとえば，「笑顔が増えて，自分から娘に話しかけています」というような内容であれば，「ここ最近で，それに近い状態で娘さんに話しかけたのはいつですか」「それはどんなときでしたか」などとたずねていけば，それはソリューション・フォーカスト・ブリーフセラピーでいう「例外」に結びつくものとなる（例外と結びつけば，それを拡張する）。また，そのような例外がない場合であれば，奇跡が起こった

ふりをするという演技課題を提案することもできる。

　一方で，拡張が一見難しい反応が出てくる場合もある。たとえば「妻が別の他者になっています」のように。この場合，人が入れ替わるという論理レベルではなく，そのことによって何が異なるのかという，もうひとつ低次の論理レベルを導入し，セラピストは別の他者になっていることの意味（何が異なるのか）を明らかにしていくことが必要である。つまり抽象レベルを下げて，例外と結びつけて拡張していく。

　具体的には，「妻が別の他者になっている」→「（そうすると）朝，やさしい言葉で『おはよう』などの挨拶を交わす，（その他）朝食の間，妻が子どもたちに穏やかに話しかけている，それを見ている自分も穏やかである」→「『ここ最近で，朝，それに少しは近いようなことが起こったときはいつ，どんなときか』『そのとき自身は何をしていたか』をたずねて，発見できればそのときの自身の行動を拡張する。発見できない場合は，演技課題などを用いて，自身が穏やかな気持ちでいるふりを実演してもらい，妻や子どもたちの行動を観察してくる」などというように進めていく。

　ミラクル・クエスチョンは重要なセラピーの道具ではあるが，セラピーにおけるひとつの道具にすぎない。あくまでセラピー全体のなかに，このミラクル・クエスチョンが位置づけられていることが大切である。

文献

De Jong P & Berg IK（1988）Interviewing for Solutions. CA : Brooks/Cole.（桐田弘江，玉真慎子，住谷祐子 訳（1998）解決のための面接技法──ソリューション・フォーカスト・アプローチの手引き．金剛出版）

de Shazer S（1988）Clues : Investigating Solutions in Brief Therapy. New York : W.W. Norton.

若島孔文（2011）ブリーフセラピー講義──太陽の法則が照らすクライアントの「輝く側面」．金剛出版.

 読書案内

解決のための面接技法［第4版］
──ソリューション・フォーカストアプローチの手引き
［著］ピーター・ディヤング　インスー・キム・バーグ
［訳］桐田弘江　住谷祐子　玉真慎子　金剛出版　2016年

　ソリューション・フォーカスト・ブリーフセラピーにおけるミラクル・クエスチョンの位置づけについて詳しく紹介している。また付属DVDで面接場面を具体的に理解できる。

Clues : Investigating Solutions in Brief Therapy
[著] Steve de Shazer　W.W. Norton 1988

　洋書ではあるが本書は，ソリューション・フォーカスト・ブリーフセラピーのなかでのミラクル・クエスチョンの位置づけについて，たいへん詳しく紹介した書籍である。

ブリーフセラピー講義──太陽の法則が照らすクライアントの「輝く側面」
[著] 若島孔文　金剛出版　2011年

　具体的なミラクル・クエスチョンの使用に関する留意点については，本書が参考になるであろう。

ゴール設定

「できたらいいな」を現実に

菊池安希子

> **技法の概要**
>
> 臨床心理面接が脇道にそれすぎることなく進むために，治療ゴールの設定は不可欠である。ゴールは，SMART原則を満たし，ゴール水準（1～3）が高いほど実現可能性が高まる。治療を強制されていたり，受け身だったりするクライエントでは，ゴールを協働して設定する際に工夫が必要である。ゴール設定は，治療の方向性を示し，動機づけを高め，それ自体が介入になるなどの効果をもつが，有害にもなりうることに留意すべきである。

I｜はじめに

　臨床心理に関わる者の継続的なトレーニングにおいて，事例検討は欠くことのできない重要な学習機会であるが，そのなかで「クライエントはどうなりたいのか」があらためて検討課題になることは少なくない。主訴の多くは「○○の症状がつらいのでなんとかしたい」「誰々をどうにかしてほしい」「○○ができないんです」などの形で語られ，その内容が複雑で多岐にわたるほど，臨床家もそれを理解し，見立てるのに必死になってしまいがちだ。問題を理解し，見立て，さあいよいよ介入となっても，毎回毎回の面接でクライエントが新たな問題を報告し，その新しい課題に対応しているうちに，「この面接は，そもそもどこに向かっていたのか」と迷走状態を呈したりする。そもそものゴールが「毎回，話をしてすっきりしたい」ならともかく，そうでない場合には「話は聞いてくれるけど何も変わらない」というクライエントの不満や，治療中断につながったりする。

だからこそ臨床心理面接においては,「どうなりたいのか＝治療ゴール」が大事にされるのである。主訴と治療ゴールが明らかになれば，どのような介入アプローチをとるのかを選ぶことになり，これは臨床家のオリエンテーションによって多様な方向性があるだろう。本稿では，問題解決志向アプローチ（例 認知行動療法）や，解決志向アプローチ（例 ソリューション・フォーカスト・アプローチ（Solution-Focused Approach：SFA））など，ゴール設定に重きを置いている心理療法において，治療ゴールに備わっていることが望ましいとされる共通の特徴を整理し，ゴールを引き出す質問，ゴール設定が困難になるとき，およびゴール設定の効果を概説したい。

II｜治療ゴールの特徴①──SMART

心理療法に限らずビジネスや自己実現などさまざまな領域でゴール設定の特徴について語られるとき，頻繁に使われている接頭辞が，S.M.A.R.Tである。それぞれのアルファベットがどの言葉の頭文字になっているかについては，下記のようにいくつかのバージョンがある。

Specific　　　：具体的（Small（小さな）を使う場合もある）
Measurable　　：測定可能
Achievable　　：達成可能（Action-oriented（行動志向）を使う場合もある）
Relevant　　　：関連性（Realistic（現実的）を使う場合もある）
Time Specific：期間設定（Time-limited（期限つき）を使う場合もある）

1 Specific（具体的）

通常，臨床心理面接に来談したクライエントは，困っていること，つまり，問題から語りはじめる。問題が複数であれば，優先順位をつける必要があるだろう。しかし，扱う問題を選んでも，ゴールを「その問題がなくなること」のままにしておいたのでは有効なゴールとはなりにくい。人間にとって「○○しない」「××をなくす」という状態が単独では成立しないからである。「○○しない代わりに何をしていたいのか」という内容まで明らかにすることで，ゴール達成までの進捗状況も知ることが可能になる。ゴールは，どこで，誰が，どのように，何をしているか（行動）がわかるかたちで具体化されていたほうがよい。たとえば「もっと人づきあいを増

やす」という漠然としたゴールよりは,「職場の飲み会に参加する」「友人に電話をかけて会う約束をする」というゴールのほうが具体的である.

② Measurable（測定可能）
　ゴールがどのくらい達成できたかを測定することは可能だろうか？　そして，それをどのように測定することができるだろうか？　そもそも測定できなければ，変化そのものが確認できない。「なるべく外出したい」よりは，「少なくとも週1回，近くの駅ビルまで行きたい」のほうが，当面のゴールとして具体的で測定可能である。

③ Achievable（達成可能）
　たとえば「絶対に怒らない人間になる」というゴールを達成することは，ほとんどの人間には不可能であるし，望ましいともいえない。しかし，「〇〇という状況で，腹を立てても怒鳴らずに自己主張する」ことなら達成可能である。また，「誰々を変えたい」というゴールを達成することは難しい。クライエント本人がコントロールできるのは，自分の行動だけだからである。コントロール範囲が広いゴールのほうが達成可能率は高くなる。そのため一度に大きなことをしようとするのではなく，スモール・ステップのゴール設定にすることも，達成可能にするための工夫である。

④ Relevant（関連性）
　そのゴールは誰かのためのものではなく，本人にとって意味のあることだろうか？　主訴に影響をもたらすだろうか？　それができるようになることで，クライエントの生活が変わるのだろうか？　クライエントがゴールを重要だと思わない限り，その達成に至るまで労力を傾けることはないだろう。したがって，治療ゴールはクライエント本人と強い関連があることが望ましい。

⑤ Time Specific（期間設定／いつまでにどこまで達成したいか）
　当面のゴールは，面接から1, 2週間以内に達成できることに置くことが現実的である。そのほうが，実現可能性が高まるだけでなく，早い段階で治療の進展も見えるため，取り組み継続の動機づけにもつながる。クライエントの語るゴールによっては，それを，長期目標，中期目標，短期目標に分解する必要が出てくるだろう。例えて言うなら，相当に体重オーバーな者が「健康のために体重を12kg減らす」ことは，具体的（specific），測定可能（measurable），達成可能（attainable），現実的（realistic）

なゴールかもしれないが，これを3日で達成することは現実的ではない。そうであれば，12kg減を長期目標とし，中期目標を月に3kg減らすこと，短期目標を週に1〜2kg減らすことに置いたほうが，実現可能性が高く，動機づけも維持しやすい。

III｜治療ゴールの特徴②──ゴールの3つの水準

森・黒沢（2002）は，ゴールには3つの水準があると述べている。

第1水準：「義務」の水準／「こうならなくてはならない」「こうしなくてはいけない」水準
第2水準：「希望・夢」の水準／「こうなりたい」「こうしたい」水準
第3水準：「必然的進行」の水準／「当然こうなっている」水準

ゴールや解決像は，第3水準まで発展してくると，到達する可能性が高くなるという。森・黒沢（2002）は，ソリューション・フォーカスト・アプローチでゴールの水準を上げていくわけであるが，たとえアプローチ法が違っていたとしても，ゴール設定時に前述のSMARTを満たすようにすることは，ゴールを第2水準から第3水準に上げる試みのひとつとみなすことができる。

IV｜治療ゴールを引き出すのに役立つ質問

治療ゴールをどのくらい具体化して詳しく引き出していくかは，どのような心理療法アプローチをとるかによる。問題を詳しく聞いたあとでゴールを明確にする場合もあれば，問題についてはクライエントの語る範囲で聞くにとどめ，比較的すぐにゴールの明確化へと移る場合もある。表1には，ソリューション・フォーカスト・アプローチで比較的よく使われるゴール作りを促す質問を挙げたが，他の心理療法においても有用であることは言うまでもない。

V｜治療ゴールの設定が困難なとき

ゴールが曖昧なまま治療関係に入るのは，いわゆる見切り発車である。そのようなセラピーを，行き先を定めずに大海原に打って出て，新大陸を発見したものの，

表1　治療ゴールを引き出すための質問の例

- 「ここで話をしてよかった」とあなたが言えるためには，面接の結果として，何がどのように変わるとよいでしょうか？
- その問題／行動／症状が改善したときには，○○（引き金となる状況）において，あなたは何をしているでしょうか？
- その問題／行動／症状が改善したときには，あなたは代わりに何をしているでしょうか？ほかにはどのようなことをしているでしょうか？
- その問題／行動／症状が改善したときには，ほかの人は，あなたのどのような変化に気づくでしょうか？　ほかには何に気づくでしょうか？
- その問題／行動／症状が改善したときには，あなたと○○（重要他者）の関係はどのように変わるでしょうか？
- 土曜日の朝に目が覚めて，1週間を振り返ったときに，「すごく良い1週間だった」と思ったとしましょう。そういう良い1週間には，自分はどのようなことをしていたと思いますか？
- 1から10の尺度で，10は問題が解決して満足している状態，1がその反対だとすると，今の状況はどのくらいでしょうか？　その数字がもっと低くなっていないのは何をしているからでしょうか？　ほかには何をしているでしょうか？　あと1上がるとどうなっているでしょうか？　何をすれば，あと1上げることができるでしょうか？
- 仮にXが△△（問題行動）をしないとしましょう。そのとき，あなたは，（いつもの行動の）代わりに何をしていますか？　どのような異なる行動をとりますか？

それがどこなのかもよくわからないまま帰国してしまった歴史上の人物の名を借りて「コロンブス・セラピー」と呼ぶ治療者もいる（Morrison et al., 2004）。精神症状が影響がほとんどなくとも，クライエントとの間で治療ゴールを明確にすることが困難な場合も少なくない。

1 むりやり面接を受けさせられたと思っている非協力的なクライエントの場合

話はしてくれるが，ゴールについては「わかりません」「さぁ」「困っていることはありません」という言葉が返ってきたりする場合がある。こういったクライエントについて，Bodmer（2014）は，「その人（親などの重要他者）は，何を"心配"したから，心理面接を受けることが"あなたにとって"役に立つと思ったんでしょうか？」という問いから，ゴール設定に導入する方法を提案している。こうした質問は，会話の視点を「クライエントには何の問題があるのか」から「○○（重要他者）が何を心配しているか」に移すことができるため，会話の端緒になりやすい。

② 受け身のクライエントの場合――「決めてください」
　「決めてください」とは，自分の治療に関して，何ら発言権がないように感じてしまっているクライエントに時々見られる反応である。頻回の再発歴や強制治療歴，医療不信が見られる場合もある。自分から希望するゴールはこれといってなく，援助職からの提案に対し，「はい，そうします」とは言うものの，積極的な取り組みも見られない。よく聞いてみれば「何を言っても，どうせ医療者が決めたようにやるんでしょ」という無力感を抱えていることがある。こういった事例では，明確なゴール設定以前に，本人の語る小さな困りごとを一緒に解決することを重ね，「願いをもち，表出することで，実現につながる」感覚を体験してもらうところから始める必要がある。

VI ゴール設定がもつ効果

① 治療の方向性を示すサインとしてのゴール
　ゴールは，治療の方向性を示してくれる。症状が改善して，望むことができるようになればいいのだろうというような大ざっぱな理解では，重要な観点を見落とすこともある。
　幻聴に悩まされていたある患者が立てた長期的ゴールは，「辛辣な声に振り回されないようになること，親切な声とは仲良くつきあうこと」であった。よく聞かなければ，「親切な声」までも否定してしまい，治療関係が損なわれていた可能性がある。

② 動機づけとしてのゴール設定
　希望する未来を具体的に思い浮かべることは，基本的には楽しい作業であり，治療の動機づけを高める効果をもつ。疾病利得があるために，ゴールについて話し合っているうちに両価的な気持ちが明らかになる場合でも，これを解決したり，受け容れたりすることによって，治療の動機づけを高めることにつながるだろう。

③ 介入としてのゴール設定
　ゴール設定自体が介入になっているのが，ソリューション・フォーカスト・アプローチ（Solution Focused Approach：SFA）である（ディヤング＋キム・バーグ，2008）。SFAでは，ゴール（この場合，解決像）を詳細に描き出すこと自体が，介入である。問題を理解し解決することが解決像につながるとは考えない。解決像を明

らかにしていくと，実は，そのすべてまたは一部がすでに実現している（「例外」）場合があることが明らかになる。すると，ゴールは到達点ではなく，出発点であるとわかってくる。このように，ゴールの詳細な描出，ゴールがすでに実現している場合があることの再認識，ゴール実現を可能にしている要素の増加など，ゴール設定自体が介入を構成していくことになる。

4 スキルとしてのゴール設定

ゴール設定と計画を立てるスキル（goal setting and planning skills：GAP）を向上させる介入（週1回2時間×4回）が，精神科サービス利用者の肯定的感情や生活満足度を高めるのに役立つことが示唆されている（MacLeod et al., 2008；Ferguson et al., 2009；Coote & MacLeod, 2012；Farquharson & MacLeod, 2014）。つまり，ゴールを設定し，達成のための計画を立てて生活するだけであっても，精神健康に対する肯定的効果があるのである。

さらに，治療ゴール設定に際しては，クライエントと治療者が協働しながら行うことに積極的な意味がある。というのも，ゴールがいかにSMARTの条件を満たしていたとしても，そしてセルフヘルプ本などで治療原理がわかったとしても，クライエントが自分でそのゴールを掲げているだけでは，なかなか実現しにくいからである。このことは，メンタルヘルス問題に限らず，新年に掲げられる目標の多くが年初早々にあえなく消え去っていくことからも容易に想像できるだろう。本人が自分で自分を強化しながら達成に向けた努力をするよりも，ゴールが他者と共有されているときのほうが，自己強化による行動変化が起こりやすい（Hayes, 1985）。

5 ゴール設定が苦痛の維持要因になるとき

一方で，毒にもなりうるゴール設定がある。クライエントが語るゴールが，いわゆる条件つきゴール設定（Conditional Goal Setting：CCS）（Street, 2002），つまり，達成可能性はほとんどないとみなされつつも，それが実現しない限り幸せになれず，自分の価値も認められないとみなされているゴールになっているときである。CCSは，自殺念慮や抑うつとの関連が認められ，自傷患者では高いレベルで存在し，CCSへのしがみつきも見られた（Danchin et al., 2010）。ほとんどの臨床家は，それを直感的に治療ゴールとしては採用していないと思われるが，それでも，クライエントの語る治療ゴールがCCSであることが疑われるときには，注意が必要である。

Ⅶ｜おわりに

　本稿ではクライエントがセラピストと協働して設定する治療ゴールについて，その特徴，治療ゴールを引き出す質問，ゴール設定が困難になるとき，そしてゴール設定の効果を概説した。ゴール設定は，包括的な介入のなかではスタートにすぎない。しかも，ゴールは治療が進むにつれ，適宜，修正されてゆくべきものである。しかしながら，横道にぶれすぎることなく，臨床心理面接を前に進めていくためにも，やはり道標としての治療ゴールは，つねに見失わないようにしたいものである。

文献

Bodmer A (2014) Learning Solution-Focused Therapy : An Illustrated Guide. VA : American Psychiatric Publishing.
Coote HMJ & MacLeod AK (2012) A self-help, positive goal-focused intervention to increase well-being in people with depression. Clinical Psychology and Psychotherapy 19 ; 305-315.
Danchin LD, MacLeod A & Tata P (2010) Painful engagement in deliberate self-harm : The role of conditional goal setting. Behaviour Research and Therapy 48 ; 915-920.
ピーター・ディヤング，インスー・キム・バーグ［桐田弘江，玉真慎子，住谷祐子 訳］（2008）解決のための面接技法 第3版．金剛出版．
Farquharson L & MacLeod AK (2014) A brief goal-setting and planning intervention to improve well-being for people with psychiatric disorders. Psychother Psychosom 83-2 ; 122-124. doi : 10.1159/000356332. Epub 2014 Jan 22.
Ferguson G, Conway C, Endresbery L & MacLeod A (2009) Increasing subjective well-being in long-term forensic rehabilitation : Evaluation of well-being therapy. Journal of Forensic Psychiatry & Psychology 20 ; 906-918.
Hayes AC, Rosenfarb I, Wulfert E, Munt ED, Korn Z & Zettle RD (1985) Self-reinforcement effects : An artifact of social standard setting?. Journal of Applied Behavior Analysis 18 ; 201-214.
MacLeod A, Coates E & Hetherton J (2008) Increasing well-being through teaching goal-setting and planning skills : Results if a brief intervention. Journal of Happiness Studies 9 ; 185-196.
森 俊夫，黒沢幸子（2002）森・黒沢のワークショップで学ぶ「解決志向ビリーフセラピー」．ほんの森出版．
Morrison AP, Renton CR, Dunn H, Williams S & Bentall R (2004) Cognitive Therapy for Psychosis. New York : Routledge.
Street H (2002) Exploring relationship between goal setting, goal pursuit and depression : A review. Australian Psychologist 37-2 ; 95-103.

 **読書案内**

森・黒沢のワークショップで学ぶ「解決志向ビリーフセラピー」
[著] 森 俊夫　黒沢幸子　ほんの森出版　2002年

　研修内容をもとに対話形式で構成されている本書は，読みやすく，ゴール設定自体が介入の大きな部分を占めている解決志向ブリーフセラピーの全体像を知るのに最適である。本書は，著者たちが「マニュアル」を志していたこともあり，アプローチの中心哲学から，治療の進め方の5ステップまでを学ぶことができる。

危機介入

ダメージからの回復支援
●
小澤康司

技法の概要

「危機（Crisis）」は，通常の自己防衛の方法や問題解決の方略が崩壊してしまった状態で，心身に何らかの不調や変調が生じている状態である。「危機介入（Crisis Intervention）」とは，危機事態に遭遇し，ダメージを受けた被害者や組織が物事に対処できる機能状態に復帰できるように支援するアプローチを指す。個人が直面している危機状況をアセスメントし，心理的危機状態を解消するために，個人的アプローチだけでなく，環境への介入や調整などの複数のアプローチが実施される。

I 「危機介入」とは何か

Caplan（1961）は「危機は，人が大切な目標に向かうとき，障害に直面し，それが習慣的な問題解決の方法を用いても克服できないときに生じる。混乱の時期，動転の時期が続いて起こり，その間にさまざまな解決の試みがなされるがいずれも失敗する」と「危機」を定義している。

また，「危機は，人が通常もっている事態に打ち克つ作用がうまく働かなくなり，ホメオスタシスが急激に失われ，苦痛と機能不全が明らかに認められる状態」（American Psychiatric Association, 1994）である。すなわち，その人がもつ通常の自己防衛の方法や問題解決の方略が崩壊してしまった状態で，心身に何らかの不調や変調が生じている状態といえる。

危機介入（Crisis Intervention）は，被害者が物事に対処可能な状態に復帰できるように援助することであり，危機のなかにある人の苦悩や症状を安定・低減するた

めに立案された，急性精神状態に対する応急処置といえる（ミッチェル＋エヴァリー，2004）。

　危機介入においては，来談意思があり，実際に相談所へ来談したクライエントに対して，内在的な問題を解決して支援する伝統的なアプローチだけでなく，危機に陥った人たちがいる地域社会や生活空間にカウンセラーが出向き，心理社会的支援サービスを積極的に提供する活動が重要となる。これらの活動は「アウトリーチ」と呼ばれ，危機に瀕し深刻な問題を抱えていながらも自ら援助を求めない人や，虐待や権利侵害を受けている人，援助要請を発しにくい障害者，高齢者などの支援ニーズに積極的に応えようとするものである。事故や災害への危機介入においては，構造化された相談を実施することは困難である場合が多い。また，被害者は受けた被害への対処で精一杯であり，精神的ケアを自ら求めて相談機関を訪れることは少ない傾向にある。したがって，危機介入においてはアウトリーチが必要となり，危機現場を主体に多元的な活動をしなければならない。

　危機介入では，①被害現場や被害者を訪問し，②被害者や組織のダメージやニーズを把握しなければならない。また，③被害者の被害ストレスをアセスメントし，④PTSD（外傷後ストレス障害）などのハイリスク者をスクリーニングし，⑤具体的援助計画を立案し，⑥それぞれの個別的なケアを実行しなければならない。また，⑦混乱している現場・組織の状況を安定化（環境へのアプローチ）させ，⑧限られた現地の資源・人材とコラボレートして，⑨中長期ケアを考慮した総合的な援助体制を構築することも重要な責務である。その際に，⑩被害者自身が正しい知識をもち，症状を理解し，セルフケアできるように対処方法を教えることも大切である。また，⑪その組織や地域の人たちが被害者の長期的な支援者として関われるようストレスマネジメント教育（心理教育）を実施することも必要である。さらに，⑫直接的被害以後に生じる二次的，三次的被害を防止することも必要であり，特に，⑬他機関や他の専門職種との連携のコーディネートは一から創造的に取り組まねばならないことが多い。

　危機に瀕した被害者が心理的に大きなダメージを受けた場合，PTSDなどの精神障害になることや，その後の生活や人生が困難で苦痛に満ちたものになることがある。被害者が平穏な生活を回復するうえで，精神的な機能の回復や安定が重要であり，心理社会的支援の重要性が次第に認識されるようになってきた。我が国では，1995年の阪神・淡路大震災や地下鉄サリン事件以降，被害者への心理社会的支援は「心のケア」と呼ばれるようになった。心のケアは「被害者が，傷ついた自分の心を

主体的にケアできるように，他者がサポートすることであり，自らの回復力・自己治癒力を最大限に引き出す『セルフケア』への支援」（冨永・小澤，2005）であるといえる。米国では，大規模災害直後の適切な初期介入法としてサイコロジカル・ファーストエイド（Psychological First Aid：PFA／心理的応急処置）が推奨されている。PFAの原則（PFA JAPAN HP）は，①安全と安心感を確立すること，②ストレスに関連した苦痛を和らげること，③被災者の資源を活かすこと，④適応的な対処行動を引き出すこと，⑤自然な回復力を高めること，⑥役立つ情報を提供すること，⑦適切な紹介を行うことなどとされており，非侵入的方法で広範囲にわたる被災者の苦痛を和らげることを目的としている。

II｜危機介入のステップ

　危機介入は，その危機状況や被害者の状況に応じて柔軟に対処することが求められ，およそ次のようなステップが必要となる。

STEP 1——心理的接触を図る／安心できる信頼関係の構築
　被害者と接触を図り，心理的な触れあいを行い，その人の心理状態を理解する。同時に信頼関係を構築するとともに援助関係について話し合う。

STEP 2——アセスメント
　危機的状況やダメージの程度，被害者や周囲の人たちの心理的状態やニーズ，その人の資源やサポートシステム，地域や他機関との連携や程度や可能性を検討する。

STEP 3——解決法の検討
　被害状況や問題を把握し，実施可能な解決方法を検討する。混乱や不安を鎮静化させ，安心できる環境を取り戻す方法を検討する。個人へのアプローチと環境へのアプローチの双方への働きかけが必要であり，予想される二次的被害への対処も検討する。

STEP 4——行動計画の立案と実行
　被害者をエンパワーし，当事者が実行可能な計画を一緒に立てる。また，当事者が実行することを支援し，自立的回復を図る。

STEP 5──フォローアップ

　危機介入の目的が達成されたか，支援が適切に行われたか，問題がなかったか，改善項目や支援ニーズがないかなどを検討し，必要があればフォローアップの実施や援助終結について話し合う。

III｜危機的状況にある人への対応

　危機的状況にある人は，精神的に混乱していることが多い。また，「状況の過酷さや課題の困難さ」や「自己の対処能力の限界」を感じており，「自己信頼感・自己コントロール感が低下」している。「仲間や家族のソーシャルサポートがないこと，求めないこと」も多く，「他者への信頼感が低下」し，「孤独感，疎外感」を感じている。また「将来の解決の見通しがもてない」が多い。このような状態が持続すると，次第に抑うつ的になり，悲観的に物事を考え，生きることの意味や希望を失い，「絶望」し，自殺念慮をもつに至る。

　このような危機に瀕した人に関わり，援助を行うには，単なる「技法」を頼りに立ち向かうことは危険といえる。このようなクライエントに対する適切な理解とアセスメントが重要であり，クライエントとの「信頼関係の構築」がないままでの安易な「助言」「アドバイス」「励まし」「気づきの促し」などの技法は効果をもたないどころか，不適切な介入となり，クライエントの孤独感や諦め，防衛を強め不測の事態を招くことになる可能性がある。また，クライエントの周囲の人たちが安心できる環境を提供できることは，クライエントの回復にとって重要であり，周囲の人たちへのカウンセリングや心理教育を行い，クライエントに危機について理解や対処について協力を求めることも重要である。

IV｜危機介入における具体的な技法──自殺念慮を中心に

1 安心できる信頼関係の構築

　危機介入場面では，クライエントとの信頼関係の構築がすべてに優先する。カウンセラーの緊張や警戒感は相手に伝わるため，カウンセラーは落ち着き安心感をもって接することが肝要である。クライエントは「カウンセラーは自分に危害を加えようとしているのではないか？」「どのような意図や目的で接しようとしているのか？」ということを，カウンセラーの言動や非言語の態度メッセージから察知，あるいは

読み取ろうとしている。カウンセラーは相手と関係構築する気持ちをしっかり持ち，言語・非言語メッセージを使って，「この人は自分のことをわかってくれる」「この人は私に味方である」という気持ちになるよう努めなければならない。また，危機的状況であるなら，その関係構築はできるだけ迅速に強固に構築しなければならない。下園（2002）は，希死念慮を抱いていると思われるクライエントに対するカウンセリングの基本として，「新たな提案をせず，3時間話を聞く」ことを薦めている。このとき，「新たな思考の努力を要求しない」「余計なプレッシャーをかけない」ことが最も重要なコツであり，「なぜそう考えるのですか？」などの質問は，新たな思考の努力を求め，クライエントに対しプレッシャーをかけることになる。ただひたすらクライエントの世界を理解するつもりで，十分に話を聞くことに徹することが重要であり，カウンセラーにできる希死念慮への最善の応急処置といえる（下園，2002）。

2 アセスメント

　クライエントの苦しい胸の内や事情を聞くことに徹するなかで，被害やダメージの程度やその経過，クライエントを取り巻く状況や問題などを理解し，PTSDやうつ病などの病気の可能性や悩みの内容，程度や回復に向けたクライエントのリソースの有無などをアセスメントすることが重要となる。しかし，カウンセラーが出来事や課題の理解・問題の解決などにとらわれるあまり主導的になりすぎると，クライエントの気持ちに寄り添えなくなり，クライエントとの信頼関係を損なうことになる。アセスメントについては，自殺念慮，自傷行為，他害の可能性についての慎重な確認が必要である。これらの可能性については，クライエントに直接確認することが重要である。もし，自殺念慮や他害の可能性がある場合は，精神科への受診や家族や職場との連携を行う必要があり，そのような行動を取るためにはクライエントの気持ちを直接言語で確認することが必要になってくる。また，直接聞くことでクライエントの「生きたい」気持ちと「死にたい」気持ちの葛藤に向き合うことができ，その最大の苦しみを理解してくれるカウンセラーへの信頼が高まることになる。そのためには，「死にたいと思うことがありますか？」「自殺を考えたことがありますか？」「これほど苦しい状態にある人の場合，本来の自分の状態ではなくなり，物事を悲観的に考えることが多くなり，『死にたい』という気持ちが出てくることがありますが，あなたはどうでしょうか？」などの問いかけが有効である。また，「生きている意味がない」「誰からも必要とされていない」などの実存的な表現や強

い自責の念は，希死念慮につながっていることがある。「死にたい」気持ちと「生きたい」気持ちの葛藤がある場合，その両方の気持ちをそのまま受容することが肝要であり，一方の「生きたい」気持ちのみをサポートすると，後で死にたい気持ちが強まることがある。自傷行為は自殺企図でない場合も多いが，その区別は難しく，自殺念慮が疑われる場合は，クライエントに自殺念慮・自殺意図がないか直接確認することが必要である。

③ 精神科の受診の薦め

　自殺や自傷行為，他害の可能性のある場合は，うつ病や境界性パーソナリティ障害などの精神障害の疑いがあり，精神科の受診を勧めることが必要となる。その場合，いきなり受診を勧めるのではなく，クライエントに「死にたいほどのつらい状態が続いているのですね」（言い換え），「そのような状況が続いていたら誰しもが悲観的になり死にたくなる気持ちが起きます」（ノーマライズ），「この状態から楽になる，回復するための方法として心身の休養を取ることが大切です。一度受診してみませんか」と提案するなど，クライエントが納得するような工夫が必要である。また，精神科に対して安心できるような情報提供をし，不安を低減させることも重要といえる。家族や周囲の人にもその深刻さや緊急度を伝え，理解と適切な対処ができるよう話し合うことが必要である。精神科との連携を行い，受診に家族が同行できるよう働きかけることも重要となる。

④ セルフコントロールについて

　情動やストレスのセルフコントロール法としてリラクセーション法を練習することが役立つ。呼吸法や筋弛緩法は習得は容易で，いつでもどこでもできリラックス効果が高い。カウンセリング場面で練習し，現在の不安やイライラが軽減できれば，自己コントロール感を取り戻すことに役立つだろう。効果があるなら，継続練習や自宅や職場での活用方法を宿題とする。

⑤ 信頼関係の継続

　医療機関を受診することになったとしても，ならなかったとしても，構築できた信頼関係を継続することが大切である。そのため，間隔をあまり空けずに次回のカウンセリング日程をセットする。「次回まで自殺をしない」「死にたい気持ちが出たらカウンセラーに連絡する」ことを約束することも大切である。

文献

American Psychiatric Association (1994) Diagnostic and Statistical Manual of Mental Disorders, Fourth Edition (DSM-IV). New York : APA.（高橋三郎，大野 裕，染矢俊幸 訳（1996）DSM-IV 精神疾患の診断・統計マニュアル．医学書院）

Caplan G (1961) An Approach to Community Mental Health. New York : Grune & Stratton.

ジェフリー・ミッチェル，ジョージ・エヴァリー［飛鳥井望 監訳］（2004）惨事ストレスケア——緊急事態ストレス管理の技法．誠信書房．

PFA JAPAN：WHO版心理的応急処置（PFA）フィールドガイド．PFA JAPAN HP（http://pfa-jp.org/）

下園壮太（2002）自殺の危機とカウンセリング——自殺念慮への対応とデブリーフィング．金剛出版．

冨永良喜，小澤康司（2005）災害・事件後の心のケアのあり方 Part II．平成16年度兵庫教育大学学長裁量経費研究報告書，pp.3-10．

読書案内

危機への心理支援学
——91のキーワードでわかる緊急事態における心理社会的アプローチ
［監修］日本心理臨床学会
［編］日本心理臨床学会支援活動プロジェクト委員会　遠見書房　2010年

　多様な危機と危機への支援に関する重要なキーワードを，この分野で活躍する第一線の専門家が解説しており，危機支援を理解する基本図書。

自殺の危機とカウンセリング——自殺念慮への対応とディブリーフィング
［著］下園壮太　金剛出版　2002年

　自衛隊での危機支援活動における豊富な臨床経験をもとに，自殺念慮をもつ人に対する危機介入の実践的方法がわかりやすく解説されている。

自傷行為——実証的研究と治療指針
［著］バレント・W・ウォルシュ　ポール・M・ローゼン
［訳］松本俊彦　山口亜希子　金剛出版　2005年

　自傷行為についての実証的研究と治療方法をめぐって，認知行動療法，家族療法，精神分析的アプローチなどの立場から解説した「自傷学」に関する包括的指南書。

危機介入の理論と実際——医療・看護・福祉のために
［著］ドナ・C・アギュララ　［訳］小松源助　荒川義子　川島書店　1997年

　危機介入に関する体系的な理論書で，多様な危機についてもケース研究としてアセスメント，介入計画などについて詳しく論じている。

緊急支援のアウトリーチ——現場で求められる心理的支援の理論と実践
［編著］小澤康司　中垣真通　小俣和義　遠見書房　2017年

　緊急支援（危機介入）への支援として重要なアウトリーチについて，さまざまな現場での実践的方法がわかりやすく解説されている。

[ステージ2]
カウンセリングを深める

非言語コミュニケーション

観察・アイコンタクト・表情

春日武彦

> **技法の概要**
>
> 対人コミュニケーションにおいて，言語によって伝えられるメッセージの割合はきわめて低いとされている（Birdwhistell（1970）によれば，35%）。表情や目つき，しぐさ，喋る速度や間の取り方，声のトーンといったもののほうが遙かに雄弁なわけである。したがって，カウンセリングにおいても，非言語コミュニケーションを重視する必要がある。クライアントの言葉を額面通りに受け取るだけでは，奥行きのあるコミュニケーションは成立しない。とはいうものの……

I｜技法としての非言語コミュニケーション解読

[1] それはどこまで「便利」なものなのだろうか？

　言葉によるメッセージよりも非言語コミュニケーションのほうが饒舌とするなら，わざわざ言葉など交わさなくとも対話が成り立ちそうなものである。確かに，外国旅行において身振り手振りでどうにか用を足せることは多い。しかし決して込み入った話や複雑な内容は伝えられない。議論を交わすどころか，満足な自己紹介すらできまい。そしてカウンセリングでやりとりされる内容は，きわめて複雑でしかも微妙なニュアンスを含んでいるはずである。そうした点からも，非言語コミュニケーションはあくまでも補助的な（しかもしばしば当てにならない）ものと考えておくべきだろう。

　往々にして，非言語コミュニケーションに関する知識は通俗心理学と結びつきやすい。それこそ「頻繁に足を組み替える女性は，相手の男性に気がある証拠」といっ

た類の俗説に堕してしまいかねない。あるいは異文化との接触において「アラブ人が頭を横に振るとき、それは〈ノー〉ではなく〈イエス〉を意味している」といった類の豆知識でしかない。我々がアラブ人を相手にカウンセリングを行う可能性はほぼゼロに近いだろう。

　いかにも不快そうな表情を浮かべて腕組みをしながら「あー、それでよろしいですよ」と言ったら、その振る舞いが心から賛同している様子ではないことなど一目瞭然である。その場面から演繹して、態度と言葉とが矛盾している場合には態度のほうが正直に心の内を語っているといちいち説明したからといって「なるほど、役に立つなあ」と喜ぶ読者はいるまい。何を今さら、としか思うまい。

　非言語コミュニケーションは、むしろ先入観や偏見と結びつきかねない点を筆者は強調しておきたいのである。たとえば我々はクライアントの表情を見ると同時に相手の目鼻立ちを視野に収める。顔が某タレントに似ていたり、自分と交流のある誰かに似ていた場合、それが相手を理解するうえでのバイアスになりかねない。不快に思っていた人物にそっくりなクライアントに対して、完全に中立な感情を持つことは容易でない。むしろそのような傾向を自覚しておくほうが重要であろう。あるいは男性のクライアントが無精髭を生やしていた場合、それは不安焦燥から髭を剃る余裕を失っていたからかもしれないし、世間の常識にまったく無頓着な生き方の顕れかもしれないし、当人としてはファッションのつもりなのかもしれない。無精髭について一対一対応の形で何らかのイメージを抱いていたとしたら、それはかえって相手を誤解する一因となりかねない。非言語コミュニケーションには「誤読」が伴いやすいのみならず、逆転移の材料にすらなりかねない側面がある。

2 それは今さら論じるに値しないテーマなのだろうか？

　非言語コミュニケーションに関してもっとも大切な概念は、「違和感」ではないだろうか。

　違和感はその理由がはっきりと言語化できないからこそ違和感でありつづける。そうした意味では、直感に近い性質といえるかもしれない。違和感は、解読のできない非言語メッセージであり、だがしばしばそこには重大な意味が含まれている。

　抑うつ気分を訴える若い女性がクライアントとして登場したとしよう。なるほど本人の語る症状は、いかにもうつ病の診断基準を満たしているかのように映る。しかし、どこか違和感が残る。後日、カウンセラーはその違和感の由来に気づくかもしれない。うつ病にしては、あのクライアントはずいぶん入念に化粧をしていたな、

と。「本物の」うつ病ならば，じっくりと化粧をするような悠長な精神状態でいた可能性は低いのではないか。そのような落差を，すぐに見抜けるとは限らない。漠然とした違和感，ちぐはぐさ，不自然さとして感じ取るにとどまる可能性は高い。そうなると，それを非言語コミュニケーションとして記述することはできない。けれども，違和感をそのまま見過ごすべきではないだろう。

　しばしば我々は違和感に対して「気のせいだ」とばかりに自分で自分を説得させ，無視してしまおうとする。違和感をそのまま心の中に保持しておくのは，つまり「わだかまり」となるので，まことに気持ちが悪いのである。けれども後になってから違和感の正体が判明したとき，その経験はカウンセラー各人にとって個別性が高いと同時に貴重な経験（あるいは財産）となろう。結局，何年経っても違和感の正体が判明しないままの場合もあろうが。

③ 記述可能，ということについて

　速記者のようにしてクライアントの語る言葉を一心不乱に書き取るカウンセラーを見たことがある。言葉遣いに至るまで正確に書き取った「記録」にはそれなりの価値があるだろう。ドキュメントとして多くの情報を含むだろう。だがそれならば非言語コミュニケーションも記録されるべきである。しかしそんなことは無理であろう。たとえビデオ撮影を試みても，なおかつ不十分だろう。

　よほど目に付いた仕草や態度ならば，それは記録として記述されるであろう。特異なファッションやアクセサリー，タトゥー，リストカット痕等々。ただし同じタトゥーであっても，ロックバンドの青年と深窓の令嬢とでは意味合いに違いが出てくるだろう。カラーコンタクトを装着してカウンセリングルームに入ってくる人物について，カラーコンタクトが意味するところはカウンセリングがある程度進まなければ見えてくるまい。

　大切なのは，むしろ欠落やバランスの悪さといった要素ではないだろうか。たとえば──①接客を生業にしている割には粗野な言葉遣いであるとか，②シリアスなことを語っているはずなのに表情はむしろ平穏に見えたとか，③カウンセリングの始まりから終わりまで両手をずっと上着のポケットに突っ込んでいたとか──そういった事態は，「おや？」と奇妙に感じるものの，その理由へすぐに思い至るとは限らない。うっかりすると違和感のみが残ることになる。そしてそうした違和感をそのまま違和感として適切に記述することは案外と難しい（参考までに種明かしをしておくと，①はクレーマー体質でパーソナリティに偏りをもった人物，②はいわゆ

るAC（アダルトチルドレン）であることが判明したケース，③は押し隠した攻撃性がかなり著しい強迫神経症の患者であった。だが，だからといってそこから非言語コミュニケーションについて一般化した法則を導き出せるとは限らない）。

　書きやすい事柄よりも，言語化しにくく簡潔な記述が困難な事柄のほうが「あとになって振り返れば」深い意味や象徴性をもっていることが多いように思われるのである。

II｜事例で考える

1　事例①

　A氏，24歳男性，独身。自称，うつ病である。

　いかにも意気消沈した様子でカウンセリングルームへ入ってきたものの，椅子に腰掛けるとたちまち足を組んでさらに腕組みをする。その仕草には拒絶的ないしは攻撃的な雰囲気を感じそうになるが，やがて腕はだらんと垂らし，だが足は組んだまま，上半身はやや前のめりにしてカウンセラーを下から見上げるような姿勢で「切なそうな」目付きをする。どこか矛盾した要素が組み合わさったような印象を与えてくるのである。

　最初は口を開くのも億劫そうに，心身の不調を訥々と語る。声も小さい。が，やがて勤務先について話題が進むと，次第に声は大きくなり，職場環境の悪さや上司への恨み，同僚への不満などを延々と述べはじめる。かなり口汚い言葉も混ざり，自己中心的なロジックが目立つ。自分の正当性を主張し，そんなときには背筋を伸ばしてカウンセラーの目を真っ直ぐに見つめ，「いかにも」毅然とした態度を示しているように映る。

　カウンセラーに自分の意見への同調を求めてくる。しかしカウンセラーは淡々とした態度で中立性を保ちつづけている。するとA氏は，心理職にある者がクライアントに共感を示さないのはおかしい，カウンセラー失格であると激高する。「共感という心理学用語をご存知なのですね」とカウンセラーが応じると，ネットで調べたので知っているとA氏は答える。そして自分は何でも知っているとばかりにシニカルな表情を浮かべる。いつの間にか彼は，目の前のカウンセラーをやり込めようと夢中になっている。

　カウンセリングが終了の時間になると，A氏は上着の内ポケットから黒縁の眼鏡を取り出し，それをゆっくりとした動作で掛けると，あたかも「この部屋での自分は偽

りの自分であった」とでも言いたげな態度で傲然と退室していった。後日、ネットには名指しで（ただし書き手は匿名）カウンセラーの悪口が書き込まれたのだった。

　端的に表現するなら、A氏の言動には一貫性がない。しかもどこか表面的で芝居がかったトーンがあり、意気消沈した様子や抑うつ気分なども実は空虚感の顕れのように思える。総じてハリボテの人形のような偽物めいた雰囲気が通奏低音となっている。非言語コミュニケーションの領域について記述をしようとしても、思わせぶりに映る一方、根源的な心情を示唆しているようにも見え、カウンセラー側としては多かれ少なかれ混乱させられる。

　A氏はもちろんうつ病（内因性うつ病）ではない。基本の病理は境界性パーソナリティ障害（Borderline Personality Disorder：BPD）であった。非言語コミュニケーションの領域についての記述が難しいところにこそ、むしろBPDの特徴があるとも言えようか。

　留意すべきは、非言語コミュニケーションを「逐語訳」しようとすればかえって戸惑わされるという事実であろう。違和感を積算していってこそ、A氏の精神病理を把握することができるのである。つまりデッサン力が大切、ということになろうか。

② 事例②

　B氏，41歳女性。専業主婦で、夫と2人で暮らしている。分娩歴なし。漠然とした不安感や億劫感が続いており、家事はほとんどこなせないまま引きこもり気味の日々を送っている。夫に強く促されて受診に至った。精神科医は病名欄に「不安神経症？」と疑問符を添えており、一応軽い抗不安薬が処方されている。

　カウンセリングルームに入ってきたとき、B氏は片手に飲みかけのジュース缶を握っていた。椅子に座ると、その缶を足許の床に置き、しばらくそれを眺めてからやっとカウンセラーに顔を向けた。B氏の顔には不安どころか喜怒哀楽いずれの感情も浮かんでおらず、一方、緊張感や無愛想さ、逆に穏やかさや柔和さもない。表情のない表情、とでも表現すべきだろうか。そのいわく言い難い顔つきがまず違和感として迫ってきた。

　化粧はしているが、眉が異様に濃く描いてあって変である。のみならず、どこか「ちぐはぐ」な化粧なのである。服装はきわめて地味で、およそ素っ気ない。指輪をしているけれど、よく見れば子ども用のオモチャの指輪でしかもメッキが剥げている。

　カウンセリングを始めたものの、B氏はしばしば話が飛躍する。不安感についての話題であったのに、いきなり金魚の話になる。丹念にカウンセラーが問い質して

みると，処方してもらった抗不安薬の錠剤の色が昔飼育していた金魚の色に似ていたからだという。いったい彼女は本当に不安感で苦しんでいるのだろうかとカウンセラーは怪しまずにはいられなかった。

結局B氏はカウンセリングを重ねても話が深まることはなく，また妙に意固地なところもあり，そもそも本人は「本当に」困っているのだろうかとカウンセラーは首を傾げたい気持ちに陥ってしまったのであった。

このケースは，若い頃に統合失調症を発病したが病状は軽く，また幻覚妄想や興奮もほとんど出現しなかったために未治療のまま経過し，人格水準が低下していわゆる残遺状態に至ったものと思われる。しばしば生彩を欠き，受動的となり，また抑うつ気分や漠とした不安感などを訴えることがある。そのような患者は往々にしてどこか常識を超越した行動を取りがちで，それがジュース缶にまつわる奇異な振る舞いとして析出したのかもしれない。表情の乏しさもしばしば観察される。また固執傾向や話の飛躍も珍しくなく，おそらく統合失調症に由来する軽度の思考障害が関係しているのであろう。

いろいろと違和感を与えてくるB氏である。だが非言語コミュニケーションから意味を汲み取ろうとしても徒労に終わりかねない。違和感の総体として統合失調症の可能性が導き出されてくる。まずは疾患イメージをしっかりつかんでおけば，非言語コミュニケーションを通じてもたらされるある種の感触がそのイメージと結びついて，カウンセラーの直感力へと昇華されることだろう。

文献

Birdwhistell RL (1970) Kinesics and Context : Essays on Body Motion Communication. Philadelphia : Univ. of Pennsylvania Press.

 読書案内

臨床に役立つという意味では，推奨したい本は「ない」。すでに述べたように，疾患イメージを自分なりに確立させ，そこへリンクさせる形で読者諸氏がそれぞれ経験を通じて「わたしにとっての非言語コミュニケーション」を蓄積していくのがよろしいと考える。

自己開示

カウンセラーの内的体験の活用
●
遠藤裕乃

技法の概要

　私たちは，日常生活のなかでたえず自己開示をしている。学校や職場で，自分の考えや気持ちや過去の経験を話し，そうすることで周囲の人々とうちとけ，良好な人間関係を作り出そうとする。しかし，カウンセラーがクライエントに対して用いる自己開示は違う。クライエントと対話するカウンセラーの心のうちには，さまざまな感情や考えが浮かんでくるが，カウンセラーはこうした内的体験を，クライエントが自己理解を深め，新しい体験に開かれるための素材として活用する。つまり，カウンセラーによる自己開示は，その内容を吟味し，タイミングを慎重に選んで行う援助技法であり，日常の対人交流とは目的が異なるのである。

I｜自己開示技法の歴史的背景と有効性

　自己開示技法の歴史的・理論的背景は流派によって異なるが，本稿では力動的心理療法の観点から解説する（現代精神分析における自己開示技法の位置づけの詳細については，岡野（1997）や遠藤（2000）を参照されたい）。

　古典的精神分析の時代，治療者は，匿名性を可能な限り保つべきであるというジークムント・フロイトによる原則に従っていた。そして，治療の目的は患者の無意識の探求にあり，そのために治療者が行いうることは解釈の投与であるとされ，治療者の自己開示は厳しく戒められていた。しかし，精神分析の対象が拡大し，治療技法が多様化した現代では，フロイトの匿名性の原則はあくまで理念上の治療的態度であり，臨床的現実にそぐわないことが指摘され，治療者の自己開示はある程度は

自然に起きてしまうという認識や，場合によっては治療的になりうるという見解が一般的になった。

たとえばクライエントから「先生は，私と同じような問題に悩んだことがありますか？　先生だったら，この問題に対して，どのように対応しますか？」と質問されたのに対し，カウンセラーが，「あなたは私があなたと同じような悩みを経験しているのかどうか気になるのですね。そして私の対応法を知りたいのですね」と応答したとしよう。ここでカウンセラーは，クライエントからの質問に直接は答えていない。しかし，この短い応答からもクライエントは，カウンセラーがどのような人物か，うかがい知ろうとする。「先生は，個人的な経験を聞かれることが嫌いなのではないか」「対応法を教えてくれないのは，先生自身も私の問題をどうしたらいいのかわからなくて当惑しているのではないか」など。このように，カウンセラーが言語的にはっきりと自分の感情や考えや個人的体験を表明しなくても，クライエントには，カウンセラーがどのような価値観をもち，どのようなパーソナリティなのかが少しずつ伝わっていくことになる。それならば発想を転換し，カウンセラーは自身の心の内に湧き起ってくる感情や思考をむしろ積極的に活用することで，クライエントの自己理解を深める方向性を探るのが実際的であろう。こうした流れから，現代の精神力動論の立場によるカウンセラーの多くは，自己開示をひとつの援助技法としてとらえるようになった。

II│自己開示技法の基本形

さて，初心から中級のカウンセラーが知っておくべき自己開示技法の基本形としては，2つのタイプが挙げられる。

第1のタイプは，カウンセラー役割に由来する感情の開示である。これは，カウンセラーという職業役割にまつわる正当な感情や欲求を伝えることで，クライエントの健康な心の部分に働きかけ，共同作業関係を築くことをねらったものである。

面接の導入期には，「私は，あなたが今の悩みを乗り越えるためのお手伝いをしたいと思っています」「ここで私と一緒に話し合うことで，あなたに起こったつらい体験の影響がだんだんと消化されて，あなたの生活が少しでも落ち着いて楽になるように願っています」といったカウンセラーの援助欲求を伝えることが，面接契約と面接関係構築の土台となる。

また，面接中期に行き詰まったときにも，カウンセラーの自己開示が面接関係の

立て直しに役立つ。たとえば，自分を傷つける行動を起こしたクライエントに「私はあなたのことをとても心配しています」と率直に伝えたり，自己否定的な発言を繰り返すクライエントに「あなたが自分を否定しつづけるのを聞いていると，私の心のなかには，どうしたらあなたがここで自分の良いところを認められるようになるのだろうという気持ちが湧いてきます」と告げることは，カウンセリングの継続を促すことになる。

　この第1のタイプの自己開示技法は，比較的初心のカウンセラーでも，真摯な態度の延長線上に職業役割を意識することで，自然にできることが多い。ただし，その前提条件として，「なぜ自分はカウンセラーという職業を選んだのか？」と自問自答し，職業選択の背景となった内的動機について見つめておくことが必要である。第1のタイプの自己開示のベースになるのは，「悩み苦しんでいる人の役に立ちたい」という素朴な援助欲求（遠藤，1997）である。カウンセラーを目指す動機は十人十色であるが，素朴な援助欲求が保たれているかどうかのセルフ・チェックが，自己開示を援助技法として成立させるポイントとなる。

　第2のタイプの自己開示技法は，中級のカウンセラー向きである。これは，面接関係のなかでカウンセラーがクライエントに対して抱いたネガティブな感情をフィードバックし，ネガティブな感情をコミュニケートしても壊れない人間関係を体験してもらうものである。カウンセリングに訪れる人は，怒りや憎しみといったネガティブな感情を自分の心のなかにおさめられなくなっていることが多い。ネガティブ感情はあってはならないもの，ネガティブ感情を表出したら他者との関係は壊れるもの，と無意識のうちに信じている。そのため，ネガティブ感情が対人関係場面に投影され，他者の怒りや攻撃的言動に敏感になり，「なんとなく友達に責められているように感じる」と悩んだり，あるいは「友達を傷つけたのではないか」と加害恐怖を抱く。ここでカウンセラーが面接場面で体験したネガティブ感情を自己開示し，かつ，それでもクライエントに対する援助欲求を失っていないと伝えることは，クライエントにとって新しい対人関係を体験的に学習する機会を提供することになる。

　たとえば，「人に嫌われているのではないか」という不安を繰り返し訴えるクライエントに，「先生もこんな僕のことを嫌っているでしょう？」と尋ねられたとしよう。そしてこの瞬間，カウンセラーは痛くもない腹を探られたようで，「ムッ」として不快感を体験したとしよう。このとき，カウンセラーはどう応答したらいいだろうか。

　「あなたのことを嫌ってなんかいませんよ」と応じたのでは，カウンセラーもネガ

ティブ感情を抑圧しているクライエントと同じである。では，次のように応答したらどうだろうか。「今あなたに『先生も僕のことを嫌っているでしょう？』と聞かれて，正直，痛くもない腹を探られたようで，ムッとしました。ムッとはしましたが，私があなたのことをどう思っているのか，気になって気になって仕方がない，というあなたの不安も伝わってきます。あなたの嫌われたくないという不安がいつからどのように始まったのか，もう少し話し合ってみたいと思うのだけど」。ここでカウンセラーはクライエントに対して，自分自身のネガティブ感情から距離を取るモデルとなっている。そしてクライエントの言動に反応したネガティブ感情を体験してもカウンセラーの援助欲求は揺らがないことを示し，関係の継続を伝えている。

Ⅲ 自己開示の実際

第2のタイプの自己開示技法の実際を解説するために，筆者のカウンセリング経験に基づいて作成した架空事例を示す。

● 事例：異動をきっかけにイライラ，抑うつ感，注意集中困難が生じたことを訴えて来談した男性会社員Aさん

Aさんは，某大手企業に勤務する30代後半の男性である。入社後，順調に業績を伸ばし，同期よりも早いペースで昇進していた。最近，新しい部署に異動し，部下が増え，管理的な業務のウェイトが大きくなった。すると，今まで経験しなかったイライラ感や抑うつ感，注意集中困難が生じ，以前のように仕事がスムーズに進まなくなった。その頃，職場で行われたメンタルヘルスに関する研修会に参加し，「心理的な問題かもしれない」と考え，自らカウンセリングを求めて来談した。

カウンセラーが主訴をめぐって職場の人間関係を尋ねると，Aさんは「若い部下との付き合い方がわからない」「どうも周囲の人間がよそよそしくて，避けられているように感じる」と言葉少なに語った。一方，仕事の内容や会社組織については饒舌に事細かに説明した。そして，「仕事では結果を出すことが常に求められてきた。失礼ですけど，カウンセラーの先生の場合はどんな方法で結果を出すのですか？ 先生はこの仕事の経験が長いのですか？」とやや挑発的な口調で質問した。このときカウンセラーは，"Aさんは業績至上主義の価値観のなかで生きてきたようだ。だから，カウンセラーが結果を出せるか気になるのだろう。しかし，これまでの価値観では職場の人間関係がうまくいかなくなって悩んでいるのだろう。ここではカウン

セラーがAさんにとって「よそよそしく」ならないように気をつけよう"と考え，自分の経歴と資格について率直に話し，カウンセリングの手法やルールについていつも以上に丁寧に述べ，「私のカウンセリングのやり方でAさんのお役に立ちたいと思っています」と告げた。するとAさんの態度は少し柔らかくなり，カウンセリングは継続となった。

　続く数回のセッションで，Aさんは仕事の事実関係に関する解説に多くの時間を費やした。たとえばカウンセラーが，職場の人間関係のなかでAさんがどのような感情をもっているのか明確化しようとすると，主訴以上のことは語られず，「いい年の大人なのだから，周りの態度がよそよそしいと言っても子どもじゃあるまいし，感情のままに不満を言うわけにもいかない」と述べ，再び話題は仕事の内容に戻っていった。そこで，カウンセラーは，「私はここで，Aさんの気持ちや考えを聞きたいと思っているのですが……Aさんは，『若い部下との付き合い方がわからない』とおっしゃっていましたが，ここでもカウンセラーとどのように付き合ったらいいのか，とまどっておられるのですか？」とフィードバックした（カウンセラーもAさんより若い世代であった）。するとAさんは少し考え込んでから，「相手には物事を正確に伝えることが大切だと思っています。先生は私の仕事について知識をおもちでないようなので，説明したまでです……物事が正確に伝わらないことで，人間関係に失敗したことがあるのです……」と言い，しばらく沈黙した。このときカウンセラーは，主訴の背後にあるAさんの寂しさと孤独感が伝わってきたように感じた。しかし，それも束の間のことで，後の数回のセッションでも仕事に関する説明が繰り返された。カウンセラーは，"また仕事の話か……くどいなあ"と感じる一方，自分がAさんの仕事の話を正確に理解できているかどうかを試されているようなプレッシャーも感じるようになった。

　そんなある日の面接終了間際に，Aさんから「先生はどのくらい私のことがわかりましたか？　なんだか先生の面接は物足りない。これだけ話したのだから，しかるべきフィードバックがあってもいいのではないですか？」と尋ねられた。カウンセラーはこの瞬間，なぜか「カチン」とした感情を覚えた。そして，"ああ，部下の人がAさんのことを避けたくなるのはもっともだなぁ"という考えが湧き起こった。それと同時に"カウンセラーの私が部下と同じ気持ちになってしまっては，この面接はAさんのためにならないのではないか……"と困惑した。Aさんは，じっとカウンセラーの顔色をうかがい，返事を待っている。そこで気づいた。今ここでAさんとカウンセラーとの間で起こっていることは，Aさんが問題としている人間関係

そのものだと。そこでカウンセラーは次のように伝えた。

「今，私はカチンとした感情を覚えました。Aさんとのこれまでの面接で，どうも私は，少しずつプレッシャーを感じていたようです。Aさんは正確さを大切にされる方だから，私も正確にAさんのお話を理解しようとしてきました。Aさんの話を聞き取れていないと，以前，Aさんがおっしゃっていた『人間関係の失敗』と同じことが，私との間でも起こるのではないかと思い，Aさんのお話を正確に理解しなければなければならないというプレッシャーを感じていたようです。そこにAさんから『先生はどのくらい私のことがわかりましたか？なんだか先生の面接は物足りない』と尋ねられたので，まるでテストを受けて結果を求められているようで，Aさんの部下になったような気分になってしまいました。でも，私が部下の人の気持ちになってしまっては，Aさんの援助にならないと感じて，それで私は今，困惑していたところです……この私の連想を聞いて，どんなことが浮かびますか？」

Aさんは，カウンセラーの言葉にじっと聞き入り，やがて苦笑して，「それじゃ，先生は答えに詰まりますね」と答えた。そしてしばらくの沈黙の後，「正確さを求めることが，かえって人から距離を取ってしまい，周囲となじめないことになっているのかもしれない……」と，自らの対人関係の問題を内省したのである。

IV トレーニングのヒントと自己開示技法の留意点

事例で示したようなネガティブ感情を含めた自己開示ができるようになるためには，自身のネガティブ感情に圧倒されない自我の柔軟性と，心のうちに生じた感情をその場で正確に描写する力が求められる。こうした力は継続的なスーパーヴィジョンやケースカンファレンスを受けるなかで培われていくことは言うまでもないが，地道な自主基礎トレーニングも欠かせない。たとえば，記録を整理する際，面接中にカウンセラーが体験した感情や思考についても振り返ってメモし，その後に録音記録を聴いてみるとよい。自分の感情や思考にとらわれ過ぎてしまうと，クライエントの言葉をたびたび聴き逃しているものである。クライエントの言葉が耳に入っていない段階では，自らの感情や思考を自己開示の素材として使えない。この段階をクリアするには，ロールプレイを応用したトレーニングが役に立つ。カウンセラー

用の椅子の隣に空の椅子を用意し，特定の感情や思考にとらわれてしまっている「面接中の自分」がそこに座っていると想像する。カウンセラー用の椅子に座っている「観察者の自分」から，「面接中の自分」はどのように見えるか，どんな言葉をかけたらよいか，1人で2つの椅子を行ったり来たりしながら対話するのである。こうすることによって，自身の思考や感情を認め，かつ距離を取って，面接関係で何が起きているのかを観察する能力が育っていく。

　ところで，私は自己開示技法の使用について慎重派である。初心者の指導をしていると，彼らの自己開示は，告白欲求に基づいていることが少なくない。クライエントの話を聞いていて，自分の過去が刺激され，「私もあなたと同じ体験をしたことがあるので，あなたの気持ちはわかります」と伝えてしまうのである。これは冒頭で述べた，日常生活における自己開示と同質のものであり，クライエントの自己理解の深化には役立たない。初心者には，「自己開示技法は，他の介入と比べ，失敗した場合のリスクが高い。したがって，他の技法を用いることが可能ならば，差し控えるべきである」というマイケル・ゴーキン（Gorkin, 1987）の指針を胸にとめてほしい。

文献

遠藤裕乃（1997）心理療法における治療者の陰性感情の克服と活用に関する基礎的研究．心理臨床学研究 15-4；428-436.
遠藤裕乃（2000）逆転移の活用と治療者の自己開示——神経症・境界例・分裂病治療の比較検討を通して．心理臨床学研究 18-5；487-498.
Gorkin M（1987）The Uses of Countertransference. New York：Jason Aronson.
岡野憲一郎（1997）「治療者の自己開示」再考——治療者が「自分を用いる」こと．精神分析研究 42-2；121-127.

 読書案内

ころんで学ぶ心理療法——初心者のための逆転移入門
［著］遠藤裕乃　日本評論社　2003年

　面接場面におけるセラピストの内的体験を広義の逆転移ととらえる立場から，逆転移の活用としてのセラピストの自己開示について，調査研究と事例研究を交えて解説している。

間接暗示・メタファー

指示を示唆する技術

大谷 彰

> **技法の概要**
>
> クライアントを悩ませる思考，感情，身体反応，行動などの変化を促進させる手段として暗示がある。暗示は催眠療法やストラテジー心理療法（strategic therapy）など指示的アプローチで活用されることが多いが，間接暗示は非指示的な一般カウンセリングにおいても十分活用できるテクニックである（大谷，2011）。ただしその運用については，他の技法と同じようにクライアントとセラピストのあいだにしっかりとした治療関係の確立されていることが必要とされる。

I 暗示の概念と技法

1 暗示の概念

　暗示は古くから臨床心理と深く関わっており，心理療法は「動物磁気」と呼ばれた暗示とそこから派生した催眠に始まったと言っても過言ではない。冒頭でも述べたように，暗示は催眠を用いない一般臨床においても十分に応用可能である。紙幅の制限から，詳細は他文献（大谷，2004；Otani, 1989）に譲ることにし，本稿では一般臨床で活用できる非指示的な間接暗示，およびその延長線上に位置するメタファーの用い方について述べることにする。

　暗示とは，思考，行動，情動，生理反応に影響を及ぼすことを目的とする技法である。残念ながら暗示にはクライアントの状態や心情をまったく無視し，特定の指示を一方的に押しつけるといったニュアンスが伴うが，これは催眠技法に未熟であったフロイトの影響によるところが多い（Rosenfeld, 2008）。現在主流とされるアプ

ローチでは、これとは対照的にクライアントへの共感を重んじ、それをベースとして、慎重に吟味された言葉を暗示として与えながら治療を進める（大谷, 2011）。こう考えると、暗示がトランスを基盤とした催眠療法のみならず、一般の治療過程においても利用できるという主張が納得できるであろう。

　暗示は、その目標が明示される直接暗示とそれを示唆する間接暗示に大別できる。「リラックスしてください」と言うのが前者であり、「目を閉じて、これまでにくつろいだ時のことを思い出してください」と言えば後者になる。直接暗示とは異なり、間接暗示は「非命令的」であり、指示であるように感じられないのが特色である。そのため一般カウンセリングで活用される暗示としては間接暗示のほうが適切である。間接暗示の種類は多岐にわたるが、これを体系化し、臨床手段としてフル活用したのがミルトン・エリクソンであった（Erickson et al., 1976）。

② 間接暗示

　一般カウンセリングにおいて間接暗示を用いるシンプルな方法は、「注意の引きつけ→再構成（join→restructure）」による2段階フォーミュラの活用である。第1段階の「注意の引きつけ」では、クライアントに共感し、それによって受容的な心的態度を構築する。この状態で適切な指示を与えて第2段階の「再構成」を行い、間接暗示が完了する。エリクソンは催眠・非催眠治療を問わず、暗示をフル活用するきわめて指示的なストラテジー心理療法を実践したが、彼のクライアントが口をそろえて「何と物わかりのいい先生だろう」と評した事実は、この2段階フォーミュラの影響によるところが大きいと推察される（大谷, 2002）。

　このフォーミュラによる間接暗示でポイントとなるのは、もちろん第2段階の「再構成」である。これは〈いずれ〉〈しばらく〉〈もう少し〉〈そのうち〉〈ずっと〉などの副詞、または〈〜の前に〉〈〜の後に〉〈〜に続いて〉〈〜の結果〉〈〜まで〉といった接続句を指示に付け加えることによって行なう。たとえば、何らかの不快感を訴えるクライアントに、「その不快感はもう少し続くかもしれませんよ」という形式で指示するのである。一見したところ何の変哲もない文章であるが、〈もう少し〉という言い回しには「わずかな時間」というニュアンスが含まれる。それゆえこの指示は「不快感は短時間できっと消失するでしょう」という意味を示唆することになる。こうしたニュアンスの活用が間接暗示のエッセンスである。

3 メタファー

　一般カウンセリングでも効果的に活用できるもうひとつの間接暗示はメタファーである。臨床技法としてのメタファーは，通常の比喩や喩えではなく，クライアントの援助を促進させるために構築されたストーリー（物語）を指す。このテクニックを催眠療法に導入したエリクソンは，メタファーによる見立ても実践しているが，ブリーフセラピーなどでは解決策をストーリーのなかに組み込むことがある。メタファーも間接暗示である以上，「注意の引きつけ→再構成」という2段階フォーミュラの原則に基づく。ストーリーをクライアントの注意を引きつけるための手段として用い，この文脈を利用して再構成の指示を散りばめる（intersperse）のである（大谷，2011）。

　ストーリーの題材には，クライアントの生活歴，状況，価値観，教育レベルなどを反映させることが望ましい。これにはクライアントの趣味や体験，好きな映画，小説のキャラクター，クライアントの悩みに類似する問題を克服した他のクライアントなどを利用する。とはいえ，ストーリーはあくまでも「注意の引きつけ」，すなわち前置きにすぎず，これだけでは間接暗示として不十分である。メタファーの中核はあくまでもこの文脈を利用した「再構成」をねらいとする指示の散りばめである。これを理解せず，明確な指示の欠けたストーリーだけを淡々と語るセラピストを見かけることがあるが，これは決して間接暗示としてのメタファーではない。ターゲット指示を確定し，それをクライアントの特定要因に合わせたストーリーに取り入れて展開させてゆくのがメタファーの定石である。これなしにはメタファーによるクライアントの変化は期待できない。

II 間接暗示の具体例

　最初に「注意の引きつけ→再構成」という2段階フォーミュラを使った間接暗示の実例から紹介しよう。足にギプスをはめて，松葉杖をつきながら筆者のオフィスにやってきたクライアントとの会話である（以下，クライアント＝Cl／セラピスト＝Th）。

　　Cl　　（左足のギプスを指差しながら）先生，見てくださいよ，これ。
　　Th　　おや，またどうしたんだい？　交通事故にでもあったの？
　　Cl　　いえ，交通事故じゃないんですが，先週，バスケの練習中に転んだん

	です。医者に診てもらったら，骨にひびが入って捻挫も起こしているって言うんですよ。痛みは治まったんですが，ギプスのところが痒くて痒くて！（顔をしかめる）
Th	そりゃ痒いだろう！　痒みに慣れるまではちょっと我慢だね。ほかに怪我はないの？
Cl	えぇ，それは何とか大丈夫です。しかし本当に災難ですよ。
Th	運が悪かったね。

　このクライアントに対する適切な指示は，「もう少し我慢すれば痒みに慣れる」である。しかしながら，このような強引で共感を欠いた言い回しでは，効果はとても期待できない。そこでセラピストはまず，「そりゃ痒いだろう！」と共感し，クライアントの注意を引きつけている。そして，「痒みに慣れるまではちょっと我慢だね」と続けることによって再構築を試みている。この2段階フォーミュラでは，クライアントの注意は文末の「ちょっと我慢」のほうに向けられ，先行する「痒みに慣れる」という指示は意識されにくい。コメントの最後の「ほかに怪我はないの？」は間接暗示から注意をそらすための質問となっている。一般カウンセリングで間接暗示を利用した一例である。この介入が効を奏したのか，クライアントの痒みは数日で治まった。

　メタファーについては，ストレスマネジメントを求めてやってきたクライアントに適用した例の一部を記しておこう。クライアントは30数名の部下をもつ有能な弁護士である。数週間の激務が重なり，健康診断で主治医から高血圧ぎみ（145/100）だと指摘され，ストレス管理をするようにアドバイスされた。見立てを通じてクライアントが大の釣りのファンであることがわかり，魚をメタファーの題材とすることにした。

Th	すでにご存知と思いますが，魚というのはなかなか賢いんですね。暴風雨が起こったりして，水面が荒れると，すぐに深いところに移動するんです。そこでは水の流れも温度も安定しています。水面の荒々しさはまったく感じられず，（声を少し落として）ゆっくりと落ち着くことができるんですよ。だから嵐になると魚たちは必ず水面から深いところに降りてきて，（ゆっくりした口調で）しばらくリラックスするんです。そして頃合いを見て，また水面に上がってゆく。これの繰り返

しで魚はいつもピチピチと元気でいられるのですね。

　クライアントの趣味から魚の行動をストーリーラインにし，それに「ゆっくりと落ち着く」「しばらくリラックスする」というターゲットの指示を組み込んだメタファーである。実際のメタファーはこれよりも長いが，この引用からこのテクニックの概要が理解できるであろう。指示部分で口調を変化させるのは，これが大切なメッセージであることを示唆するためである（Erickson et al., 1976）。
　3週間後，クライアントの血圧は102/80まで低下し，主治医を驚かせた。これは1年半後の現在も持続している。

III｜技法の習得に向けて

　暗示の種類，パターン，与え方，タイミングといったテクニックは多岐にわたり，これらを系統的に学習し，身につけることによって催眠療法以外での活用も可能になる。筆者自身の体験から，暗示テクニック習得の近道は，各クライアントとの面接に先立ち暗示やメタファーを書き出し，それを録音して聞き返し，推敲を重ねることである。こうして暗示に用いる言葉とその話法に徹底して慣れるのである。これは催眠療法の大家エリクソン自らが実践した方法であり，彼はこれによって暗示技術を高めたと述懐し，後進に奨励している（Erickson & Rossi, 1976）。筆者もこれを1年ほど毎日実行したところ，その効果に驚かされた。これに加えて，質の高い催眠研修（たとえば日本臨床催眠学会によるもの）への参加も有益となるであろう。この場合，研修内容のみならず，講師陣の経歴や技術レベル，ひいては人格や研修スタイルなども学習に大きく影響を及ぼすため，慎重に選ぶことが肝要である。

文献
Erickson MH & Rossi EL（1976）Forms of indirect suggestion and in hand levitation. In : EL Rossi （Ed.）The Collected Papers of Milton H. Erickson on Hypnosis Vol.1 : The Nature of Hypnosis and Suggestion. New York : Irvington, pp.478-490.
Erickson MH, Rossi EL & Rossi SI（1976）Hypnotic Realities : The Induction of Clinical Hypnosis and Forms of Indirect Suggestion. New York : Irvington.
Otani A（1989）Integrating Milton H. Erickson's hypnotherapeutic techniques into general counseling and psychotherapy. Journal of Counseling & Development 68 ; 203-207.
大谷　彰（2002）臨床催眠家を志す人々へ──ミルトン・エリクソン博士の教訓．臨床催眠学3 ; 3-7.
大谷　彰（2004）カウンセリングテクニック入門．二瓶社．

大谷 彰（2011）一般臨床における催眠テクニック応用について——ポストエリクソンの視点から．臨床催眠学 12；29-40．

Rosenfeld SM（2008）Critical History of Hypnotism : The Unauthorized Story. Bloomington, IN : Xlibris.

 読書案内

アンコモンセラピー——ミルトン・エリクソンのひらいた世界
［著］ジェイ・ヘイリー　［監訳］高石 昇　宮田敬一　二瓶社　2000年

　ミルトン・エリクソンの技法とセラピーを俯瞰した本書は，暗示を駆使したストラテジー心理療法の例を多く紹介している。読みごたえのあるモダンクラシックである。

催眠誘導ハンドブック——基礎から高等テクニックまで
［著］イゴール・レドチャウスキー　［訳］大谷 彰　金剛出版　2009年

　本書のタイトルは「催眠誘導」となっているが，催眠で活用される間接暗示の実例を挙げながら幅広く解説している。本稿で紹介できなかった暗示も数多く含まれており参考になるであろう。

現代催眠原論——理論・臨床・検証
［著］高石 昇　大谷 彰　金剛出版　2012年

　催眠と暗示を系統的に学びたい読者のための学術書である。

怒りの感情を扱う

感情アプローチ

柴山雅俊

技法の概要

　病的な感情が溢れたとき，その人の思考，感情，行動，身体は一色に染まりやすい。それは感情の「等質に一様化する傾向」である。そのため複雑に絡み合い重層化した感情は切り離されたり，抑え込まれたりしがちである。したがって治療者が感情を扱う場合，患者の感情の全体像に注意をはらう必要がある。怒りの感情に悩む患者に対しては，クラーゲスの執我欲と捨我欲の2つの動向が参考になる。また怒りの背景には怯えや恐怖，傷つき，居場所のなさなどがあることに治療者と患者が目を向け，感情の全体をつなげ，むすぶことが重要である。

I │ 感情

　感情は文化によってさまざまに分類されうるが，一般的には，感情（affection）は感覚，情緒，情念，情動，気分などを一括する概念であり幅広い。感情のなかでも怒り，悲しみや喜び，愛や憎しみなど衝動的で本能に近い感情は，情動（emotion）とされることが多い。

　感情に満たされたり押し流されたりしたとき，人はどのような体験意識のなかにあるのだろうか。感情は思考や行動とは違って対象志向性が曖昧である。感情はどこからか湧き出て，溢れ，広がっていく。感情（情動）には，波に押し流され，飲み込まれ，それが広がっていくイメージがある。感情の一種である気分（Stimmung）にも共鳴性が含まれており，これもまた一種の遍在性を思わせる。

　安永（1979）は，こうした体験空間を「等質に一様化する傾向」であるとし，そ

の構造的特徴を「前・構造性」と表現した。彼は感情を原始的であるとし，主体と対象，全体と部分などの分極一般がぼやけていると指摘する。

オイゲン・ブロイラーは，循環気質者（Zyklothymie／エルンスト・クレッチマー）にみられる，周囲の環境とできる限り同調し，自分自身の内部（の緊張）が同じで，ひとつであるという特徴を同調性（Syntonie）と名づけた（津田，2014）。これもまた等質性に向かう在り方であり，ココもソコも，自分も他者も，内も外も区別されず，認識の枠組みが流された「前・構造性」がみられる。人が感情に満たされたとき知覚，思考，行動は一色に染まり，自己と他者の区別も曖昧となる。

感情は本来さまざまな感情が重層化しているが，感情にはこの「等質に一様化する傾向」があるため，他の感情は遠ざけられたり，切り離されたり，抑え込まれたりする傾向がある。感情を扱う場合，こうした断片化されがちな感情の全体をみる視点が重要となる。

II 怒り

相手が自分を脅かすもの，妨害するものとして現れるとき，その反撃として湧き上がるのが怒りの感情である。怒りは感情のなかでも「等質に一様化する傾向」が顕著である。そのため怒りは他の感情を切り離したり，自己から切り離されたりすることが多い。

ルートヴィッヒ・クラーゲス（1991）は，人間の感情の基盤，ないし意志の原因には2つの動向，すなわち執我欲（Selbstbehauptungstrieb）と捨我欲（Selbsthingebungstrieb）があるとした。執我欲とは（何らかの生過程を拘束する）拘束的動向である。いわば存続欲，自己主張欲，権力意志，成果獲得の意志であるが，そこには名誉欲，支配欲，恐怖心，猜疑心，警戒心，復讐心，傷つきやすさなどが含まれる。怒りの感情は明らかに執我欲に属する。クラーゲスの言うもうひとつの動向である捨我欲は，愛，共感，献身の性向などを含む（何らかの生過程を自我の拘束から解放する）解放的動向である。

執我欲が前景にあるときでも，人はどこか捨我欲への親和性をもっている。それをみすえておかないと，怒りは容易に執我欲一色に染まってしまう。怒りの制御を求めてやってくる患者に対して，まずは患者を理解し，共感し，受容することが重要であることは言うまでもないが，こうしたことはつねに治療者側が患者に提供するものというわけではない。われわれ治療者との関係を媒介として，患者が自らの

なかの捨我欲に気づき，それを育てていかなくてはならない。そうしたことは治療者が患者の全体像に目を向けるなかで促進される。

　ここでは2つの症例を提示する。1つは第三者に向かう怒りであり，1つは自分に向かう怒りが前景にある。本来は二者関係における怒りも含めるべきであろうが，これについてはすでに境界性パーソナリティ障害を中心として多くの文献があるため，そちらを参照されたい。

Ⅲ｜外への怒り

　はじめに提示する患者は40代前半の男性Aで，自分の怒りをコントロールできないという訴えで来院した。診断は間欠爆発症（Intermittent Explosive Disorder）である。

　　中学時代に部活の顧問から体罰を1年半にわたって何度も受けた。その後，Aは部活を辞めたが，人に会いたくなくて不登校が持続した。その頃両親が離婚し，以後母親に育てられた。高校2年頃から，自分よりも体格の大きい男性に対する不安や恐怖が高まり，怒りが湧いてくるようになった。以後40カ所以上の精神科を転々としたという。面接では次のように語る——
　「体格が大きい人のほうが人間的に優れている，それは間違いがないことだと思う。体格のいい人は自分のことをチビだと思ってバカにして（患者の身長は平均的である），俺の進路妨害をする。すると突然，怒り，恐怖，敗北感，絶望などが混ざり合った感情が噴出し，怒りのコントロールができなくなる。体格の大きい人には自分が支配されるような感じがして，それに抵抗するために怒る。偶然を装ってその人に体当たりをしたり，壁を殴って血だらけのこぶしを壁になすりつけたりしていた。怒りが高まると，あとで記憶がつながらないことが多い。そのため仕事が長続きしない」
　　周囲の人によると，Aは体格が大きい男性ばかりではなく，オートバイのエンジンをふかす若者など，モラルから外れた行動をする若者に対して過剰に反応するという。自分を脅かす存在を察知すると先にやっつけないといけないという気持ちになり攻撃モードに入るようだ。
　　日常生活では，国家間の紛争・対立，宇宙人同士の対立，カルト的組織に強い興味を示す。ここ数年は自助グループに参加してボランティア活動を熱心に

している。他者に受け容れられるなかで，自分を冷静にみることができるようになった。あるときAはそのグループのなかで怒りを爆発させたため一定の期間出入り禁止となったが，彼はその処置を甘んじて受け入れている。

Aの経過には以下のように「怒りと怯えの悪循環」「怒りの背後の傷つき」「怒りと居場所のなさ」という3つの特徴がみられた。

(1)「怒りと怯えの悪循環」——Aには「体格が大きい人のほうが人間的に優れており，人を支配できる」という思い込みがある。背が高い他者に支配される恐怖から，怒りによって他者を支配する優位に立とうとする。それによってAはますます怯え，怒りをあらわにする。ここには自他の同型的対立構造と怒りと怯えの悪循環がみられる。こうなると自他の関係は怒り一色に染まる。こうした構造は彼が関心を寄せる集団（国家，宇宙人，組織）にもみられる。ここには集団間の同形的対立がみられる。
(2)「怒りの背後の傷つき」——A自身，怒りを感じるのは，「体格の大きい人には自分が支配されるような感じがして，それに抵抗するため」だと述べている。怒りはこうした被支配の恐怖，敗北感，絶望などと渾然一体となって繰り返し押し寄せる。こうした感情は中学時代に受けた部活顧問からの体罰による「傷つき」に由来している。そのときもっとも切り離されたと思われる感情は怒りである。当時，怒りを感じていたか定かではないが，少なくとも自己の感情として実感することはなかったであろう。それが数年経って，制御できないものとして一気に噴き出る。怒りの噴出は現在において過去の傷を払拭しようとする反撃であり，かつての「傷つき」を癒してくれるわけではない。
(3)「怒りと居場所のなさ」——中学のときの体罰の後，彼はしばらく人を避けていた。その後，父親からも離れ，仕事も続かず，治療関係も破綻しがちで，しだいに孤立を深めていった。こうした孤立の背景には，他者に対する怯え，警戒，不信，傷つき，絶望などが関与していたと思われる。彼の怒りの背景には居場所のなさがあった。しかし自助グループに参加して，ボランティア活動を行なうようになった。他者に受容されるなかで，徐々に自分の居場所を見出していった。自助グループがもつ集団性や倫理が彼の捨我欲を育てていったと思われる。怒りはしだいに収まっていった。

IV｜内への怒り

　次の症例は20代半ばの女性Bである。幻覚や衝動性がなかなか改善しないとのことで来院した解離性同一症（Dissociative Identity Disorder）の患者である。前医の診断は統合失調症であった。このケースは症例Aのような他者に対する怒りではなく，怒りの人格が自分自身を攻撃してくる点が特徴的である。

　　幼少時より大人や同級生からの性的虐待，学校でのいじめ，父親からの虐待などがみられた。中学生頃から，離人感，健忘，フラッシュバック，人影が見えたり人の声が聞こえたりする幻覚，人格交代など多彩な解離症状が慢性化していた。医療機関を受診したが薬物療法のみでなかなか改善されなかったという。自責感が強く，衝動的な自傷行為などもみられた。20代前半に初診。面接当初から怒りに満ちた交代人格が現れた。Oというその男性人格は「今まで20年近く自分は存在していたのに無視されてきた。あいつ（患者のこと）は怒りをすべて自分に預けていて，自分は苦しんでいた。悪いのはすべて弱いあいつのせいだ。自分をひどい目に合わせた連中を許さない」と鋭い目つきで言う。家でときどき現れて物を叩いたり，雑誌を破いたりしているらしい。衝動的に自分の首を締めることもあった。

　男性人格Oは患者Bに対する迫害者人格である。その攻撃性は患者自身へと向かっている。この存在Oが自傷行為，自殺企図，抑うつ的気分変動，幻聴などの背景にあって，患者をつねに苦しめていた。これまでの治療者はBにこうした交代人格には注意を向けず，関わらないようにと助言してきた。交代人格Oはこうした周囲や患者が自分の存在を切り離そうとする態度に強い怒りを抱いていた。
　ここには患者BとOの対立的悪循環がみられる。BはOの怒りに怯え，自分から切り離す。Oはそのことでますます怒りをつのらせる。症例Aでみた「怒りと怯えの悪循環」がここでもみられる。

　　治療者は患者に対して「OはBにとっては必要な存在だった」とメッセージを送った。するとある日，面接で患者Bは再びOに交代し，「自分はずっとひとりだった。自分はあいつみたいな弱虫じゃない。暗いところでひとりぼっちだ」

という。そこで治療者が「Bが抱えきれない感情を君が抱えてくれたお陰でBは生きてこられた。つらかったね」と応じると，それまでの怒りに満ちた表情から一転して，Oは「悲しいんだよう」と下を向いて沈んだ表情になる。「自分は置いてけぼりで，寂しいんだよ」という。どうやら寂しさ，苦しさ，孤独，怒り，罪悪感など負の感情を押し付けられたまま切り離されたことで，Bに対して強い怨みを抱いているようだ。

　人格Oは以後，周囲の人にはもちろん患者本人に対しても，切り離すのではなく自分の存在を認めてほしいと繰り返すようになった。患者が交代人格のそうした傷つきの心情を汲み取るなかで，Oはしだいにその迫害性を減じ，無邪気な人格へと変容し，さらには患者本人を助ける救済者人格へと変容していった。怒りの背後にある傷つきを患者自らが受容することで，Oが身近な存在へと変容していったのである。ここにも症例Aにみられた「怒りの背後の傷つき」の関係をみることができる。患者Bは執我欲の固まりであったOを切り離さずに，その身になることを心がけた。BはしだいにOの心のなかの居場所を与え，つながりを形成できるようになった。先に述べたように，怒りの交代人格は心のなかでの居場所を見出すことで，その怒りが収まっていく。以上のように，この症例の経過においても，症例Aのところでみた「怒りと怯えの悪循環」「怒りの背後の傷つき」「怒りと居場所のなさ」が確認された。
　患者自身を責める迫害人格はしばしば「攻撃者との同一化」と解釈される。そうした人格は虐待者をそのまま取り入れたことに由来するというわけである。しかし，迫害者から救済者人格へと交代人格の性質が変容することを考えると，「攻撃者との同一化」が交代人格の発生に関与しているとは考えにくい（柴山，2010）。虐待者との関係に目を向けると，むしろ生き延びるために攻撃者に相補的に同調することで，虐待状況における自分のさまざまな感情，たとえば怒り，恐怖，絶望，孤独，自責などを切り離してしまったと考えたほうが自然である。患者が虐待者の属性をそのまま人格として取り入れたのではない。虐待状況のなかで自然に生じたと思われるさまざまな自分の感情を，その場を生き延びるために患者自らが切り離したのである。その切り離した自分の感情が交代人格の核となるのである。あたかも「攻撃者との同一化」による交代人格の声が聴こえたり，その影に怯えたりするケースもある。しかし，たいていの場合それは交代人格由来の症状ではなく，フラッシュバックによる幻聴と考えられる。

このように考えれば，交代人格との接触をあえて回避しようとすることはときに反治療的であるといえよう。むしろ，患者の全体性を回復させるためにも，切り離された感情をつなぎあわせることができるように，治療者は患者が交代人格と接して，その身になるのを促すべきであろう。ときには治療者が交代人格の気持ちを患者に伝えることで，患者のこころと交代人格をむすぶ媒介者となることもある。ただし，治療はつねに患者の心的状態に歩調を合わせて段階的に行うべきであることはいうまでもない。

　今日，怒りの制御に対しては認知行動療法が盛んである。もちろんその効果は一定程度認められるであろう。しかし，解離性障害に対する認知行動療法の有効性が主張されることは少ない。それについては解離性障害の構造が関連していると思われる。先にみた感情や情動の噴出と解離の類似性を考慮すると，認知行動療法を補うものとして，解離の観点から怒りの感情の扱いを見直すこともよいかもしれない。

文献

ルートヴィッヒ・クラーゲス［赤田豊治 訳］（1991）性格学の基礎．うぶすな書院．
柴山雅俊（2010）解離の構造──私の変容と〈むすび〉の治療論．岩崎学術出版社．
津田 均（2014）気分障害は，いま──うつと躁を精神病理学から問い直す．誠信書房．
安永浩（1979）分裂病症状の辺縁領域（その2）──強迫型意識と感情型意識．In：中井久夫 編：分裂病の精神病理8．東京大学出版会，pp.65-114．

読書案内

フォーカシングの原点と臨床的展開
［編著］諸富祥彦　岩崎学術出版社　2009年

　体験の象徴化であるフォーカシングはフェルトセンスを扱うが，「前・構造性」をもつ感情はイメージ，身体感覚，動作などとともにフェルトセンスに入っていく筋道である。人間の体験を考えるのに参考になる。

アクセプタンス＆コミットメント・セラピー（ACT）［第2版］
──マインドフルな変化のためのプロセスと実践
［著］スティーブン・C・ヘイズほか　［監訳］武藤 崇ほか　星和書店　2014年

　アクセプタンスとマインドフルネスに基づくセラピーであるACTについての解説書である。「今，この瞬間」「文脈としての自己」など参考になる。

直面化 (confrontation)

関係を転回する

妙木浩之

技法の概要

直面化 (confrontation) とは，クライエントの問題が意識の対象となっていないとき，それを意識化させるために問題を直視するように向ける方法のことである。精神分析では「より意識に近い現実状況や思考・行動パターンあるいは葛藤を，被分析者に提示し，文字通り直面させ，その矛盾や問題点に注意を向けさせる」ことをいう（小此木，2000）。その発想は解釈，つまり洞察のための準備という意味があるが，それを拡大してカウンセリングの技法とみなす立場もある（たとえば，マイクロカウンセリング）。もともと英語のconfrontationには対決，あるいは直面という2つの意味があるので，そうした技法をあえて「対決（技法）」と呼ぶ。

I 技法の詳細

精神分析的な治療は，治療の対象となる抵抗（防衛）や転移を取り扱うための行為や感情に意識を向けるために直面化や明確化を行い，それをもとに解釈を行う（Greenson, 1967）。たとえば，転移のなかで母親への怒りを語りながら，治療者への感情を抑えているように見えるとき，「あなたは私に怒っているようですね」のように直面化する。また防衛を指摘するときに「あなたは自分の母親への怒りの感情に気が付いていないようですね，今怒っているように」といった指摘をして，防衛の解釈につなげていくための直面化，明確化がある。この場合，クライエントは母親への感情が治療者に向いていることを意識でき，はじめてそれに関する洞察を得るための解釈が投与できると考える。

技法として直面化を取り扱うようになったのは，精神分析，特に自我心理学の世代のグリーンソンらが解釈の手続きを明確化してからである。以後，直面化，明確化，そして解釈の順番で考えるようになった。たしかに患者が自分自身の問題を回避したり，防衛したりして，直視しない場面は多い。直面化とは，それらの抵抗を取り扱うために，防衛解釈，転移解釈といった言い方の前に，主訴や症状の問題に含まれている防衛的な側面に目を向けてもらう作業である。ただグリーンソンがそうであるように，この着想は国際的に標準型の精神分析，週に多頻度（4回から5回）の毎日分析の設定で使われているものであり，そうした頻度設定のなかで，治療者が患者の防衛的な側面に焦点を当て意識できるようにするものであるため，すでに治療同盟と治療関係がかなり密にできあがっている。その場合，被分析者（クライエント）と多くの時間と空間を共有して，分析者が思い浮かぶことを言語化することを解釈という。長期的に，多頻度で人を抱えることを前提にした治療のなかでは，週1回程度のカウンセリングとは解釈的態度の意味が異なるので，その準備として直面化や明確化の意義も異なっている。

　精神分析的な技法の歴史のなかでは，特にマスターソンが境界例の治療において「患者も認めざるをえない現実的な状況・葛藤・行動・思考様式を提示して直面させて，相互の矛盾や問題点を吟味させる方法」（加藤，1993；小此木，2000）として重視した。境界例の患者は，現実認識が脆弱で行動化が激しいので，その患者に現実認識を高めるために，治療関係のなかで生じる分離・個体化の体験に直面化させる。そのため彼は，行動化や否認などの防衛が起きているときには，直面化によって意識化させることを重視した。クライエントを行動化のもたらす破壊的，否定的側面に正面から向き合わせる必要があり，それは主に限界設定のときである。自傷や自己破壊的，治療妨害的な行為が生じた場合に，一貫して中立的な治療者としてその行為や感情の意味に直面化させる。そうした限界設定の場面では，行動化を制限するので，それによってクライエントに生じる，見捨てられ抑うつに直面させていく技法である。

　短期力動療法の初期の技法のなかには，不安をある程度喚起することが動機を高めるという理解から，積極的に問題の直面化や防衛の直面化を行うものもあった。この発想は精神分析で直面化を活用する多くの立場が共有している考え方でもあった（Adler & Meyerson, 1973）。たとえば，シフニオス（1979/1984）は，「直面化や明確化をする際，多少は患者をぎょっとさせるところがあるうちの方が，患者への衝撃も強く効果的」と考え，「治療者の介入が患者に何か影響を及ぼしたかどうか評

価するのに，患者の言う言葉だけを追っていてはだめだ」とまで述べる。ダーバンルーらが行った集中的な短期力動療法も，無意識の同盟関係を結ぶためには，核となる情動とその防衛に対する直面化が不可欠だと考えていた。

　この視点が変化してきたのは，マッキャローらの研究によって，抵抗が直面化をもたらすと同時に，逆に直面化が抵抗を高めることがわかってきたからである（Salerno et al., 1992）。マッキャロー（McCullough, 1997）は，直面化と挑戦というアプローチと明確化と支持（肯定）というアプローチは基本的に異なると述べる。前者の言い方，たとえば「あなたは今，私があなたの感情を聞いたとき，目をそらしましたね。そして今机を指で叩いている。この沈黙が私たちの間を隔てている。治療のなかでこうした問題を避け続けると，どうなるんでしょう」という言い方が直面化だとすれば，「あなたに感情について私が聞いたとき，こちらを見ないで黙ってしまったりしましたね。何が起きているのか気づいていますか。この話題は目を向けるのがきついのでしょうか。どうしたら，あなたがこの問題に目を向けるお手伝いをできるかなと思うんですが」が明確化だという。シフニオスは，直面化は不安喚起的（anxiety-provoking）だが，明確化は不安調整的（anxiety-regulating）だといい，後者を治療的だと述べる。

II ｜ 対決技法

　精神分析の直面化ではなく，対決という意味で"confrontation"を使うカウンセリングの学派は多い。たとえば実存主義的心理療法のムスターカス（1966/1980）は，人生における出会いと対決を2つの重要な実存的契機と考えて，「対決技法が用いられるのは，リレーションが行き詰まったり，なおざりになったり，子どもが同じ感情や同じ考えを何度も何度も繰り返すとき，ある固定観念にとらわれて人生問題に巻き込まれているとき」に生産的な議論を生み出すためだと述べる。つまり他のカウンセリング技法のなかでは，"confrontation"には矛盾や不一致と対峙するという意味で「対決」という名前が使われ，それは治療を組み立てていき，到達できるようなクライエントの治療局面なのである。たとえばマイクロカウンセリングを体系化したアイビィ（1983/1985）は，基本的な傾聴を中心とした関わりの技法，焦点を合わせて意味を探求していく技法，そして積極技法の上に対決技法があると述べる。それはいろいろな技法を組み合わせられるようになって，関わりの技法や積極技法の組み合わせで用いる技法で，「クライエントの行動，思考，感情，意味における不一

致や矛盾，葛藤を指摘すること」であり，「矛盾の説明，その解決策についてクライエントが意見を表明するのを促進する」目的でクライエントに強力な影響を及ぼす。

対決技法は2段階になっている。まず矛盾と要旨の混乱の発見である。それにはいくつかのタイプがある。①2つの表現の不一致（面接の最初と最後で言うことが違う），②言うことと為すことの不一致（来ると言っても来ない），③言語表現と非言語表現の不一致（うれしいと言いながら顔が引きつっている），④2つの非言語表現の不一致（笑っていて引きつっている），⑤言語表現と状況の不一致（お金もないのにおごるという），⑥2人の人間の不一致（夫婦の仲違い）などで，これを浮き彫りにして，2つの領域を（発見）同定する。そして第2に，その不一致の解決，要旨の混乱について解決を目指す作業をする。そのためには，①不一致を明確にすること，②質問技法や他の傾聴技法を用いて，矛盾や要旨の混乱について具体的に述べ，非審判的，非評価的に事実を評価して，対立部分を詳細に明確化していく，③「一方では…，他方では…」という表現を使いながら，不一致の内容を多岐にわたり，ときどき要約していく（カウンセラーとの不一致もここでは主題になる）。①から③を繰り返して④がもし必要なら，カウンセラーの意見や観察をフィードバックする。これによって，クライエントのもっている葛藤が浮き彫りになっていく。そしてその解決を自分が模索する方向にもっていくのである。対決技法が他の技法の頂点にあることは，心理療法の重要な局面がクライエントの矛盾や不一致を際立たせて，それを直面化させることが治療的な転回であることを示している。実例を挙げる（アイビィ，1983/1985）。

クライエント	私は給料を上げてもらうべきだと思っています。
カウンセラー	あなたが，給料を上げてもらうだけの値打があるという理由を説明してくださいますか？
クライエント	この会社には長く勤めてきました。私より給料の高い人がたくさんいます。生活費が高くなっていることを考えると，これは公平ではありません。
カウンセラー	初めの頃，あなたは働けるときに気楽に働けるのでいいといっていましたね。そして働きたくないときにはいつも遅く出勤していました。それでいて，給料を上げてほしいということは一体どういうことですか？
クライエント	たしかにその点から言えば，給料を上げてもらうためにはそ

れに見合うだけの仕事をしなければならない……

　先に短期力動療法について述べたように，今日，直面化よりもより肯定的，支持的な態度を伴う明確化が推奨されているのは，この対決技法がさまざまな技法の練り上げの結果として到達すべきものだという視点と一致している。また直面化と明確化，そして解釈の前提としている長期間，多頻度の精神分析の設定のことを考えるなら，クライエントが内的な矛盾や不一致に対峙して，それを克服していく作業に至るまでには，十分な治療経過のなかでの関係確立が前提になっていたことを意味している。

III｜事例

　ただ直面化が急がれる場面も考えられる。短期力動療法のストラップ（Strupp, 1993）も述べているように，陰性治療反応や陰性転移などがある局面だろう。マスターソン（1972/1979）が指摘しているように，境界例治療で直面化が必要なのも，行動化の破壊的側面を第一に取り扱う必要があるからである。直面化の実例として参考になるのは，成田善弘が境界例の治療について，1983年にマスターソンが来日した際に，彼からスーパーヴィジョンを受けた事例だろう。

　ヨシオという初診時27歳の男性で，何のために生きているのかわからない，人間関係がうまくいかない，仕事が続かないという主訴で，保健所の紹介で成田の外来を訪れた。およそ2年間の治療を，成田はマスターソン流に3期に分けている。第1期は試しの時期，第2期は見捨てられ抑うつ不安の出現，第3期は自立へとなっているが，興味深いのは入院治療をはじめた第2期（入院から7カ月間）である。ヨシオは治療者に万能的な期待をしはじめて，試しの時期にあった猜疑的な面は後退してリラックスするが，同時に「包み込んでほしい」という原初的欲求が生じ，それを満たすことが不可能だと治療者は伝え続ける。この言葉に対してマスターソンは「あなたはなぜそんなに人を必要とするのか」と直面化するべきだと指摘しているが，次第に治療者は巻き込まれてしまう。ヨシオは抑うつや怒りに直面しはじめて，「死のうと思って高層ビルに行ったが，直前にやめた」と言い，治療者は「悪くなったように感じられるかもしれないが，治ってゆくうえで必要な段階だと思う」と言い，病棟までヨシオと歩く。次の面接では途中で治療者への緊急電話のために数分間面接が中断して，ヨシオはそれにひどく動揺して，見捨てられ感を表出し，

自己の断片化の恐れすら出現する。そしてこの後「まったく自分がない」と言い，「死にます」と置き手紙をして離院する。このやりとりに治療者は罪悪感をもち，帰院したヨシオに「治るまで面倒見るから，決して死んではいけない」と繰り返し告げ，外出を禁止した。この限界設定について，マスターソンは，治療者が逆転移を起こして，患者の見捨てられ不安を軽減させてしまったと指摘している。そしてむしろ「私が面倒を見ないので，私を罰したかったのではないか」と直面化するべきだったと指摘する。興味深いのは成田の事後的な思考で，マスターソンの直面化をもっともだ，自分の言葉が不適切だとは認めながらも，怒りを表現できるようになるには，その直面化は厳しすぎるので，むしろ「一体感を得たいと願っていたのに，それが現実に得られないことは辛いことですね」と指摘するべきだったと述べる。その後，患者は自立に向けて動きはじめる。

　この事例の直面化に関して，マスターソンのきわめて中立的な治療態度に比べて，成田が治療者として患者に巻き込まれながらも，患者の体験を共に探索しながら共感できる言語表現を模索しながら直面化を行っていることがわかる。直面化が十分な治療関係の理解のもとに行われる必要性を痛感する局面である。

　おそらくマイスナー（Meissner, 1988）が指摘しているように，境界例患者との治療のなかでは，直面化は治療者が逆転移で巻き込まれやすいときに明確化よりも対決姿勢を示してしまうことで使われやすい。その点で，十分な熟考，あるいは基本的な他の技法の基盤の上に行われないと，直面化は単に抵抗を強めてしまったり，最悪の場合には行動化を促進してしまったりするだけだろう。そのため，この技法を他の治療者が使うにあたっては，傾聴技法をはじめとした基礎的な方法に習熟していない場合には推奨されない。

文献

Adler G & Meyerson PG（Eds.）(1973) Confrontation in Psychotherapy. New York : Science House.
Greenson DP (1967) The Technique and Practice of Psychoanalysis. New York : International Universities Press.
アレン・E・アイビィ［福原真知子ほか訳］(1983/1985) マイクロカウンセリング──学ぶ，使う，教える技法の統合，その理論と実際．川島書店．
加藤正明ほか編（1993）新版・精神医学辞典．弘文堂．
ジェームス・F・マスターソン［成田善弘，笠原 嘉 訳］(1972/1979) 青年期境界例の治療．金剛出版．
McCullough L (1997) Changing Character : Short-Term Anxiety-Regulating Psychotherapy for Restructuring Defenses, Affects and Attachment. New York : Basic Books.
Meissner WW (1988) Treatment of Patients in the Borderline Specrum. Northvale, NJ : Jason

Aronson.

クラーク・E・ムスターカス（編）［北見芳雄, 国分康孝 監訳］（1966/1980）思春期の実存的危機. 岩崎学術出版社.

成田善弘（1989）青年期境界例. 金剛出版.

小此木啓吾 編集代表（2000）精神分析事典. 岩崎学術出版社.

Salerno M, Farber B, McCullough L, Winston A & Trujillo A（1992）The effects of confrontation and clarification on patient affective and defensive responding. Psychotherapy Research 2-3 ; 181-192.

ピーター・E・シフニオス［丸田俊彦, 丸田純子 訳］（1979/1984）短期力動精神療法──診断・治療面接の実際. 岩崎学術出版社.

Strupp HH（1993）The Vanderbilt psychotherapy studies : Synopsis. Journal of Consulting and Clinical Psychology 61 ; 431-433.

 読書案内

青年期境界例
［著］成田善弘　金剛出版　1989年

　この本は，直面化だけではなく，境界例などの困難な事例との治療関係を考えるうえで参考になる。事例のそれぞれに直面化が使われているし，何より，マスターソンとのやりとりが事例として提示されている。

Confrontation in Psychotherapy
［編著］Gerald Adler & Paul G Meyerson　Science House　1973

　直面化だけを使うことが難しく，疑問視されるようになった経緯も含めて今は絶版だが，この編著で登場する人たちの論文を参考にしながら，上級技法である直面化や明確化，あるいは対決技法を習得することが望ましい。

認知再構成

受け止め方の"凝り"をほぐすストレッチ

神村栄一

> **技法の概要**
>
> 認知再構成（Cognitive Restructuring：CR）とは，症状・苦痛の回復を妨げ悪化させている「認知」，つまり，受け止め方，とらえ方，思考や推論，解釈，思い込みなどに焦点を当て，その「不都合さ」が低くなるような新たな認知へと置き換えることでその望ましくない影響を減じていくためのスキルを，患者やクライエントが獲得できるように支援する技法である。認知行動療法における代表的な介入法のひとつである。

I　技法の解説

1　歴史的背景と理論

「人は，起こった出来事そのものによってではなく，出来事をどう解釈したかによって，抱く感情の性質と強さが異なってくる……」。

この古代より哲学者や賢人の言葉にもみられるという「常識中の常識」的原理を基礎に据えた心理療法が，アーロン・ベック，そしてアルバート・エリスの方法である。どちらもほぼ同時期の米国北西部で活躍した臨床家の技法だが，前者は主にうつ病に対する医療技術として，後者は心理療法サービスの技術として誕生し，瞬く間に発展し普及した。ちなみにいずれの方法も，当時の対人援助の主流であった精神分析的介入からの脱却として誕生した，という点で共通している。

ベックのアプローチが，自動思考（automatic thought）や思い込みをクライエント（以下，Cl.）本人が自覚し検討・修正する過程を，セラピストがやわらかく誘導する技術（＝誘導による発見（guided discovery））を強調するのに対し，エリスの

方法では，不合理な信念（irrational belief）への気づきと，それについてのセラピストとの論駁（disputing）が重視される，という色彩の違いが認められる。しかし，時代とともに，他の行動療法と組み合わされ，認知行動療法として統合・融合が進んでいる。

2 基本モデル（認知モデル）とねらいとする効果

認知再構成（Cognitive Restructuring：CR）では，Cl. が自らの不安や抑うつ，あるいは怒りや悲嘆の体験を「認知モデル」によってとらえなおすことができるよう，きめ細やかで積極的な心理教育によって導いていく。図1に示したような，感情的な不安定のきっかけとなった出来事，その際の感情の内容と強さ，あるいは感情的なふるまい（行動の非活性化，怒りの表出，衝動的行為あるいは回避）の深刻さ，そして，その際に想起される自動思考（フロイトの心的装置における「前意識」にほぼ相当する）をCl. が特定できるようになることがセラピストの腕の見せ所である。

CRでは心理教育も強調され，セラピストからの積極的な働きかけも重視されるが，それらは協同実証主義（collaborative empiricism）という治療関係のなかで活用され，Cl. が自らの個々の自動思考の偏りや非合理性（理屈に合わない思い込み）に気づき（catch），検討し（check），適当な代替思考へと修正する（correct）こと，実際の生活のなかに浸透させ，自動化されること（自転車で倒れないようハンドル操作ができるようになるのと同じく）をねらう。

自分が今，何に意識を向け，どのように判断，評価しているのかを自分でとらえ

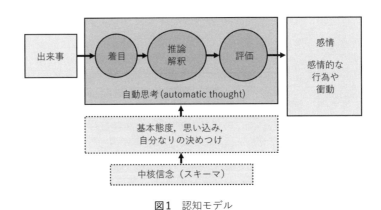

図1　認知モデル

る働きはメタ認知とよばれるが，CRは，Cl.の情緒不安定にかかわるメタ認知の回復をねらいとする。

3 介入の流れ
　以下に，CRの基本的な手続きを6段階に分けながら示す。

(1) エピソードをとらえる
　まずCl.に，気分の落ち込みや不安，あるいは制御困難な衝動を覚えたというエピソードについて語ってもらう。はじめに語られるのは多くの場合，「出来事」と「結果（としての感情や感情的ふるまい，それがもたらす生活困難）」である。この段階で「自動思考」が自発的に表出されることはほとんどない。

(2) 軽く疑念を挟む
　事実関係をより具体的に確認しながら，制御できない感情や衝動を覚えたときのCl.の受け止め方について，「ある点（側面）にのみ着目しすぎていないか」「証拠が不十分であるのに，ある方向（自分が嫌われている，自分は能力がないなど）にますます傾いた推論になっていないか」「その深刻さを過大に評価しすぎていないか」（いずれも図1参照），あるいは「他人からの評価の基準と自分自身や自分の身内の評価の基準がかけ離れすぎていないか」といったように，やんわりと疑問を挟んでいく。

(3) Cl.とともに認知の不都合さに検討を加えてみる
　受け止め方の不都合さについて，本人による自覚や変容を焦ることなく，じっくりと検討を重ねる対話やワークを進めていく。上記(2)に対応させれば，「ほかのところに目を向けてみたらどうか」「別の解釈はできないだろうか」「本当にそれが脅威だと言えるだろうか」「厳しすぎる基準を当てはめてはいないだろうか」などを検討していく。

(4) 不都合さを命名する（思考を対象化する）
　次に，受け止め方の不都合さのパターンに呼び名をつけてみる。命名することで，Cl.自身が問題なのではなく，Cl.が時に用いてしまう思考の巡らせ方が不都合だという理解が共有される。それによってCl.の気持ちに余裕ができれば，自らの取り組

みで症状や問題を改善していけるという前向きな姿勢が育まれていく。たとえば「読心術」という自動思考のパターンに対する命名は，「他人の心，考えなどは容易に（むしろ，とうてい）窺い知りえないにもかかわらず，それを読み取ってしまう傾向」のことを指す。

(5) 不都合な認知をとらえるスキルを訓練する

　不都合な自動思考を，「とらえ（catch）」，「検討し（check）」，「修正する（correct）」習慣が自動化するように，面接および宿題で課題を課し，生活場面での浸透を促す。面接の間隔が空いてきているなら，メールでの提出とごく簡単なコメントや賞賛を短く伝える（強化する）こともできる。

(6) 行動面，対人スキル面，生活習慣面での変化と関連させる

　認知の変化だけで主訴の改善がもたらされることはまずない。多くの場合，認知の変化が行動面，つまり対人スキル，生活習慣，回避的なパターンの減少（積極性の向上）などと相乗的な効果を生み，症状や困難が解消に向かうことになる。面接では，それらの相乗効果の過程を，抽象的にではなく具体的に話題に取り上げる。そしてそれらの望ましい展開は，なによりCl.の取り組み，生活への構えの変化がもたらしたことをたたえ，「悪循環が減弱し，良い循環に置き換わりつつある」ことを強調する。

4 関連する他の技法

　ベックが創始したCRを中心とする手法の全体について，関連する技法も含めて詳しく整理している技法解説書は，アーロン・ベックを実父にもつジュディス・ベックのそれであろう（Beck, 2001/2005）。このテキストは第2版であるが（初版オリジナルは1994刊），タイトルも「認知療法」から「認知行動療法」と改められた。行動技法（行動活性化など）あるいは，比較的新しい認知行動療法まで含まれている。

　行動活性化は文字通り，Cl.の非活動性，快を感じる機会が圧倒的に少なくなっている側面を段階的に解消していくための技法である。一方，マインドフルネスとは，症状や問題行動（過剰な緊張や衝動的行為，恐怖や嫌悪から逃れるための習癖なども含む）の発現，あるいは，受動的な回避（引きこもりだけでなく，「想起すること」の回避までも含む）の傾向などを解消する技法の総称である。

⑤ 活用のコツ――「言葉遊びを介した思考のストレッチくらいのつもりで」

CRでは，思考記録表（あるいはコラム表）とよばれるツールを用意し，面接あるいは宿題においてCl.に記入を促す，という方法が標準的とされる。

しかしこのコラム法での記入においては，「方法の目的化」が起こりやすい。つまり，課題をこなすことに拘泥するあまり，Cl.の生活の質が向上するきっかけとしてもらうという本来のねらいが見えなくなることも少なくない。「なんとしても記入してもらいたい」セラピストと「記入課題がおっくうに感じられ，そのことでかえって自責や回避的傾向が強まっている」Cl.による面接の停滞も起こりやすく，「うまく進まない認知行動療法ケース」の典型になることも珍しくないため，注意が必要である。

CRを意図した面接のやりとりは，まさに「認知のストレッチ」とよべるものであり，それによる解放をCl.に味わっていただくことが重要である。セッション外でもセルフコントロールとして取り組めるCl.もいれば，「セラピストとの面接のなかでしかできない」というCl.もおり，それぞれのペースに配慮することが重要である。思考記録表への書き込みという宿題に主体的に取り組めなければ，認知行動療法は成立しないし，Cl.の症状回復はありえない，とムキになるセラピストがいたとすれば，そのセラピストは，目の前のCl.以上に硬い思考をかかえていることになる。

⑥ 実践のバリエーション

実践においては，上述したような「思考記録表」などのワークシートの活用が挙げられる。ただし，以下の事例にあるように，最初からしっかり完成された標準的なものを渡すのではなく，真っ白な用紙に書き込んでそれを共有したり，ホワイトボードや黒板などを活かすところから始めたりすることで，Cl.の構えや抵抗をかわすこともできる。筆者のCl.には，ホワイトボードへの書き込みを写メされていかれる方が少なくない。

Cl.のなかにも，いきなり完成された書式に取り組むという知的な作業に前向きになれるタイプ・状態もあれば，そうでない場合もある。繰り返しになるが，Cl.そのものにでなくセラピストの側の柔軟性が重要である。

スマートフォンなどインターネット端末を用いて，記録すべきエピソードがあればその場で書き込んだり音声として吹き込んだり，あるいはヒントを参照したりする工夫も，今日的である。

ほかに，ロールプレイの活用（Cl.によくある不都合な認知をする役を演じる他人

（セラピスト，協力してくれる家族など）とのロールプレイ），あるいは，集団療法での活用などがある。集団療法としての実践は，同じような問題をかかえている他のメンバーから受ける刺激が自分の不都合さの自覚につながり，変容のための取り組みへの動機づけとなる。

II 事例による解説

1 事例の概要（実際のケース複数を元にした架空事例）

事例S：44歳女性，公立小学校教員，家族は夫50歳公務員，娘9歳小3。
主訴：よく眠れない，落ち込み，職場での頻繁な落涙。
医療機関での診断その他：大うつ（軽度），本人の希望もあり服薬なし。
生育と問題の経過：幼い頃から神経質。父親の短気さと母親との関係の悪さ，長子であったこともあり，つねに叱られないようにと気を遣いながら成長した。支えてくれた教師にあこがれて教師をめざし，大学時代は実家を離れ，地味だが落ち着いた生活を送っていた。小学校教諭としての勤務4年目で2校目となる勤務先の教務室の雰囲気，管理職などの厳しさに耐えられず，その年の10月から休職。翌10月に復職した。3校目の勤務先で回復，産休と育児休暇を経て教職へ復帰。4校目の転勤先は2校目の勤務校と雰囲気が似ており，徐々に落ち込みが高まってきたため，心療内科を受診，心理カウンセリングを希望。来談初回のベック抑うつ尺度得点は30（カットオフ12）。

2 面接の経過

初回：経過について情報を整理後，「『良くなって母，妻として，そして教師として活躍したい』という気持ちと，自己の内面にしっかりと目を向けようとする姿勢を活かすカウンセリング」として，CRを中心とした支援の原理と見通しを簡単に説明し，「隔週面接の継続」で合意した。
2回目：職場については，「自分の教師としての資質について疑いを抱かれている」と感じている。また，「適性のない仕事を選んでしがみつき，迷惑をかけているだけではないか」という考え方とその反芻傾向を特定した。手帳に，「出来事」「その際の気持ち」をメモしてくる宿題を提案した。
3回目：ベック抑うつ尺度得点が半減。「先生（セラピストのこと）から前回尋ねられた『で，そうなったらどうなりますか？』という問いかけを自分のなかで何度

かしてみたら，気が軽くなった」ということが語られた。続いて宿題のメモを借り，面接室でコピーを取って内容を確認する。「授業中に学年主任が廊下を通った際に，（自分が授業をしている）教室のなかを見られた」というエピソードについて，それをホワイトボードに（セラピストが）記入する（図2）。Sが持参したノートに本人なりに整理してもらい，内容を確認し賞賛した。同じ書式で，別のエピソードも引き続き整理することを求め，次回までの宿題とした。

4回目：ベック抑うつ尺度得点は半減のまま。Sが独自に書式をつくり，それについて職場の気になる出来事について整理した。気になってもそれを流していく方法がうまくできるようになったという報告がなされた。

5回目：ベック抑うつ尺度得点のさらなる低下あり。ある人の「元気そうで」という言い方を皮肉であるように受け止めてしまい，落ち込み，いくつかの不安がよみがえった。過去の出来事の再解釈を同じ書式で行い，宿題とした。

6回目：過去の思い出，そこでの受け止めについて扱う。

7回目：（前回から1カ月後）（ベック抑うつ病尺度はカットオフ以下に低下）自信がついた。

8回目：（前回から3カ月後）（ベック抑うつ病尺度はカットオフ以下を維持）ここで学んだ方法を自分で継続しけば大丈夫と思えると報告されたため，予定通り終結。

フォローアップ：（終結後，4カ月後，8カ月後，15カ月後，いずれもメールによる）仕事状況で多少の気分の変動はあるが順調である。減薬も順調に進んだ。

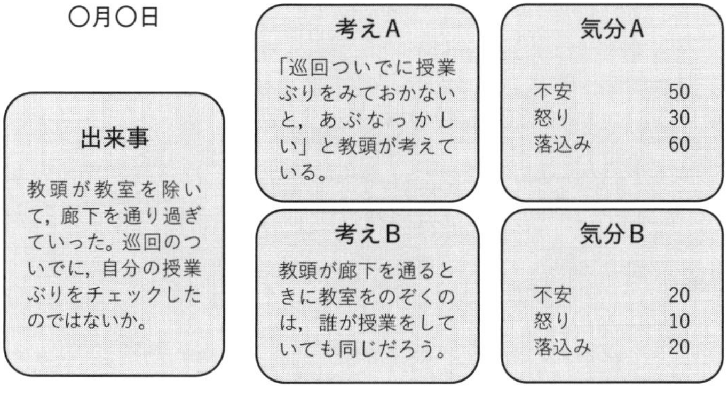

図2　3回目面接で板書した出来事と思考と気分の図

〇月〇日

出来事
教頭が教室を除いて，廊下を通り過ぎていった。巡回のついでに，自分の授業ぶりをチェックしたのではないか。

考えA
「巡回ついでに授業ぶりをみておかないと，あぶなっかしい」と教頭が考えている。

気分A
不安　50
怒り　30
落込み　60

考えB
教頭が廊下を通るときに教室をのぞくのは，誰が授業をしていても同じだろう。

気分B
不安　20
怒り　10
落込み　20

III｜技法習得に向けて

　実践なくして技術向上はありえないが，やみくもに実践すればよいというものでもない。おそらくポイントは，この技法が有効であり，かつ，できれば他の問題や障害の程度が高くないケースをしっかり選び，そこで確実に成果を生む，という経験をすることが大切であろう。

　CRについては，「『認知の歪みの著しいCl.』にこそ，とりあえずCRによる介入を」というのは，実際には正しくない。「『認知の歪みの軽いCl.』に，とりあえずCRによる介入で気持ちを安定させてもらい，それから他の問題への対処が効果的にできるように促す」という活用が正しい。初心者には特にそれがお勧めである。

IV｜おわりに——認知行動療法の定番メニューだろうか？

　居酒屋に入っておしぼりで手を拭きながら，メニューも見る前から「とりあえずビール！」と言うお決まりフレーズがある。何につけ人の行動は自動化されやすい。カウンセリングも同じである。とりあえずプレイセラピー，とりあえず家族合同面接，とりあえずリラクセーション技法，とりあえずEMDR……などである。

　認知行動療法のなかでもっともよくあるのが，「とりあえずCR（思考記録表の完成）」ではなかろうか。しかし，筆者には，そこまで効果が普遍的であり，多くのCl.にとって定番，真っ先に紹介すべき介入方法，とは思えない。

　うつや不安，あるいは，衝動性の問題，人間関係の問題，そのいずれであっても，すべての心の問題は，悪循環をなしている「ふるまい，受け止め，衝動の受け流し」における習慣の過剰，あるいは，ここに最低限必要となるスキルの欠如ないし不足ととらえることができる。そして，それらに対して効果的に変化が自発するプログラムを考案して実践への動機を刺激し，効果を確認しながら展開するのが認知行動療法である。CRもそのなかの，ひとつの手法にすぎない。

文献

Beck JS (2001) Cognitive Behavior Therapy : Basics and Beyond. 2nd Ed. New York : Guilford Press.（伊藤絵美，神村栄一，藤澤大介 訳（2015）認知行動療法実践ガイド——基礎から応用まで［第2版］．星和書店）

 **読書案内**

認知行動療法実践ガイド──基礎から応用まで［第2版］
［著］ジュディス・S・ベック　［訳］伊藤絵美　神村栄一　藤澤大介
星和書店　2015年

　認知療法，認知行動療法の実践者をめざすなら必読であることを，専門家の誰もが認める「鉄板の」教科書。初版は世界各国語に翻訳された。比較的最新の行動技法その他をとりいれ，大幅に改訂された第2版（2011）の翻訳。「認知再構成」のためのさまざまなコツとバリエーションを学べる。

解釈

共同注視の延長として

●

岡野憲一郎

技法の概要

　解釈は，精神分析理論に基づく概念であり技法である。それは「分析的手続きにより，被分析者がそれ以前には意識していなかった心の内容やあり方について了解し，それを意識させるために行う言語的な理解の提示あるいは説明である。つまり，以前はそれ以上の意味がないと被分析者に思われていた言動に，無意識の重要な意味を発見し，意識してもらおうとする，もっぱら分析家の側からなされる発言である」（北山，2002）と定義される。ただし解釈をどの程度広く取るかについては分析家により種々の立場がある。直面化や明確化を含む場合もあれば，治療状況における分析家の発言をすべて解釈とする立場すらある（Sandler et al., 1992）。

　精神分析において，フロイトにより示された解釈の概念は，2つの意義をもっていたと考えられる。1つにはそれが分析的な治療のもっとも基礎的かつ重要な治療的介入として定められたことである。そしてもう1つは解釈以外の介入，すなわちフロイトが「suggestion（示唆ないし暗示）」と言い表したさまざまな治療的要素が，分析的な治療から退けられたことである。この示唆に含まれるものとしては，人間としての治療者が患者に対して与える種々の影響が挙げられる（Safran, 2009）。

I ｜ 技法の解説──そもそも解釈とは技法なのか？

　技法としての解釈の意義については，上述の概要にすでに盛り込まれている。しかしそれを実際にどのように行うかについては，さまざまな状況により異なり，一律に論じることはできない。特に現代の精神分析において解釈のもつ意味を理解する際には，示唆（suggestion）についてもその治療的な意義を考慮せざるをえない。

そもそもなぜ示唆はフロイトにより退けられたのか？　本来精神分析においては，患者が治療者から促されることなく自らの真実を見出す態度を重んじる。フロイト (Freud, 1919) は「精神分析療法の道」で次のように指摘している。「心の温かさや人を助けたい気持ちのために，他人から望みうる限りのことを患者に与える分析家は，患者が人生の試練から退避することを促進してしまい，患者に人生に直面する力や，人生の上での実際の課題をこなす能力を与えるための努力を奪いかねない」。治療者が患者に示唆を与えることを避けるべき根拠は，フロイトのこの禁欲原則のなかに明確に組み込まれていたと考えるべきであろう。示唆を与えることは，無意識内容を明らかにするという方針から逸れるだけでなく，患者に余計な手を添えることであり，「人生の試練から退避すること」を促進してしまうというわけである。

　今日的な立場からも，解釈が精神分析的な精神療法において中心的な役割を担うことは間違いない。しかしそれと同時に示唆を排除する立場を維持することは，治療者の介入に対して大きな制限を加えることになりかねない。実際の臨床場面では，治療者が狭義の解釈以外の関わりを一切控えるということは現実的とはいえないからだ。治療開始時に対面した際に交わされる挨拶や，患者の自由連想中の治療者の頷き，治療構造の設定に関する打ち合わせや連絡などを含め，現実の治療者との関わりは常に生じる可能性がある。そしてそれが治療関係に及ぼす影響を排除することは事実上不可能である。解釈は示唆的介入と連動させつつ施されるべきものであるという考えは，時代の趨勢とも言えるだろう。

　同じく現代的な見地からは，解釈自身が不可避的に示唆的，教示的な性質を程度の差こそあれ含むという事実も認めざるをえない。上に示した概要のように，「分析家が，被分析者がそれ以前には意識していなかった心の内容」について行う「言語的な理解の提示あるいは説明」という意味そのものが教示的，示唆的な性質をあらわしているからである（解釈とはことごとく示唆の一種である──Hoffman (1992))。

　もちろん無意識内容を伝えることと教示／示唆とは，少なくともフロイトの考えでは大きく異なっていた。前者は「患者がすでに（無意識レベルで）知っている」ことであり，後者は患者の心に思考内容を「外部から植えつける」という違いがあるのだ。前者は患者がある意味ですでに知っていることであるから，後者のように受け身的に教示されたこととは違う，という含みがある。だが私たちが無意識レベルで知っていることと，いまだ知らないこととは，果たして明確に分けられるのだろうか？

　ひとつ簡単な例えを用いてみよう。あなたの背中に文字が書いてあり，あなたは

それを直接目にすることができない。治療者はあなたの背後に回り，その文字を読むことができるとしよう。治療者がどうすることが，あなたにとって有益だろうか。また精神分析的な思考に沿った場合，その文字をあなたに伝えることは「解釈的」として推奨されるべきなのだろうか。それとも「示唆的」なものとして回避すべきなのだろうか。

　この問いに唯一の正解などないことは明らかであろう。治療者がどうすることがあなたに有益かはケースバイケースだからだ。あなたはすでにその文字を知っているかもしれないし，全く知らないかもしれない。あなたはそれを独力で知りたいのかもしれないし，他者の助力を望んでいるかもしれない。あるいはその内容が深刻なため，心の準備のために時間をかけて教えてほしいかもしれないし，すぐにでもありのままを伝えてほしいかもしれない。

　他愛のない例ではあるが，背中の文字が，あなた自身よりは治療者が気づきやすいような，あなた自身の問題を比喩的に表しているとしよう。すなわちその文字とはあなたの仕草や感情表現，ないしは対人関係上のパターンであるかもしれず，あるいはあなたの耳には直接入っていない噂話かもしれない。この場合にもやはり上記の「ケースバイケース」という事情がおおむね当てはまると考えられるだろう。

　ただしおそらく確かなことがひとつある。それは治療者があなた自身には見えにくい事柄を認識できるように援助することが治療的となる可能性があるということだ。そしてこの比喩的な背中の文字を，「それ以前には意識していなかった心の内容やあり方」と言い換えるなら，これを治療的な配慮とともに伝えることは，ほとんど解釈の定義そのものと言っていい。またその文字があなたの全くあずかり知らないことでも，つまりそれを伝える作業は「示唆的」であっても，それがあなたにとって有益である可能性は依然としてあるだろう。それは心理教育や認知行動療法の形を取って実際に臨床的に行われているからだ。フロイトの示した治療指針はあくまでもひとつの考え方であり，それを臨床的に用いる際にはさらにきめ細かい臨床的な彫琢が加えられることになろう。ここで解釈をより広く考え，「患者自身が視野に入れていない事柄を伝えることの臨床的な可能性を考えること」とするならば，それがフロイト的な意味で「解釈」か「示唆」かといった問題に惑わされずにすむ。問題はそれが患者にとって有益な体験となるか否か，だからである。

II │ 具体例とその解説

　ここでひとつの具体的な臨床例を出して考えたい。
　ある30代後半の独身女性Aさんは，両親と同居中である。Aさんはパート勤務で家計に貢献している。3歳下の妹はすでに結婚して家を出ている。Aさんには結婚も考えている親しい男性がいるが，両親にはそれを話せないでいる。Aさんはここ2年ほど抑うつ気分にとらわれ，心理療法を受けている。そこで治療者に次のように話す。「最近父親が会社を定年になって家にいることが多いので，母への言葉の暴力がすごいんです。何から何まで言いがかりをつけ，時には手も出るんです。私が盾になって母を守ってあげないと，彼女はダメになってしまうんです」。治療者が「お母さんを心配なさる気持ちはわかります。ただご自分の人生についてはどうお考えになっていますか？」と問うと，Aさんは「私の人生はいいんです。私だけが頼りだと言う母を見捨てられない，それだけです」と答えた。治療者は少し考え込み，こう問いかける。「お話の意味がまだ十分つかめていない気もします。ご自分の人生はどうでもいい，とおっしゃっているようで……」。それに対してAさんは少し憤慨したように言う。「自分を育ててくれた母親のことを思うのが，そんなにおかしいですか？」。治療者はAさんの話を聞いていて依然として釈然としないと感じつつ，そのことを手がかりに話を進めていこうと思う。
　Aさんが家を離れない理由はきわめて複雑であろうし，そこに彼女のどのような心の問題がどのように反映されているかは，治療者にも詳細はわからない。そこで治療者はともかくもAさんの思考のプロセスを一つひとつ共有していくことから始めるしかない。そのために向けるべき質問は，治療者にはまだ見えにくい，しっくりこない部分であり，そこを尋ねていくうちに治療者の理解も整理され，なおかつAさん自身に否認されていたり抑圧されていたりしている部分も見えてくるのであろうと治療者は考えた。

III │ 臨床的に役立つ「解釈」の在り方とその習得

　ここで私の考えを端的に述べたい。解釈という概念ないしは技法は，精神分析以外の精神療法にも広く役立てることができるであろう。ただしそのために，以下のような視点を導入することを提案する。それは解釈を，「患者が呈している，自らに

ついての一種の暗点化（scotomization）について治療的に取り扱う手法」と一般的にとらえることだ。すなわち患者が自分自身について見えていないと思える事柄（先の比喩では，背中に書かれている文字に相当する）について，治療者が質問をしたり明確化をしたりすることで，それをよりよく理解することを促す試みである（ちなみにフロイトも「暗点化」について書いているが（Freud, 1927），ここではそれとは一応異なる文脈で論じることとする）。

　人はある思考や行動を行うとき，いくつかの考え方や事実を視野に入れないことがしばしばある。それは単なる失念かもしれないし，忘却かもしれない。さらにそこには力動的な背景，つまり抑制，抑圧，解離その他の機制が関与しているかもしれない。治療者は患者の話を聞き，その思考に伴走していく際に，しばしばその盲点化されたものに気がつく。上の例では「Aさんは一人で母親の面倒を見ようと考えることに疑問を抱いていないのではないか？」「恋人の存在さえ両親に伝えないことの不自然さが見えていないのではないか？」「Aさんは私の問いかけに対して非難されたかのような口調で答えていることに気が付いていないのではないか？」などである。治療者がそれらの疑問を自分自身でもっていること自体がAさんには見えていない様子が，治療者には気づかれる。するとこれらについて直接，間接に扱う方針が生まれる。それを本稿では広義の解釈と考えるのだが，それは精神分析的な無意識内容の解釈より一般化し，そこに必ずしも力動的な背景を読み込まない点が特徴である。

　患者の連想に伴走しながら盲点化に気がつく治療者は，言うまでもなく自分自身の主観に大きく影響を受けている。患者の連想のなかに認めた盲点化も，治療者の側の勘違いや独特のidiosyncrasy（個人や集団の思考や行動様式の特異性）が大きく関与しているだろう。それはたとえば患者の同じ夢の解釈が，治療者の数だけ異なる可能性があるのと同じ事情である。また治療者の盲点化の指摘も，単なる明確化から解釈的なものまで含みうる。先ほどの例で言えば，「あなたにだけお母さんの面倒を見る義務があるような話され方をなさっていることにお気づきですか？」と言及したとしても，それは，特に患者の無意識内容に関するものではない。しかし「父親のことは別にしても，あなたご自身に母親のもとを離れがたい気持ちはないのですか？　母親を父親から守る，というのはあなたが家を離れない口実になっていませんか？」と言及することは，Aさんの無意識内容への解釈ということになる。ここで患者の無意識のより深いレベルに触れる指摘は，多分に仮説的にならざるをえないことへの留意は重要であろう。それは治療者の側の思考にも独特の暗点

化が存在するからだ。ただし分析家はまた「岡目八目」の立場にもあり，他人の思考の穴は見えやすい位置にあるというのもまぎれもない事実なのだ。そしてその分だけ患者はそれを指摘してくれるような治療者の存在を必要としている部分があるのである。

　さてこのような解釈を仮に技法と考え，その習得を試みるにはどうしたらいいだろうか。筆者の考えでは，この「暗点化を扱う」という意味での解釈は，技法というよりはむしろ治療者としての経験値と，その背後にある確かな治療指針にその成否が依拠しているというべきであろう。患者の示す暗点化に気づくためには，多くの臨床例に当たり，たくさんのパターンを認識することが重要であろう。そしてそのうえで同時に虚心にかえり，すべてのケースが独自性を有し，個別であるということをわきまえる必要がある。すなわち繰り返しと個別性の弁証法のなかにケースを見る訓練が必要となるであろう。そして治療者が自分自身の主観を用いるという自覚や姿勢も重要となる。

IV　共同注視の延長としての解釈

　解釈的な技法は治療者と患者の共同の営みと考えることができるだろう。それはちょうど共同注視（joint attention）のようなものだ。患者が自分の過去の思い出について，あるいは現在の心模様について語る。それは治療者と患者の前に広がる架空のスクリーンに映し出されるが，二人が同じものを見ているとは限らない。治療者にはそれが虫食い状の，極端に歪んだ，あるいはモザイク加工を伴ったものとして見える可能性がある。その一部は患者の暗点化によるものであろうが，それはまた患者の側の説明不足，あるいは治療者自身の視野のぼやけや狭小化や暗点化による可能性がある。治療者はそれを注意深く仕分けつつ，質問や明確化を重ねていくことで，患者の側の暗点化は少しずつ解消されていく可能性がある。

　解釈的な作業を，患者の無意識の意識化という高度の技法とは考えずに，治療者と患者が行う共同注視の延長としてとらえることは有益であり，なおかつ精神分析的な理論の蓄積をそこに還元することが可能であると考える。

文献

Freud S (1919) Lines of Advance in Psycho Analytic Therapy. SE 17, p.164.(小此木啓吾 訳(1983)精神分析療法の道. In:フロイト著作集9. 人文書院)

Freud S (1927) Fetishism. SE 21.(山本巌夫 訳(1969)呪物崇拝. In:フロイト著作集5. 人文書院)

Hoffman IZ (1992) Some practical implications of a social-constructivist view of analytic situation : Implication. Psychoanalytic Dialogues 2 ; 287-304.

北山 修(2002)解釈. In:小此木啓吾 編集代表:精神分析事典. 岩崎学術出版社, pp.54-56.

Safran JD (2009) Interview with Lewis Aron. Psychoanalytic Psychology 26 ; 99-116.

Sandler J, Dare C & Holder A (1992) The Patient and the Analyst : The Basis of the Psychoanalytic Process. Rev Ed edition. Karnac Books.(藤山直樹,北山 修 監訳(2008)患者と分析者——精神分析臨床の基礎知識 第2版. 誠信書房)

 読書案内

関係精神分析入門——治療体験のリアリティを求めて
[著]岡野憲一郎 吾妻 壮 富樫公一 横井公一　岩崎学術出版社　2011年

　本書では関係精神分析の主要な論者やその概念について,複数の著者により紹介を行っている。

治療的柔構造——心理療法の諸理論と実践との架け橋
[著]岡野憲一郎　岩崎学術出版社　2008年

　関係論的な立場から,治療構造について改めて問い直す。治療構造とは,治療者と患者により構成されるものであり,特にそこに治療者側の柔軟性が発揮され,それが患者に内在化されていく過程が重要であるという考え方が示される。

エンパワーメント/レジリエンス

回復力と折れない心

松嶋秀明

技法の概要

　エンパワーメントとは，一般に，パワーを奪われ，スティグマ化された個人や集団に対して，夢や希望を与え，勇気づけ，人がもともともっている能力，生きる力を湧き出させる過程を意味する。一方，レジリエンスとは，逆境やリスクの存在にもかかわらず，良好な適応を示すことを意味する。両概念ともに，当事者のリスクや脆弱性といったネガティブな側面より，顕在的／潜在的なストレングスやリソースといったポジティブな側面に注目する点，専門家による援助への依存ではなく，当事者の主体性を尊重する点で共通している。具体的な援助技法を指すというよりも，援助を行っていくうえで援助者が焦点を合わせていくべき指針といえる。

I｜エンパワーメント/レジリエンスとは何か

　エンパワーメント概念がその対象としてきたのは，精神障害者や高齢者，子ども，あるいは権力的に抑圧されている人など，一般的に社会で生きるうえでの能力が欠けているとみなされている人である。初期にはソロモン（Solomon, 1976）がエンパワーメントを，「（援助専門家が）スティグマ化された集団に属していることを理由に差別されていることから生じている，パワーの欠如状態を減らすために，クライエントの一連の活動にたずさわる過程」と定義している。この概念で重視されるのは，エンパワーメントの対象となる人々は権力的に上位にあるものによって，時には援助者たちも加担して何かを強制された結果，その人が本来もっている力が阻害されるという考え方である。エンパワーメントはそうした環境的な障害を取り去り，

本人の主体的な力が発揮されるようにするのである。

　レジリエンス概念は，発達精神病理学の発展とともに，リスクに注目した研究の副産物として生まれ，多重なリスクをもちつつも普通の適応をしているようにみえる人々に注目した。レジリエンス研究の初期において注目すべきは，通称「カウアイ研究」である。エミー・ワーナーとルース・スミス（Werner & Smith, 2001）は，1955年にカウアイ島で生まれたおよそ700人の子どもが40歳を迎えるまで，全6回にわたって縦断的な調査を行った。その結果，出生時にハイリスクな子どもたちであっても，18歳を迎える頃には3分の1が適応的な生活を送っており，32歳，40歳の時点では全体の3分の2が適応的な生活を送っていることがわかった。ボナーノ（2012）も多くの実証研究から，潜在的にトラウマになりそうな出来事（PTE）に対しても，6～7割の人々はそれほど影響を受けないことを明らかにし，レジリエンスとは類まれな能力ではなく，むしろ普通に人が備えているものであるとした。

　Wolin & Wolin（1993/ 2002）は，逆境を乗り越えた人々に対して回顧的に調査することで，洞察，独立性，関係性，自発性，ユーモア，創造性，そしてモラルという7つの因子がレジリエンスに関連していることを明らかにしている。自分の家族内で当たり前に起きていることに違和感を感じ，そこから離れて自立することや，家族以外の人々との愛着を形成すること，逆境的な環境のなかで，そうした辛い現実をとりあえず脇において，空想したり真似をしたりして楽しもうとするところから，ひどい現実を笑いにかえていくといった過程がある。このようにレジリエンス概念は，初期には個人が有する特質として扱われることが多かったが，近年では，個人的な資質というよりもソーシャルな援助を重視するエコロジカルな理解が主流となってきた（例 Ungar, 2006/2015）。以下では具体的な援助方法の一端を，ウンガーの定式化を例に取って説明していこう。

II｜レジリエンスへの社会構成主義的介入の実際

　エンパワーメントもレジリエンスも，援助にあたって，人々のリスクや脆弱性といったネガティブな側面ではなくむしろ，本来その人がもっている潜在的な力に注目する点で共通している。そうすることで，リスクや逆境の犠牲者として当事者をとらえ，専門家からの一方的な援助に頼るのではなく，自らのなかにある力を主体的に発揮できるようにすることが目指される。その意味で両者は互換的な表現として使える。

ウンガーは，人々が自分自身や，周囲の環境との関係をどのように意味づけているのかを重視する。彼は，私たちからみれば「問題」で，「脆弱性」を示すようにみえる若者たちの行動も，少なくとも若者たちの視点に立てば，リスクを抱えた若者が何とかサバイブしようとする行為としてみることができるという。ウンガーの援助実践の主軸となるのは，レジリエンスを育てるうえでの個人と環境との複雑な出会い方を表現した，「舵取り」と「交渉」という2つのモメントである。「舵取り」とは，環境内にあるレジリエンスを育てるための資源にアクセスできるように当事者たちを導くことである。当事者の力を信じるといっても，援助者が何もしなくてよいわけではもちろんない。援助者は自らの力によって当事者の達成を援助するという発想ではなく，当事者が自らの力で歩み出せるように，そして物質的，心理的な資源へとたどりつけるよう援助することが求められる。

　ただし，どれほど有用であったとしても，資源はただあるだけでは援助に結びつかない。若者たちに有用であると意味づけられてはじめて，資源は資源となる。このような意味づけにかかわるのが「交渉」である。具体的には，当事者の思考や感情について会話するなかで，何が問題で，どのような文脈で起こっているのかを探ることから始め，「この問題を別の呼び方で呼ぶとしたら？」といった質問によって名前をつけ，その性質について共同で問題を明らかにしていく。そのうえで，問題に変化を起こすことに関わるのは誰か，当人はどのようなリソースに価値を置いているのかなどを考慮しつつ，「新たな方法を実践したら，今はもっていないどんな力がもてそうですか？」「あなたに足りないものは何ですか？」といった質問でその変化の可能性を拡げたり「まわりのみんなは，どうしたらあなたが変わったと気づきますか？」といった質問を通して，当事者の変化がどのようにあらわれるのかをみていくことになる。こうした会話は，それ自体が当事者のエンパワーメントにもなる。

Ⅲ｜ストレングス，リカバリー概念との異同

　エンパワーメントやレジリエンスと類似する概念として「ストレングス」「リカバリー」があげられる。ストレングスは，不適応を呈する人物がもっている強みを意味する。たとえば，本人の性格，才能・スキル，あるいは関心・希望，社会的資源などがそれにあたる。リスクや脆弱性ではなく，逆に本人のポジティブな側面に焦点をあてるという点ではレジリエンスと類似しているし，エンパワーメントを志向した援助においても同様に重視される特質といえるだろう。ただし，「ストレング

ス」が，本人や環境のなかに常に「強み」としてあることが仮定されているのに対して，「レジリエンス」は逆境にさらされたときに，そこから回復するリソースとなるという違いがある。たとえば，ボナーノ（2012）は，人生において意味ある目標に向かっている，自分がしたことの結果によって周囲の他者に影響を与えられるという考えをもつことや，良きにつけ悪しきにつけ，自分の身に起こったことから人は学べると思っているといったような，ある種の頑健さ（hardiness）をもつ人々や，自分で自分の価値を認めて，自尊感情を保てる「自己高揚」ができる人，あるいは，出来事に対して感情をともなわないようにするという抑圧的なコーピングができる人，そして「笑い」をはじめとして肯定的な感情表出がある人には，レジリエンスが訪れやすいとしている。一方，こうしたレジリエンスを導きやすい特性は，たとえば「自己奉仕バイアス」が，周囲の人には「自己中心的」「ナルシスト」とみられるなど，必ずしも平時の生活にとって都合のよいものとはいえないとも語っている。

　エンパワーメントを志向した援助では，当事者のリカバリーもレジリエンスと同様に重要な目標のひとつといえるだろう。ただし「リカバリー」も「レジリエンス」と同様に社会的適応がよい状態を指すものの，リカバリーが精神障害や喪失などによってもたらされたネガティブで落ち込んだ状態からの回復を意味するのに対して，レジリエンスは必ずしもこうした下降状態を含意しない（ボナーノ，2012）。

Ⅳ｜レジリエンスを発揮する援助・エンパワーメントの実際

　レジリエンスを発揮するための援助，エンパワーメントとはどのようなものだろうか。松嶋（2013）から，筆者自身が関わったある不良行為のある中学生，アキオ（仮名）の事例を示そう（なお，本事例は実際の事例をもとにしているが，本人の属性を変更したり，複数の少年のエピソードを加えたりすることで，論旨を損なわない範囲で改変されている）。

　アキオの中学校では入学早々から10名以上の生徒の授業離脱，授業妨害が頻発し，対教師暴力も珍しくなかった。アキオもそのような集団の一人であった。アキオの母親は，アキオが幼い頃に，父親のDVから逃れて離婚。アキオは幼い頃から放任されることが多かった。このようにリスク要因を抱えたアキオには，小学校高学年から授業エスケープや教師への反抗などの問題行動がみられはじめていた。

　中学校ではアキオと親しくしていたメンバーたちが徐々にクラスになじむようになったが，アキオは周囲に溶け込むことができず疎外感を抱いていた。3年時には

他校生とのつきあいが増え，学校を欠席することも増えた。アキオに対応していた生徒指導のA先生は，ある生徒がアキオともつながりのある他校生グループとトラブルになったのをよいチャンスととらえ，アキオに，この生徒を助けるために他校生の状況について知らせてほしいと頼んだ。A先生はアキオから得られた情報を，息子を更生させようと腐心していた母親に伝え，それがアキオの功績であることを強調した。トラブルが解決したのち母親は，涙ながらにアキオに感謝の意を伝えたという。A先生は「（お母さんに会った後）アキオはもうニコーッとして職員室へ入ってきた」と言い，そこで「お前よかったな。人にこれだけありがとう，ありがとうと言われて，お前のやってきたことは間違いじゃなかったな」とねぎらったと語る。A先生によれば，この一件を通してアキオは，人に感謝されたり，喜ばれたりすることの気持ちよさに気づいたという。

　それと同時に，教師たちは授業に入れないアキオを無理に教室に入れようとせず，代わりに校舎の修繕を手伝わせたりするなかで，彼の手先の器用さや作業への熱心さに注目していった。そのことでアキオは建築の仕事に携わりたいという将来展望がひらけ，進路と向き合うこともできるようになった。

　上記の事例のように，他校生との不良交遊が増える状態は，生徒指導上好ましいことではない。危険因子として取り上げられるような条件でさえある。つきあいを止めさせる方向での指導がなされることも多いのではないだろうか。とはいえ，ここでアキオの感じている寂しさを思えば，禁止することが解決にならないのも明らかだろう。A先生はアキオの交友関係を禁止するのではなく，代案を出すことに注力している。すなわち，あえてこうしたリスクのある関係にコミットすることで，向社会的な行動によって褒められることの嬉しさをアキオに体験させたといえる。また，下級生の頃から，いわゆる「ヤンキー」のカッコイイ先輩に憧れ，自らもそうなりたいと願ってきたアキオからすれば，下級生を助けることで，自らも尊敬される先輩として認識されるようになったことも嬉しいことだったようだ。ウンガーのいう「パワフルなアイデンティティ」が，改造制服や金髪ではなくても達成できるという現実を，アキオと周囲の大人が共同構築したことが，彼が社会的に受け入れられる人生径路に乗る機会を構築したのである。このように社会に参加していくことの嬉しさをベースにすることで，将来展望をもち，職業訓練という社会資源につなぐことで，アキオの社会的自立も援助することができている。

V | レジリエンスに注目した援助に不可欠な視点

　レジリエンスに注目した援助を行う，あるいはエンパワーメントしていくうえでは，本人のもつ能力やスキルとともに，社会的資源に注目していくことが重要だが，それ以上に，そうした社会的資源に対する当事者の意味づけに注目することが不可欠だろう。つまり，支援者側が用意した資源を，当事者自身が有用なものとして意味づけられるような働きかけが不可欠である。そのためには，この世界が当事者たちにどのように受け止められているのかを，支援者側が知らねばならない。ここで必要になるのは，支援者側の視点を相対化していくことだろう。というのも，当事者たちは，たとえ社会的に望ましくない行為をしている場合であっても，純粋にそのようなことがしたいと思っているというよりも，逆境をサバイブするためにできることは何でもやろうとしているにすぎないからである (Ungar, 2015)。ウンガー (Ungar, 2015) は元少年兵の伝記を引きながら，子どもが戦闘に参加することは世界的に非難されることであったとしても，当の少年はそのことによって友人や大人からの尊敬を得ることができており，武装解除されることに怒りさえ感じていたことを取り上げて，当事者の意味づけをとらえることの重要性を主張している。筆者が事例のなかで挙げたアキオにとっての非行的な他校生とのつながりにも，同じことがあてはまるのがわかるだろう。

　周囲の人々がいかによかれと思って資源を用意しても，当事者たちの世界を理解しなければ，当事者たちがそうした助言に耳を貸し，示されたような生き方も悪くないと感じることはないのである。こうした当事者の意味づけを知らなければ，支援はエンパワーメントを志向した援助からかけはなれてしまうだろう。

　ウンガー自身，支援実践全般において「無知のアプローチ」などナラティヴ実践の影響を受けているといっている。どのような支援をすることによって当事者を救うのかという発想ではなく，どのようにして当事者と共同しながら解決を見つけ創り上げていくのか，という目を養うことが不可欠であろう。

文献
ジョージ・ボナーノ［高橋祥友 訳］(2012) リジリアンス――喪失と悲嘆についての新たな視点. 金剛出版.
松嶋秀明 (2013) 非行臨床に活かすリジリアンスの視点. 家族療法研究 30 ; 70-74.
Solomon BB (1976) Black empowerment : Social Work in Oppressed Communities. New York :

Columbia University Press.
Ungar M (2006) Strengths-Based Counseling with at Risk Youth. Thousand Oaks, CA : Corwin Press.(松嶋秀明,小森康永,奥野 光 訳(2015)リジリアンスを育てよう――危機にある若者たちとの対話を進める6つの戦略.金剛出版)
Ungar M(2015)Working with Children and Youth with Complex Needs. New York : Routledge.
Werner E & Smith S(2001)Journeys from Childhood to Midlife : Risk, Resilience, and Recovery. New York : Cornell University Press.
Wolin S & Wolin S(1993)The Resilient Self : How Survivors of Troubled Families Rise against Adversity. New York : Villard Books.(奥野 光,小森康永 訳(2002)サバイバーと心の回復力――逆境を乗り越えるための七つのリジリアンス.金剛出版)

 読書案内

リジリアンスを育てよう――危機にある若者たちとの対話を進める6つの戦略
［著］マイケル・ウンガー　［訳］松嶋秀明　奥野 光　小森康永
金剛出版　2015年

　不良行為やいじめ加害者など,危機にある若者の援助にあたって,若者のレジリエンスをどのように構築していけばよいのか,6つの戦略に沿って具体的な事例とともに示している。

[ステージ3]
カウンセリングを広げる

変容プロセス

変容のための段階設定
●
前田泰宏

> **技法の概要**
>
> カウンセリングや行動変容に関わる分野で注目を集めている重要なモデルのひとつが，ジェイムス・プロチャスカの「ステージ変容」理論である（プロチャスカほか，2005）。このモデルの基本仮説は，行動変容は時間をかけて行われるのが通例であり，行動変容への動機づけ水準もしくはレディネスがそれぞれ異なる一連の時期，つまり「ステージ」を経て進展していく現象である，というものである。クライエントがどのような「変容ステージ」にあるのかをアセスメントして，セラピーによる介入をクライエントの現在の「変容ステージ」に適合させることが，実効性を高めることにつながる，と考えられている。

I 技法の解説

「変容ステージ」理論の提唱者であるジェイムス・プロチャスカたちは，1977年以降，人がいかに自発的に変化していくのかという研究に着手し，喫煙や依存症（薬物・アルコール），食行動問題，およびメンタルヘルスやストレスマネジメントに関わる諸問題の治療と研究を通して，行動変容の基礎となる構造の解明に長年にわたって取り組んできた。人の行動変容の構造がどのようになっているのかに関して，プロチャスカたちは後述する「変容プロセス（processes of change）」および「変容ステージ（stages of change）」という概念で説明している。ちなみに，彼らが構築した理論モデルは，主要な心理療法の諸理論の中心的要素を取り入れた壮大なもので，「多理論統合モデル（Transtheoretical Model：TTM）」と呼ばれ，心理療法統合の代

表的なモデルのひとつとして有名である。本稿では，TTMの中核をなす「変容プロセス」と「変容ステージ」の2つの原則について詳しく紹介する。

1 変容のプロセス

　プロチャスカ＋ノークロス（2010）は，主要な心理療法の諸理論の比較分析をした結果，「クライエントの何を変える必要があるのか」「なぜクライエントは問題を抱えるようになったのか」については，諸理論間で主張や説明が異なるが，「クライエントをどう変えるのか」「行動の変容はどのように生じるのか」については，大きな意見の相違がないことに気づいた。このことは，依拠するパーソナリティ理論（病理学）の違いは諸理論間であるものの，行動を変化させるために実際にクライエントが行っていることやセラピストが介入法として試みていることに大きな違いはないということを示唆している。

　プロチャスカたちが言う「変容のプロセス」とは，「特定の問題と関連する思考や行動，感情を変えようとして人が行ったり体験したりするいろいろな活動形態」（Prochaska & Diclemente, 2005 [p.148]）を意味している。その定義に従えば，人は普段の生活のなかで，自分が直面するいろいろな問題への対処やその克服のためにさまざまな活動をしているが，自分の考えや行動，感情の変容に役立てようとして人が始める活動はすべて「変容プロセス」なのである。プロチャスカたちは，心理療法のプロセス研究の成果に基づき，実証的によく支持された「変容プロセス」として，表1に示す10個を挙げている。もちろん，各種カウンセリング・心理療法が，これらすべての「変容プロセス」を活用しているわけではない。心理療法の形態によって，主に活用される「変容プロセス」は異なると言われている。しかし，どのような「変容プロセス」をセラピストもしくはクライエントが活用するとしても，クライエントが当該の「変容プロセス」に積極的に関与しなければ十分な効果をもたらさない可能性がある。つまり，それを実際に活用するタイミングというか「時期」が非常に重要になってくる。このことに関わるのが，次に述べる「変容ステージ」という観点である。

2 変容ステージ

　プロチャスカたちは，自発的に行動を変えようとして成功した人たちがどのように「変容プロセス」を活用しているかを調べた結果，人が活用する「変容プロセス」は時期によって異なることを見出した。この"時期"というのは，プロチャスカた

表1　10個の変容プロセス

意識化・意識の高揚（consciousness raising）
劇的解放・感情体験（dramatic relief）
自己の再評価（self-reevaluation）
環境の再評価（environmental reevaluation）
自己の解放（self-liberation）
社会的解放（social-liberation）
拮抗条件づけ（counter-conditioning）
刺激コントロール（stimulus control）
随伴性マネジメント（contingency management）
援助関係（helping relationship）

注：各変容プロセスの概要は，プロチャスカほか（2005）を参照のこと。

ちによると，行動変容に対する個人の動機づけ水準やレディネス，つまりその"時期"特有の，行動変容に対して個人が抱く態度や意志や行動を意味しており，「変容ステージ」と命名された。

「変容ステージ」として次の6つが定義されており，「前熟考期（precontemplation）」「熟考期（contemplation）」「準備期（preparation）」「実行期（action）」「維持期（maintenance）」「完了期（termination）」と呼ばれている。各ステージに特有の行動変容に対する態度や行動について概説したものを表2に示す。

プロチャスカたちは長年の研究から，各「変容ステージ」において有効な「変容プロセス」を見出し，「変容ステージ」と「変容プロセス」の関連性を表3のように統合している。この表は，実際のカウンセリング場面で，セラピストが援助の方法を考える際の指針として大いに参考になる。つまり，クライエントの語りに耳を傾けながら，「問題行動（苦悩）」に対するクライエントの思考や感情，行動を把握することで，おおよその「変容ステージ」を把握することができる。セラピストはクライエントが現在いる「変容ステージ」に適合した「変容プロセス」を参照し，自身のアプローチに利用可能な形でそれを取り入れる工夫をしながら，クライエントが少しずつ行動変容のプロセスを歩めるように援助することができる。もちろん，実際の行動変容のプロセスは必ずしも1ステージずつ段階的に移行していくわけではなく，ある「変容ステージ」に長く立ち止まること（行き詰まり・停滞）や，1

表2 変容ステージの名称と解説

前熟考期 (precontemplation)	自分の行動を変える気持ちは通常なく，問題を否認する時期。行動する意志がない段階。
熟考期 (contemplation)	自分の問題を理解し，問題解決しようと努める段階。行動変容への意志はあるが，現在は行動していない段階。
準備期 (preparation)	行動変容しようと計画し，行動を変える前の準備をしている段階。
実行期 (action)	望ましい水準での行動変容に向けた行動を実行しはじめた段階。
維持期 (maintenance)	望ましい水準での行動を継続している段階。
完了期 (termination)	問題行動の誘惑が無く，行動変容が達成され，望ましい行動が習慣化された段階。

注：プロチャスカほか（2005）より一部修正して引用。

表3 各変容ステージで強調される変容プロセス（Prochaska & Diclemente, 2005）

前熟考期	熟考期	準備期	実行期	維持期
意識化・意識の高揚				
劇的解放				
環境の再評価				
	自己の再評価			
		自己の解放		
			随伴性マネジメント	
				拮抗条件づけ
				刺激コントロール

変容プロセス

つ以上前の変容ステージに後戻りすること（問題・症状の再燃など）も稀ではない。むしろ，プロチャスカたちも述べているように，行動変容のプロセスは「変容ステージ」を行きつ戻りつしながら進んでいくのが通例である（行動変容のスパイラルモデル）。そして，行き詰まりや問題・症状の再燃などが見られたときには，「変容ステージ」の見誤りはないか，主に活用している「変容プロセス」は適切かどうかといった観点から，カウンセリング・プロセスを見直すことができる。

II｜技法の具体例──各ステージのクライエントの理解と対応

カウンセリングに訪れるクライエントは，「変容ステージ」の観点からみると，その多くは「前熟考期」から「準備期」もしくは「実行期」の段階にいる人たちである。

プロチャスカたちは，各ステージにおける，人の行動変容に対する特徴的な態度や援助のポイントについて詳述しているので参照されたい（プロチャスカほか，2005）。本節では，プロチャスカたちの見解を参照し，筆者の経験も踏まえつつ，主にこれら4つのステージのクライエントの特徴および介入の留意点について述べることにしたい。

1 前熟考期のクライエントの理解と対応

「前熟考期」のクライエントの多くは，自分に「問題」があることに気づいておらず，したがって自分の行動を変えようという意志も乏しく，その必要性をほとんど感じていない。「自分に問題はない，治療や援助を望んでいない」と述べたりする場合である。このステージのクライエントの典型例は，周囲（親やパートナー，職場の上司）の勧めや強制があって，「仕方なく」あるいは「いやいやながら」予約を取った，もしくは「無理やり連れてこられた」と感じながらも来談したクライエントである。このステージのクライエントは，ブリーフセラピーのソリューション・フォーカスト・アプローチ（Solution-Focused Approach：SFA）で，"セラピストとの関係が「ビジタータイプ」関係にある"とアセスメントされるクライエントの特徴とほとんど同じである。

このステージのクライエントへの対応の重要なポイントは，特に初回面接の場合，性急にカウンセリングに導入しようとしないこと，つまり「カウンセリングの押し売り」をしないことである。むしろ，上記のような気持ちをもちながらも来談したことをまずは労い，クライエントの"ものの見方"をできるだけ否定せずに耳を傾

けるのがセラピストとしての礼儀である。そして，**クライエント**が「問題」と感じていることへの理解を伝え，**クライエント**が「うまくいっている」と考えていることに敬意を示し，**クライエント**が「望んでいること」を少しでも理解しようとすることで，「問題」に対する自分の態度や関わり方について，それとなく思いを馳せたり考えたりできる機会を提供するのである（「意識化」の変容プロセス）。あるいは，**クライエント**が考える「問題」が変化すると（例 上司の嫌味な態度が減るなど），どんないいことがあるのかと少し考えてもらうことで，自分と周囲との関係を見直す契機となる場合もある（「環境の再評価」の変容プロセス）。カウンセリングの目標設定のプロセスはいったん先送りにして，しかし可能ならば「あなたが置かれている状況について一緒に考えることで，何かお役に立てるかもしれません」と次回の予約を提案してもいいだろう。とにもかくにも来談したという事実から，クライエント自身のなかに，何らかのニーズや動機づけが存在すると想定して間違いではない。クライエントの"ものの見方"に協調するような雰囲気のなかで初回面接が進めば，クライエントが再びセラピストの前に現れる可能性，つまり「変容ステージ」で言えば，「熟考期」に移行する可能性は大きくなるだろう。

② 熟考期のクライエントの理解と対応

「熟考期」のクライエントは，「問題」があることに気づいていて，問題克服に向けて真剣に考え，変化することが必要であると認識してはいるが，実際に行動に移す決意ができていないという特徴がある。いわば「変わりたい，でも変わりたくない」という葛藤や両価性が強い状態にある。「自分ではどうすることもできない」と無力感を感じていたり，周囲の期待に応えられない自分への苛立ちや焦燥感を抱えながら悩みつづけていたりする，そのような臨床像を呈するクライエントである。自発的に来談するクライエントの多くは，筆者の経験では，「熟考期」から次の「準備期」の段階にいる人たちであるように思われる。特に「熟考期」にいるクライエントを援助する際の重要なポイントは，行動することへの圧力を感じることなく，自分の問題や自分が大切にしている「価値」について見直しを行うことである（「自己の再評価」の変容プロセス）。なぜなら，自分の状態や状況をよく吟味することなく何らかの行動を起こしても，変化が長続きすることは少ないからである。セラピストの基本姿勢としては，「今はまだ変化する時ではないかもしれません」「準備を整えながら，ゆっくりいきましょう」と変化を抑制しつつ，クライエントが変化することで得るものや失うものの両方についてじっくり考える機会を保障することが

大切である。ただし，延々と「熟考期」に留まりつづけるクライエントがいることにも留意しなければならない。自己理解や他者理解を深めることはカウンセリングの重要な機能であるが，カウンセリングが，クライエントをいつまでも「熟考期」に閉じ込めることに加担していないかどうかを，セラピストはつねにモニターしておく必要がある。

3 準備期・実行期のクライエントの理解と対応

「準備期」のクライエントは，行動変化に向けた準備ができてきて，実際にいろいろと試みたりして，そうすることで自己効力感を高めようとしているという特徴がある（「自己の解放」の変容プロセス）。この段階のクライエントへの対応のポイントは，クライエント自身の取り組みに寄り添い，労い，時にはセラピストのほうからも可能なアイデアを提案したりといった能動性を示すことで，クライエントに協調することである。「準備期」に続く「実行期」は，定義上，自分の問題克服のために自分の行動や経験，さらには環境を変えようと，実際にいろいろな行動を取るという特徴がある。両段階は，治療関係のタイプでいえば，SFA ならば"セラピストとの関係が「カスタマー・タイプ」関係にある"とアセスメントできるクライエントであり，治療同盟の形成もスムーズで，セラピスト側からのより積極的な関与が求められる段階である。

III 技法の習得に向けて

「変容ステージ」理論は，単なる技法というよりも，行動変容もしくは治療プロセスの変容に関するモデルである。つまり，治療を受けているか否かに関係なく，人が変化するとき，人は何をどのように行っているのか，また変化を起こす際の効果的な文脈はどのようなものなのかに関して役に立つ情報を提供してくれる，実践において有用な参照モデルのひとつと筆者は理解している。「変容ステージ」理論の習得にあたっては，まずは「変容プロセス」や「変容ステージ」の概念的理解を確かにしたうえで，実際のケースのアセスメントとして「変容ステージ」の観点を取り入れ，各ステージに適合したアプローチを事例ごとに工夫することであろう。

文献

Prochaska JO & Diclemente CC (2005) The transtheoretical approach. In : JC Norcross & MR Goldfried (Eds.) Handbook of Psychotherapy Integration. 2nd. Edition. New York : Basic Books, pp.147-171.

ジェイムス・プロチャスカ, ジョン・ノークロス［伊藤桜子 訳］(2010) 比較による結論——多理論統合療法に向けて. In：ジェイムス・プロチャスカ, ジョン・ノークロス［津田 彰, 山崎久美子 監訳］心理療法の諸システム——多理論統合的分析 第6版. 金子書房, pp.564-599.

ジェイムス・プロチャスカ, ジョン・ノークロス, カルロ・ディクレメンテ［中村正和 監訳］(2005) チェンジング・フォー・グッド——ステージ変容理論で上手に行動を変える. 法研.

読書案内

チェンジング・フォー・グッド——ステージ変容理論で上手に行動を変える
［著］ジェイムス・プロチャスカ　ジョン・ノークロス　カルロ・ディクレメンテ
［監訳］中村正和　法研　2005年

　ステージ変容理論の基礎から実践に至る全体像を一般読者にもわかりやすく著した入門書。TTMの中心概念である「変容プロセス」と「変容ステージ」を統合的に活用することで，カウンセリング・心理療法の効果が高められることを，豊富な具体例をもとに示している。

心理療法・その基礎なるもの——混迷から抜け出すための有効要因
［著］スコット・D・ミラー　バリー・L・ダンカン　マーク・A・ハブル
［監訳］曽我昌祺　金剛出版　2000年

　心理療法の共通治癒要因の効果的な活用の仕方を明示した実践書である。TTM関連の書籍ではないが，「治療関係要因」の貢献を最大限に引き出すために「変容ステージ」理論をうまく使うためのコツが，豊富な事例とともに提示されている。

トラブル解決

行き詰まったセラピーを越えて

岩倉 拓

技法の概要

　心理療法過程におけるトラブルは時にセラピーを破壊しかねない問題であり，繊細かつ慎重に取り扱うことが肝要である。セラピーの初期のトラブルは契約や目的などの齟齬によって生じ，クライエントのニーズとセラピストの提供できるものとの十分なすり合わせの不足が反映されていることも多い。初期のセラピーのトラブルを予防し，ズレを読みとくためには目的や方法，料金や時間などの治療構造と設定の認識が重要である。セラピーがある程度進行してからのトラブルは，セラピストとクライエントの関係性で生じている場合が多い。それはクライエントの悩みや問題の本質を表す局面である可能性があり，精神分析の概念である転移／逆転移の理解とその取り扱いが重要になる。いずれにしても，トラブルはただのアクシデントとして避けるべきものではなく，それを発見し，その意味や事態を理解し，クライエントと共有することが，トラブルの解決とセラピーの展開につながる。

I │ トラブルの理解と取り扱いをめぐって

　対人援助および心理療法においてトラブルや危機は避けがたい（岩倉, 2009）。私の経験では，万事うまくいき，理論通りに進むことは皆無であり，そのような場合はむしろクライエントが気を使ってセラピストやセラピーに合わせている可能性も考慮しなければならない。また，なんらかの苦しみを抱えたクライエントは面接の当初，セラピストにさまざまに期待するものであるが，その期待にこたえられるほどセラピーは万能ではないため，クライエントは一定程度セラピーへの「幻滅」を体験することになる。子細にみていけば，トラブルにつながるセラピストとクライ

エントの間の"ズレ"はセラピーには不可避な現象と言え，セラピストはトラブルを「今そこにある危機」として絶えずこころに留めておく必要がある。

　トラブルはその発生時期によって，①初期に起こるものと，②セラピーが進展してから起こるもの，に大別できる。初期はセラピーの契約という課題があり，クライエントのニーズとセラピストが提供するものとの齟齬によってトラブルが生じやすい。面接を設定していく際に，クライエントとセラピスト，そして場（職場，機関など）という三者の要因を考えた適切な設定を提供することが大切である。このことは，その後のトラブルを取り扱う際にも重要となる。

　セラピーが進展してからのトラブルの現れ方は，キャンセルや遅刻などの行動化やクレームというようにあからさまに生じる顕在的なものと，表面に現れない潜在的なものに分けられよう。しかし，クレームなどの直接の訴えに達したとき，実はすでに潜在していたものが顕在化した結果と考えられる。そのため実践においてはトラブルが顕在化する前に，ズレや隔たり，不満や隠し事などのトラブルの"種"を感知することがセラピストに求められる重要な技術となる。

1 歴史的背景

　精神分析の歴史において，面接上の陰性関係について絶えず検討され，精神分析は言わばトラブルから学んで進展してきた。フロイトは，無意識を意識化していくことを目指す精神分析療法の実践を通して，クライエントの連想や洞察の進展を妨げる力を「抵抗」（フロイト，1895）と名づけた。抵抗はその後，自我による抵抗，エスの抵抗，超自我の抵抗と分類され，クライエントが治っていくこと，面接の進展に対してさまざまな理由で抗う現象として抽出されている。続いてフロイトは，「転移」の問題（フロイト，1905）を考えるようになった。転移とは，過去の重要な関係性が心理療法過程で反復されることであり，フロイトは当初これに戸惑ったが，最終的にこの転移を治療における主戦場と位置づけるようになった。転移はクライエントの培ってきた対象関係と空想の反映であり，現実はクライエント固有の鋳型によって歪められたり色眼鏡によって色づけられている。その現象そのものを分析の対象としたのである。さらに，セラピストがクライエントに向ける逆転移に注目し，逆転移はセラピスト個人から派生するものと，クライエント側の転移への反応として相補的に生じるものとがあり，その省察はクライエントとの間に生じている転移関係を感知する強力な道具となりうる（ハイマン，1950/2003）とした。この転移／逆転移の理解は現代精神分析の中核的な概念であり，さまざまな局面の理

解に役立つ。セラピストに陰性の感情を向ける「陰性転移」，恋愛感情を向ける「転移性恋愛」（フロイト，1915），内外に行動として排出・発散される「行動化」，さらには進展と思われたものが負の反応を引き起こす「陰性治療反応」（フロイト，1923）など，セラピーの進展を妨げるとされたこれらの現象は，まさにトラブルや行き詰まりの局面を捉えていると言えよう。

　転移／逆転移は精神分析療法の特異的な治療概念であるとはいえ，心理療法全般における行き詰まりやトラブルが生じた際に，転移／逆転移の概念を補助線として面接関係を眺めなおすことは極めて有用である。クライエントは困難や人生の行き詰まりを抱えてセラピーを受けに来たのであり，その問題がセラピーという凝縮した人間関係に反映され，持ち込まれていることを考えると，トラブルや行き詰まりこそが治療の主眼となりうる。つまり，トラブルにはクライエントの中核的な問題が反復され，エナクトメント（再演）されている可能性があると考える視点である。この転移／逆転移の関係性のモニタリングを行い，それを取り扱うことがトラブル時の重要な技法となる。

2 転移／逆転移を扱うことの効用と変化
　ここで狙っている効果は，トラブルを契機に転移／逆転移を補助線に治療関係を見直し何が生じているのかを，その理解することによって，クライエントの抱えている問題の理解を深め，最終的にはクライエント自身が自らについて気づき，自覚するという，洞察が深まることを目指す。セラピーで生じている「今，ここ」（here and now）の感情を取り扱い，より率直に問題を話し合い，2人で解決していくという新しい体験は，閉塞して堂々巡りだったクライエントの心的世界に体験的な変化をもたらす。過去の問題がセラピストとの間で再演されたうえで，セラピストとクライエントの関係が破綻せずに乗り越えられることによって，クライエントが過去の囚われから脱し，現在と未来の関係を変えていけるという学びと実感を得る。

3 転移は他の心理療法ではどう位置づけられるか——関連する技法との区別
　転移は，内的な空想や表象があり，それが外界へ投影され，結果として対人関係に反映されている，と考えることができる。近似する考えとして，認知療法（スキーマ療法）における早期不適応的スキーマ，行動主義や行動分析における広義の学習として考える視点などは，クライエントの認知的・行動的パターンが反復しているという点において共通性があるだろう。また，関係性のどこに焦点を当てるかに関

して各種心理療法において違いがあるが，ロジャース派やゲシュタルト療法などにも，「今ここ」の体験，感情体験に焦点化するという共通点があると考えられる。ただし，精神分析は初めから問題が持ち込まれることを前提としているが，他の心理療法は必ずしもそれを前提とはしていない。この治療構造の違いが，トラブルの取り扱いの姿勢を異なったものとするだろう。しかし，トラブルは心理療法における普遍的な危機状態であり，その危機介入の技法に関する理論的位置づけについて，学派を越えて統合的に進展させていくことが重要となろう。

4 どのような場面で考えるのか

(1) 初期――構造設定の重要性

まずは初期に起こるトラブルを防ぐために，面接の設定に心を砕くことが大切である。クライエントとその関係者のニーズの聞きとりとセラピーの目的・手順・期間などの説明を十分に行う。場合によってはすぐにクライエントとの二者面接に持ちこまずにセラピスト・クライエントともに検討の時間を設けるなどの工夫をする。また，クライエントの病態水準が重篤であるほど，クライエントはより主観的になりがちで，トラブルが生じやすくなると考えられるため，セラピストは自らの力量に鑑みて，セラピーを引き受けるかどうかアセスメントする必要がある。アセスメントとそれに基づくマネジメントを適切に行い，目標，時間，遅刻，休みやキャンセルの規定，期間，料金，連携先などの面接関係の基準となる設定を構成し，安定した治療構造を確立することによって，クライエントの期待とのズレが減少し，その後の隔たりや差異も検証可能となる。この治療構造がセラピーの舞台となり，抱える容器となる。

(2) 中期――逆転移モニタリングと取り扱い

クライエントが直接不満や怒りを向けている際に，それを取り扱うことはもちろんであるが，むしろ顕在化する前の潜在的な不満や膠着を見逃してはならない。潜在的なトラブルの感知は，逆転移のモニタリングがその端緒となる。たとえば，セラピストが普段の姿勢を保てなくなる事態（不快感，無力感，無意味感，緊張感，眠気，あるいは過度な好意や性愛感情など，通常とは異なる感覚）は検討を要する重要な逆転移である。また，トラブルは先に述べた面接の設定（料金，頻度，キャンセル，休暇）などの現実的な出来事を契機に生じることが多い。それらの反応の変化を見極め，転移／逆転移をモニタリングしていく。逆転移を吟味し，現実の要

因と心理的な要因を識別し，その一方でクライエントのこころの準備状況も吟味して，逆転移を取り扱っていくのか保留しておくのかを判断する。

5 コツ，介入のステップ，達成の指標

具体的には，潜在的トラブルの際は，セラピストの逆転移を吟味し，いつもと何か違う感覚，違和感，閉塞感，情緒の揺れなどを敏感にとらえるために自己モニタリングを行う。その感覚を吟味し，セラピスト自らの個人要因が関与していないか，クライエントの要素がどこまで反映しているのかを識別し，慎重に判断を重ねながら，セラピーに潜在している問題への気づきをクライエントに示し，共有して話しあっていく。

トラブルが顕在化している場合は，決して防衛的になったり回避したりせず，そこで起こっている2人の関係について率直に，丁寧に話し合う姿勢で，クライエントの主張と感情をよく聞いて共有することを続ける。表面的には収まっても，トラブルの取り扱いに注意を払い，そしてセラピストは陰性のものから逃げない態度を提示しつづけることが肝要である。そうして生じているトラブルの背景や感情を認識していくと，クライエントは「セラピーにおいても起こっている」自分の基本的な対人関係のあり方に意識的になり，実生活や過去の関係における同様の出来事を話すようになる。そして，その認識の枠組みや表象が自分自身からも生じていることに自覚的となっていく。これらがうまくいくと，情緒的に深まった感覚がもたらされ，ゆとりやつながりを実感し，セラピストとクライエント双方が心的空間の拡大を感じ，関係の深まりを実感するだろう。その後，同じような問題が面接室内外で同様に生じる出来事や，それに伴う感情を繰り返し共有すること（ワーキングスルー）が重要となる。

II 事例

ここではトラブルが顕在化している例と潜在的な例の2事例を挙げてみよう。

1 事例A

生きている実感のなさと孤独感を主訴に来談した30代の女性Aは，父親は飲酒がちで家庭を顧みず，父親への母親の不満の聞き役として育ってきた。面接開始後1年，Aの事情でのキャンセルを私が受け入れたことがトラブルの発端となった。A

は,「今までしっかりした枠組みがあったのに,先生はいい加減だ」と腹を立てた。私は面接のキャンセルはAからの申し出であり,配慮したつもりだったにもかかわらず,Aが怒ることにひどく当惑した。Aは私を責め,今までの治療関係でのやりとりの齟齬や,面接中に物音を立てるスタッフの行動を改善させない責任者としての私についてなど,次々と涙ぐみながら責め立て,「もう来ない」と憤った。

　私は当初,Aの怒りの収まらなさに,面接の危機と相談室の危機すら感じた。この状態は数カ月続き,自分がどんなに傷ついたか憤りながら,Aは面接には来つづけた。私はAがまさに幼児期のつらさを再体験していることを実感し,「保護を求めてきた面接で安心していたのに,あっさりキャンセルを受け入れられて,急に私に放置されて心細くなって,腹が立っている」と伝えた。Aはそれを認め,続くセッションで,留守番をさせられた冬の夜を思い出し,「この世界に自分一人ではないかと思うくらい,とても寂しかった。それでも私は何も言えず,誰かに頼ることも噛みつくこともできなかった。私は本当に思っていることを言いたい」と語った。Aのここ数カ月の「噛みつき」はAの見捨てられた悲しみと怒りの表現だった。このことを共有すると面接室の空気は少し和らぎ,Aは「だらしなくて結局裏切る父親と,私に愚痴るくせに結局その父親を野放しにしている母親に怒っていた。先生もそれと重なっていた」と私の一連の態度を位置づけた。Aにとっての私は無責任な父親であり,また放置する母親でもあり,Aはその2人のいい加減さにほとほと呆れ,しかしそれを口にすることなく郷里を離れたのだった。Aは不満と怒りに気づくとともにその背景にある自分の希求に気づくようになっていった。

　それ以来,Aは自分の不安,怒りなどを感じたそのときに,私に率直に話すようになり,並行して日常の人間関係も率直で親密なものになっていった。

2 事例B

　20代の対人恐怖が主訴の男性Bは,本音が言えずに不満を溜め込み,会社で不適応を起こして来談した。セラピーの開始から半年,Bは会社での出来事を前よりもうまく切り抜けられるようになったことを報告し,改善の兆しを見せていた。しかし,セラピストはたびたびセッション中に退屈や眠気,そして少々の苛立ちを覚えるようになった。セラピストが個人的に疲労しているセッションで,一瞬眠気に襲われたセラピストをクライエントは「先生お疲れですね」と気遣った。セラピストは非礼を詫びたうえで,「もしかすると最近,Bさんには何かすべてが言えない感じがあるのかもしれない」と伝えると,Bは躊躇しながら,実は面接でいつも話すこ

とを準備して話していること，そしてなかなか思い通りに良くならないことへの不満があることを打ち明けた。それはまさに会社での不満を溜め込み，良い人として取り繕っているBの態度と重なった。「ここでも本当は不満や怒りが少しはあるけれど，なかなか本人の前では言い出せないのですね」と言うと，Bは幼少時から続いていた，父親や権威的な人に対する従順さとその背後にある不満について連想していった。その後のBのセッションでは，セラピストの前で良い話や当たりさわりのない話をして取り繕ってしまうことがいつも主題となった。それはまさに会社の上司に内心不満を抱えながら，とりつくろうBの姿だった。

事例Aではキャンセル時の行き違いをきっかけに，事例Bでは潜在しているトラブルを見出して，クライエントと共有していった。ここでは，トラブルや行き詰まりを回避するのではなく，共に検討していく姿勢を保ち，介入の際には，あくまでもセラピスト側の感覚であるという境界を自覚した留保の下，開かれた態度で理解を伝えていった。逆転移を押しつけることなく，ひとつの吟味の対象として共に検討していく姿勢である。クライエントとともに現実的要因と内的要因を識別していくことによって，クライエントは過去の関係性，現在の現実の関係，そしてセラピストとの関係性のつながりに気づきを得ていく。それとともに面接の関係もひと山越え，進展と変容が生じる。

どちらのケースにおいても，行き詰まりやトラブルが，それぞれの主訴とつながる中核的で切実な問題と結びついていることがわかるだろう。トラブルに潜むクライエントの怒り，悲しみ，孤独などの情緒は，クライエント固有の生きづらさや心痛のあらわれである，と私は臨床を通じて実感している。

Ⅲ 技法の習得に向けて

トラブルを取り扱うことは，繊細で時に火傷を負いかねない危険な作業である。その一方で臨床を続けていくと，どうしてもこのような局面は不可避である。このトラブルの理解と技法の習得には，「絶対」と言い切っていいほど第三者の視点が必要となる。セラピストはトラブルの当事者になると，冷静さを失い，防衛的にならざるをえない。また，程度の差こそあれ，理不尽さや濡れ衣感などの陰性の情緒を感じて苦しくなってもいる。これを客観化し，現在の関係性を読み取り，考えていくためには，スーパーヴィジョンや事例検討会を通した客観化が必須である。リソー

スがない場合や緊急の際には，同僚や仲間に聞いてもらうことも役に立つ。また，さらに重篤で困難な事例になればなるほど，スーパーヴィジョンに加えて，自己分析によって逆転移感覚や危機意識の自覚の感度を上げていくことも大切となろう。

　トラブルの取り扱いの能力は，実践と公共化の繰り返しのなかで徐々に培われていく類のものである。たゆみなく続く自己分析と省察を繰り返すこと，クライエントの陰性の情動や要素に広く注意を払い，それを大切にする姿勢をもつと，トラブルの対処に関しても現実的なミスが少なくなり，内的な問題へアクセスする糸口として扱う力が上がっていく。

1 起こりやすい問題や失敗とその対策

　トラブルに対しては不断の準備が重要である。まずは，心理療法のセットアップ，契約をしっかりと行い，安定したセラピスト－クライエント双方の身の丈に合った治療構造を作り上げることが何よりも重要である。安定した枠組は，初期のトラブルを避け，その後のトラブル時も保護的に作用する。

　トラブルの際に生じやすい問題としては，関係性を見直し，共有する方向に行かず，セラピストが防衛的になり，すぐにその解決策として反論や謝罪に転じてしまうことが挙げられよう。それは転移／逆転移，ひいては反復のパターンの発見という方向から滑り落ちて，クレームやトラブルそのものとして扱ってしまうことである。するとそれは発展性のない「トラブルそのもの」となってしまい，面接の中断，クレーム，訴訟まで，さまざまな次元で現実の問題として立ち現れることとなってしまう。問題の奥行きを見落とさず，クレームやトラブルという陰性の関係を"セラピスト"として会いつづけ，生き残ることが何よりも重要となる。

2 他のアプローチに取り込むときの注意点

　以上のように，トラブルや膠着状態は子細に見ると日常的に生じているが，その多くは見過ごされている。そもそも契約や設定の失敗へのクレームは，転移や反復というより，セラピスト側あるいは機関や組織の問題である。これらは当然のクレームでもあり，クライエントの問題に還元してはならない。また，トラブルを転移／逆転移でとらえることは重要な視点であるが，そのような枠組みでとらえることを治療過程として組み込んでいない場合は，それをクライエントと直接共有することについては慎重でなくてはならない。転移／逆転移というコンテクストでトラブルを考えることは，関係を再考し，生じていることを見直すには有用であるが，それ

を実際にクライエントと共有するかどうかはさらに慎重な吟味を要する。

文献

ジークムント・フロイト［懸田克躬 訳］(1895) ヒステリー研究. In：フロイト著作集7. 人文書院.
ジークムント・フロイト［細木照敏，飯田 眞 訳］(1905) あるヒステリー患者の分析の断片. In：フロイト著作集7. 人文書院.
ジークムント・フロイト［小此木啓吾 訳］(1915) 転移性恋愛について. In：フロイト著作集9. 人文書院.
ジークムント・フロイト［小此木啓吾 訳］(1923) 自我とエス. In：フロイト著作集6. 人文書院.
ポーラ・ハイマン［松木邦裕 監訳］(1950/2003) 逆転移について. In：対象関係論の基礎. 新曜社.
岩倉 拓（2009）心理療法場面で生じた危機対応をめぐって. 臨床心理学 9-2；171-175.

 読書案内

ころんで学ぶ心理療法──初心者のための逆転移入門
［著］遠藤裕乃　日本評論社　2003年

　セラピーにおけるトラブルや行き詰まりを転移／逆転移の視点から考え，どのように扱っていくかを身近に伝えてくれる実践の書。

治療の行き詰まりと解釈──精神分析療法における治療的／反治療的要因
［著］ハーバート・ローゼンフェルト　［監訳］神田橋篠治　誠信書房　2001年

　難解ではあるが，精神分析療法におけるクライエントとの大規模で根本的な行き詰まりと膠着を描き，その関係を生きながら，考え，理解を紡いでいく苦闘の書。

持続エクスポージャー法

こころの傷と安全に向き合う

吉田博美

> **技法の概要**
>
> Prolonged Exposure Therapy（以下，PE療法）はPTSD症状の軽減を目的とし，持続的にトラウマ記憶に焦点を当てた認知行動療法である。エドナ・B・フォアをはじめとする英米圏の臨床心理学者たちによって開発されたこの療法は，10回程度のセッションのパッケージで，SSRIによる薬物治療と同等，あるいはそれ以上の効果をもたらす画期的な治療法としてPTSDの臨床研究に大きなインパクトを与えた。現在でも，PE療法だけでなくトラウマ記憶に焦点を当てた心理療法として，さまざまな方法が考案され，対象も方法もバリエーションに富み，工夫されつづけている。

I│Prolonged Exposure Therapy（PE療法）の解説

1 治療原理

PE療法は，「トラウマ記憶を情動的に処理することがPTSD症状を軽快させる基礎的なメカニズムである」という情動処理理論に基づいている。トラウマ記憶，感情，その意味づけも含む「恐怖の構造（Fear Structre）」を持続的に回避すると，その変化が阻害され，記憶の再体験や認知の変化を核としたPTSD症状の慢性化が生じる。したがって，PTSDの回復に必要なことは，回避という対処法をやめ，恐怖の構造を消去し，新たに適切な構造をもたらすことである。治療場面で安全にトラウマ記憶と向き合うことで恐怖が緩和され，負の強化が阻止されて馴化が生じると，「安全と危険」や「過去と現在」の弁別ができ，トラウマ体験に対して新しい認知が形成されるという治療原理である。クライエントはこの治療原理に期待し，セラピ

ストと治療契約をする。

2 クライエントへのメリット

　最もよい点は，10回程度のセッションで，クライエント自身がPTSD症状を解消するための仕組みを理解し，対処方法を習得できることである。クライエント自身が対処法を習得していれば，PTSDを乗り越えた後に，ライフイベントなどによって一時的にまたPTSD症状が現れたとしても，PTSDの再発予防が期待できる。筆者の臨床的観察からも，PE療法が著効したクライエントのなかには，結婚や出産などのライフイベントに伴うストレスにより一時的に不安定になり，再び来談する人もいる。しかし，そのような場合でも，クライエントが習得したスキルを用いて対処しているとPTSD症状の重篤化を防ぎ，数カ月カウンセリングを行うことで安定することが多い。

　もうひとつは，自己効力感が回復することである。PE療法は他の療法と比較してもクライエントが主体的に取り組む課題が多い治療法であり，セラピストはクライエントのモチベーションを維持しつづける「チアリーダー」の役割も担う。セラピストと一緒に，恐怖と結びついたトラウマ記憶に繰り返し自ら再訪問することで，「記憶そのものは安全であること」「自分が恐れているようなことは起こらないこと」を実感すると，トラウマ記憶を想起させるリマインダーとPTSD症状との繋がりが途切れ，トラウマ記憶を自分でコントロールできるようになる。対処が困難であった状況に「自分で対処し，乗り越えることができた」という実感の積み重ねにより，クライエントの無力感は軽減され，自己効力感が増していく。

3 実施について

　PE療法はクライエントの日常生活に「安全感」を取り戻す療法である。PE療法を施行する際に，クライエントがPE療法の治療効果に期待を抱けること，心理療法が契約できる信頼関係は形成できること，現実的な暴力の危険から離れていること，自傷他害の疑いがないことは最低限確認する。

　すべてのセッションをビデオ録画・音声録音するための機材を用意し，外部の音や人などの刺激（例 学校や病院のアナウンス，他人の出入りが多い外来診察室，騒音など）が極力少なく，安心してトラウマ記憶に再訪問できる環境で実施する。録音は，セッション間における症状の減衰をもたらすPE療法に必須の要素と考えられており，クライエントは宿題として，各セッションの録音を聞きなおす。この治療を

行うと，クライエントが，治療の間に語られたことを必ずしも覚えていなかったり，理解していなかったりすることが発見される場合も少なくない。そのため，情緒的な負担の少ないところで内容の整理を促すほうが，心理教育の効果を高めると思われる。また，セラピストにとっても，セッションを録画し毎回セッションの振り返りを行うことは，スーパービジョンの効果を上げ，治療の質を保つことに貢献する。

4 介入技法

PE療法は，次の4つの技法で構成されている。

(1) 呼吸再調整法

クライエントが不安を落ち着かせ，自己コントロールできるように，呼吸再調整法のトレーニングを行う。

(2) 心理教育

治療の全体的な理論と治療原理について説明し，トラウマ反応に対する心理教育を行う[注1]。クライエントはPTSD症状に困惑し「頭のどこかがおかしくなってしまったのではないか？」「認知症になってしまったのではないか？」と心配していることが多い。自分に生じている反応がトラウマ体験後によく見られる反応であると理解することは，治療へのモチベーションを高める。

(3) 現実エクスポージャー法 (in vivo Exposure)

クライエントが日常生活で回避している状況をリストアップし，SUDs (Subjective Units of Discomfort／主観的な苦痛の尺度 [0-100]) を用いて，それぞれの場面で生じる不安の度合いを数値化し，不安階層表を作成する。現実エクスポージャー法の宿題は，中位のSUDsの不安レベルからエクスポージャーのトレーニングを繰り返し行い，不安が減少したら徐々に階層を上げてトレーニングしていく。現実エクスポージャー法は，トラウマを思い出すような状況，活動，場所など，避けている場面に繰り返し向き合うことで，トラウマに関連した苦痛を軽減する。クライエントがこれまで避けていた場面は「安全である」と実感し，「危険」と「安全」の区別

[注1]「PTSDの治療を知りたいあなたへ〜PE療法とは〜」というPTSD症状とPE療法を紹介しているアニメーション。武蔵野大学心理臨床センターのホームページ（https://www.musashino-u.ac.jp/rinsho/general/）より視聴可能。

がつくと，トラウマ体験以前にできていたことは再びできるようになることを目標とする。また，トラウマ体験を思い出させるもの（リマインダー）の回避だけでなく，社交に関する宿題（例 趣味や友達との付き合いなど）も取り入れ，行動活性化も行う。行動活性化は不安や陰性感情を惹起はしないとしても，クライエントと世界とのつながりが絶たれたり減少したりしている状況から回復することを促すうえで効果的である。

(4) 想像エクスポージャー（Imaginal Exposure）

トラウマ体験の記憶に繰り返し再訪問してその時に感じていた情動や認知に気づき，整理する。イメージのなかで繰り返しトラウマ記憶に再訪問すると，トラウマ記憶の処理は促進され，トラウマに関して現実的な見通しがもてるようになるのを助ける。「目を閉じて，体験した出来事が今ここで起こっているように，現在形で話してください」と教示し，クライエントが感情を伴ってトラウマ記憶を想起できるように，セラピストが感情調整を行う。この感情の調整がPE療法の効果を決めるため，セラピストは状況に合わせた介入をしながら，クライエントがトラウマ記憶に適切にアクセスできるようにサポートする。セッション5以降は，より焦点をしぼった記憶（hot spots）に対して繰り返し想像エクスポージャーを行う。

II│10代女性の事例

AさんはX-4年に知人男性から脅されて数日間の性暴力を受けた。直後から男性に対する恐怖，外出困難，睡眠障害，集中困難，易怒性などの自覚症状はあったが，感情表現が苦手なうえに，家族に負担をかけたくないと医療・相談機関には行かず，体調のよいときに登録制のアルバイトをしながら生活を送っていた。ところがX-1年に知り合いを通じて加害者の話を聞いてから，一人で外出できず，部屋に引きこもるようになった。心配した家族の勧めで医療機関を受診し，PTSDと診断された。SSRIによる薬物療法を受けていたが，効果が一定にとどまったため，X年に主治医からPE療法を勧められ，当センターに来室した。

本人が話した治療動機は「アルバイトをするため」であり，自覚症状は「集中力がなくてアルバイトができない。寝つきがよくなればアルバイトもできるようになると思う」という覚醒亢進症状の訴えが主であった。感情を表現する力が乏しく，解離症状も合併していたにもかかわらず，あたかも被害自体がなかったかのように，

にこやかな顔で質問にも協力的に答えていたが，これは恐怖からくる防衛反応であった。Aさんは重度のPTSDであったが，症状の重篤さと表情などの表出が異なっていたためAさんが強い苦痛を感じていたことに家族や周囲の人が気がつかなかったのは無理もなかったであろう。Aさんの状態を理解してもらうために家族には定期的な心理教育を数回行った。

　12回のセッションを行った結果，重度のPTSD症状（CAPS：pre 86点→post 16点）のみならず，合併していた解離症状（DES：pre 33.2点→post 5.4点）や抑うつ症状（BDI-II：pre 34点→post 6点）も消失し，アルバイトもできるようになり，生活は大幅に改善された。PE療法の感想を聞くと，「何度も繰り返し話をして，思い出せない部分も思い出し，ばらばらだったものがひとつの話として整理された感じがする」と述べている。「今後，何かのはずみでトラウマのことを強く思い出して，外出するのがまた怖くなったらどうしますか」と尋ねると，「まずは身体を休めて，それでもだめならテープを何回か聞けば大丈夫そう」と答えている。Aさんが語っているように，「記憶が整理された」「話しあきた」という感想は著効した事例からはよく耳にする。

　現実エクスポージャー法では，アルバイトするために必要な課題（「自転車で最寄りの駅まで行く」「電車に乗って人通りの多いターミナル駅に行く」），音楽が趣味であったAさんにとって行動活性化になる課題（「CDショップに行く」），トラウマ記憶に関する課題（「事件当時好きだったゲームやアニメを見る」）など，本人が回避しているが克服したいと思っている行動を取り上げて設定した。「大丈夫」という感覚がつかめると，Aさんは「15時から夕食時の時間帯に勤める週2回のアルバイト」を自分で決めてきた。課題ではなかったため詳しく聞いてみると，「サラリーマンが一人で来ることが多い場所や時間帯で，加害者に似てない男性であれば大丈夫そうだと感じたからだ」という。記憶のなかで「危険」と強く思い込まされていたことも「安全」だと認識できるようになると，ほかに回避されていた行動も馴化が促され，行動できる範囲が広くなる。Aさんの場合も，大きな岩でせき止められていた川が本来の流れを取り戻したかのように行動が活性化された。

Ⅲ　PE療法の習得に向けて

1　CAPS（PTSD臨床診断面接尺度）とグラウンディング技法の習得

　PE療法を実施する前に，PTSD症状の評価と解離症状の介入ができる臨床力の習

得は必須である。PE療法はトラウマの治療法ではなくPTSDの治療法だからである。治療中にもクライエントに合わせた心理教育を行うため，目の前で表出されている現象がPTSD症状であることを把握するアセスメント力は，最低限のスキルとして身につけておきたい。PTSD症状を評価するトレーニングとしてはCAPSの習得がわかりやすくてよいだろう[注2]。

加えて，現実感覚を取り戻すためのグラウンディング技法[注3]も習得しておくとよい。PE療法中に解離症状が表出したら，安全にトラウマ記憶に向き合えるようにグラウンディング技法を用いて，現実感を取り戻しながら施行する。「いまは安全である」と感じてから「いま，ここで生じた解離症状」について心理教育を行い，治療原理を再度確認する。解離症状がみられるクライエントには，解離の対処法としてグラウンディング技法が役立つ。比較的早い時期からクライエントにトレーニングしておくとよい。

② ワークショップに参加する

PE療法の実施を考えているのであれば，4日間のPEワークショップ[注4]に参加するとよい。マニュアルを読むだけでは，心理教育や現実エクスポージャー法は実施できても，PE療法の核となっている想像エクスポージャーの実践はおそらくできない。実際に受講者の感想を聴くと，「現実エクスポージャー法や心理教育は取り入れることができる」「エクスポージャー法は正直ひどいことをさせるイメージが少なからずあったが，全体を把握するサポーティブな療法であると感じた」「PTSDとクライエントに対する接し方がわかった」「PEを実践してみたい」という意見が多い。

IV 実施中に起こりやすい問題と対策

PE療法の秘訣はエンゲージメントの調整である。エンゲージメントとは，トラウマ記憶と情動的関わりの状態であり，アンダーエンゲージメントは情動的関わりの

[注2] 日本トラウマティックストレス学会（JSTSS：http://www.jstss.org/）では毎年，プレコングレスでCAPS講習会を実施している。
[注3] 「解離の対処法」：解離とグラウンディング技法について紹介しているアニメーション。武蔵野大学心理臨床センターのホームページ（https://www.musashino-u.ac.jp/rinsho/general/）より視聴可能。
[注4] 日本では3名のペンシルベニア大学不安治療研究センター（CTSA）認定PE療法指導者が，それぞれ例年4日間のワークショップを開催している（2018年6月現在）。

不足，オーバーエンゲージメントは情動的関わりの過剰という意味で用いられる。おそらく，多くの方はオーバーエンゲージメントになることを心配するのではないだろうか（少なくとも筆者は，2, 3例実施してもどこかでそのことを懸念していた）。しかし，現時点ではPE療法の最大の難題は，アンダーエンゲージメントへの介入だと実感している。

1 よいエクスポージャーを知る

どのようなエクスポージャーが「よいエクスポージャー」なのか知らずに，エンゲージメントの調整を行うことはきわめて難しい。クライエントの許可を得て，ワークショップでも映像を見る機会は提供しているが，できれば上級者が実施したPE療法のセッションを一連の流れでみる機会があるとよいだろう。「よいエクスポージャー」がどのような状態かを知っていることは，失敗を防ぐ第一歩となる。

2 褒めて，励まし続ける

ビデオを見直すと，クライエントを褒めているつもりが驚くほど褒めていないこともよくある。PE療法は短期間のセッションであるため，アンダーエンゲージメントが数セッション続くと，セラピストに焦りが生じ，治療原理を押しつけ，アンダーエンゲージメントが改善されないことを責めるような表現になりかねない。それでは安心して話をすることができなくなり，治療関係も険悪になるだろう。このようなときは，エクスポージャーの治療原理をクライエントと共に話し合いながら，感情を伴って話すことの抵抗などを扱うことが基本的な介入となる。だからこそ，感情を表出することを回避しているクライエントが否定された気持ちになって自分を責めていないか十分すぎるほど気を配り，クライエントと一緒に工夫を考えて取り組むことが，モチベーションの維持と解決につながる。

3 アンダーエンゲージメントを見極める

Aさんのように，トラウマ体験をにこにこしながら話す，もしくは警察の調書を読むように淡々とトラウマ体験を話すなどのアンダーエンゲージメントは，支持的心理療法を実施していても表出される現象であり，比較的わかりやすい。

淡々と話をしていたクライエントが表情を歪め，わずかでも感情を伴ってトラウマ体験を語り，涙を流しながら話していたら，セラピストは「よくできた，よく頑張った」と感じることであろう。クライエントが勇気を出して，初めてトラウマ記

憶について感情を伴って話したのであれば，クライエントの努力を十分に褒め，肯定的なフィードバックを忘れずに行うことがポイントとなる。しかしそれだけではPE療法のセラピストとしては不十分であり，クライエントの努力をよいエクスポージャーに結びつけるスペシャリストであることを忘れないでほしい。泣いて話をしていてもアンダーエンゲージメントになっていることはよく起こり，判断に迷うことも少なくない。エンゲージメントの見極めが身につくまでは，スーパービジョンを受けて実施するのがよい。

　そして最後に，PE療法はセラピストにとっても安心して実施できる環境が必要である。クライエントがこころの傷と向き合いたいと思ったときに，安全にトラウマ記憶を整理できる治療環境が増え，多くのクライエントがPTSDの苦しみから解放されることを願う。

 読書案内

PTSDの持続エクスポージャー療法──トラウマ体験の情動処理のために
［著］エドナ・B・フォア　エリザベス・A・ヘンブリー　バーバラ・O・ロスバウム
［監訳］金 吉晴　小西聖子　星和書店　2009年

　本書は，持続エクスポージャー療法（PE療法）の解説書であり，プログラムの構成やセラピストの教示が記載されているため，概要を把握するのには適している。また，治療原理を理解するだけでも臨床でPTSDに関わる際に役立つことが多い。

PTSDの持続エクスポージャー療法ワークブック
──トラウマ体験からあなたの人生を取り戻すために
［著］バーバラ・O・ロスバウム　エドナ・B・フォア　エリザベス・A・ヘンブリー
［監訳］小西聖子　金 吉晴　星和書店　2012年

　本書は，PE療法を受けようとしているPTSDのクライエントを対象としたワークブックであり，治療者向けのマニュアルである『PTSDの持続エクスポージャー療法』とペアになっている。

スキルトレーニング

クライエントのスキルを育む

野坂達志

技法の概要

　WHO（世界保健機関）によるSocial Skillsの定義は「問題や課題に自分で，創造的で，しかも効果のある対処ができる能力」である。しかし研究者間では，Social Skillsを行動とみなす者，あるいは能力とみなす者，その他の捉え方をする者が乱立し，統一見解はない。したがって日本語表記も「社会技能」「社会的技能」「ソーシャル・スキル」「ソーシャルスキル」「社会的スキル」「生活技能」と定まらない状況である。ここでは，クライエント自身のスキルを高めるための技法について解説していく。

I　ストレス－脆弱性－対処技能モデル

　Social Skills Training（SST）の理論的背景は，ストレス－脆弱性－対処技能モデルである。これは，もともとの生物学的脆弱性に環境からのストレスが加われば発症・再発の危険が高まるが，ストレスへの対処技能を高めることで危険性を回避できるという考え方に基づくものである。

II　ソーシャルスキル不足で起こること

　ソーシャルスキル不足は，次のようにさまざまな問題を引き起こす。

　①人前で過剰に緊張し，気後れし，落ち着きがなくなり，普段できていることもできなくなる（Van der Molen, 1990）。

②対人関係の達成レベルを低下させて孤独感を生み、その孤独感が稚拙な対人反応を悪化させ、いっそう孤独感を強めることになる（相川，1998）。
③スキル不足は報酬を得る活動を減らすため、感情の悪化を招き、そのことがさらに活動を減らすという悪循環を招く。その結果、抑うつ状態を慢性化させることになる（Lewinsohn, 1974）。

Ⅲ ソーシャルスキルを高める訓練

そこで、ソーシャルスキルを高めるための次のような訓練がある。

1 Social Skills Training（SST）

SSTはカリフォルニア大学のロバート・リバーマン教授らが考案した支援方法で、ストレス脆弱性仮説に基づいた認知行動療法である。SSTは「対処法を身につける」点に着目し、スキルの改善が疾病や障害の自己管理、生活の質の向上につながると考えられている。

日本においては1994年4月に「入院生活技能訓練療法」として診療報酬化され、一気に拡がった。現在、医療機関以外でも、社会復帰施設、作業所、矯正施設、学校、職場などで実践されている。また奈良先端科学技術大学院大学と奈良教育大学の共同研究グループが、SSTをコンピュータで自動化する技術を開発し、被験者の能力向上を確認したという（田中ほか，2014）。

SSTの学習原理は次の通りである。

【問題を同定する】＝症状や問題は不適切な行動の結果と考える。
【長所を調べる】＝長所を調べて訓練に活かす。
【補強的な治療同盟を作る】＝家族や関係者とも良好な関係を作る。
【目標の設定】＝具体的で実現可能な訓練目標を定める。
【行動リハーサル】＝ロールプレイを行う。
【正の強化】＝SST訓練への参加に対し、正のフィードバック・強化を行う。
【行動形成（shaping）】＝小さな行動を重ね、一連の社会的行動を形成する。
【促し行動（prompting）】＝短い指示や効果的な非言語的行動を教える。
【モデリング】＝実際の行動を示し、行動改善の方法を教える。
【宿題／実際の場での練習】＝宿題は実際の場面で行うことが求められる。

2 コーチング (coaching)

コーチングは主にビジネス場面で用いられ、対話を重ねつつクライエントが目標達成に必要なスキル、知識、考え方を備え、行動することを支援する技法である。コーチングには5つの中核的なスキルがある。

【質問のスキル】＝過去質問や否定質問を避け、「どうしたらうまくいくのか」「それをやるにはどうしたらいいのか」といった肯定質問、未来質問を心がける。
【傾聴のスキル】＝「きく」には、聞く（自然ときこえる）、訊く（質問する）、聴く（心できく）という3つの段階がある。
【直観のスキル】＝どのような質問するかは直観であり、結末は予測できないものであると考える。
【自己管理のスキル】＝上司には自らの思考、感情、表情、健康、時間の管理が必要とされる。
【確認のスキル】＝上司には部下の未来、現在、価値観を確認することが求められる。

3 問題解決技法

「現実」あるいは「問題」は、会話というソーシャルな相互交流を通して構成されるとする考え方（社会構成主義）があるが、問題解決技法は、「内なる自分」との会話を通して問題を解決していく技法である。

【問題の同定・目標設定】＝「幽霊の正体見たり枯れ尾花」という諺がある。問題をしっかりと観察し、具体的に同定することが大切である。
【ブレインストーミング】＝「結論を出さない」「自由奔放な考えを歓迎する」「さまざまな角度から多くのアイデアを出す」「別々のアイデアをくっつけたり、一部を変えたりして、新たなアイデアを生み出す」などの作業をいう。
【各解決策の検討】＝一通り解決策が出た後で、それぞれの解決策の長所と短所を考える。
【解決策の採用決定】＝解決策は時間・予算・技能などを考慮し、最も効果的・現実的なものを採用する。
【実行】＝いつ、どこで、どのように実行するかを具体的に決め、後は淡々と実行する。

【評価】＝うまくいったところ，そうではなかったところを評価し，次に活かす。NLP（神経言語プログラミング）では，「失敗は存在しない，ただフィードバックがあるだけ」という一節が知られているが，あらゆる訓練に当てはまるものである。

④ アサーション（assertion）

アサーションは，平木典子氏が日本へ紹介した「自分も相手も大切にする自己表現法」である。1950年代半ばに北米で生まれ，もともとは人間関係が苦手な人，引っ込み思案でコミュニケーションが上手でない人を対象としたカウンセリング方法・訓練法である。

⑤ PDCAサイクル

PDCAとは，Plan（計画）→ Do（実行）→ Check（評価）→ Act（改善）という4段階のことであり，生産管理や品質管理業務を円滑に進める技法である。しかし，これは仕事のスキルを向上させるためのものであるため，ここでは詳細を論じないものとする。

Ⅳ　カウンセリングとしての質問法

① 「なぜ？」より「どうやって？」

援助者の「なぜ？」という問いかけは，クライエントにとっては「責められた」「吊し上げを喰った」と感じられるものである。だから「なぜタバコを止めましたか？」ではなく，「どうやってタバコを止めましたか？」と聞くのである。これはスキル確認の質問となる。

② 5W1Hから「WHY」を外した質問

クライエントが問題を話しはじめたら，「いつ」「どこで」「誰が」「何を」「どのように」を確認しよう。これにより問題は「いつも」ではなく，「特定の状況」で起きていることが明らかになる（例外の探索）。さらに「もし〜がなかったら」ではなく，「困ったときに何が助けになりましたか？」と聞いてもよい。これは「解決スキル」を確認する質問となる。

③ 最も効果の少ない質問
　「はい」だけで答えられる質問は，考える機会を奪うので，効果的ではない。

④「その代わりに」で目標を作る
　「その代わりに」という言葉で，目標を引き出す質問となる。たとえば次のように用いることができる。

　　母親　　いつも娘は嘘ばかり。困っています。
　　Th　　　嘘をつく代わりにどうなってほしいのですか，娘さんに。

⑤ 焦点を当てた質問
　クライエントは，「いつも」「全然」という表現を使いがちである。つまり誰にも「まあまあの日」があることに，気づかないのである。そこで次のような質問をして，発見を促すことができる。

　　「まあまあの日ってあります？」（例外探索）
　　「それができたことをどう思いますか？」（能力を明らかにする質問）
　　「これを繰り返すには何が必要ですかね？」（例外を導く質問）
　　「何をすべきか，もうわかっていますね？」（例外は可能であることの示唆）

⑥ スケーリング・クエスチョン
　具体的な数値を示すことで，良いときと悪いときの差異を明確にする（変化の度合いを明示する）。

　　「最悪だった2年前を0点として，バリバリだった頃を90点とすると今は何点？」
　　「えっ，前回たしか40点でしたよね，それが今日は60点とは？　いったいどうやってこの短期間に20点も増やせたの？」

⑦ コーピング・クエスチョン（対処法についての質問）
　逆境を乗り越えるために，クライエントが用いることのできる回復力や対処法を評価するための質問法である。

「よくこんな状況でやってこられましたね。どうやって乗り切ってきたのですか？」

どうにもならなくて来談したはずのクライエントに，「今ここに現れていることは，曲がりなりにも危機状況は乗り越えてきたことの証である。つまりあなたには，それだけの潜在能力がある」ということを，この質問で伝えるわけである。

V 「外在化」と「虫退治」技法について

一般的に「問題」を抱えた本人や家族は，「性格」や「家族関係」「育て方」に支障があるからこうなった，と誹謗中傷されて傷つく。「問題の外在化」はマイケル・ホワイトによって技法化されたもので，問題を人格化して，そのなかにあるはずの「問題」と人々との距離を離し，関わり方を見直す機会を与えてくれるものである。その時の援助者のポジションは，クライエントと対峙することなく，解決に向けて共働することが可能となる。人は自分のことは観察しにくいが，「外在化」により自分と違う別人格になれば途端に洞察が深まるから不思議である。

「虫退治」技法は，東豊氏が開発した技法で，極めて「外在化」に近いものだが，ここまで紹介してきた技法のエッセンスが詰まった大変効果的な技法である。まとめの意味を込めて最後に紹介する。

①筆者が考える「虫退治」の手順
①「これは虫のせいだから誰も悪くない」と，本人や周囲の自責感を最初に拭う。
②「目標は虫退治，上手に虫を飼い慣らすこと」（虫・感情・行動をコントロールすることである）と目標を明確化する。
③「どうしたら虫が騒がないのか」「まあまあマシだった日はなかったのか」という例外探索し，それに対して「どう乗り切ってきたのか」と工夫や努力を丹念に聞く。話しながらクライエントは自らに力があることに気づいていく（エンパワメント）。
④治療者はそれに大いに関心を寄せ，工夫や努力に敬意を払う。その際にクライエントを評価してはならない（上から目線にならない）。
⑤「虫」の弱っていく経過や，「虫」に打ち負かされた日などを「○勝○敗」とグラフ化する課題を出したり，「虫の似顔絵」をスケッチする課題を出したりするとよい（見える化，飽きさせない工夫，動機の強化）。

⑥「良くなったと油断すると,すぐに虫は反撃してくる」「また駄目だったか,という周囲の失望感が虫の餌になる」などと,失敗をも想定した脚本を書き,ドロップアウトを牽制する。

2 事例——虫退治
　あゆみ(仮名)は24歳。妄想により近所の窓ガラスを壊し,警察に保護された。その後に精神科に入院となったが,診察や服薬を拒否。説得する看護師には飛び蹴りをする始末。当時の診断は「統合失調症の疑い」であった。初回面接で筆者は「もし退院したければ私が全面協力する。ただし私だけの意見で退院は決まらず,医師や看護師の意見は欠かせない。したがって病気が良くなったフリをして印象を良くすることを勧めたい。具体的には毎朝7時に起きる(ただし,その後で寝てもよい)。医師と看護師には軽く会釈する。この2つが絶対条件である」と伝えた。すると彼女は翌日から朝7時に起床し,診察も服薬も受け入れ,跳び蹴りも封印したのである。
　紙幅の関係上,すべてのセッションは紹介できないが,以下の内容から虫退治の導入のテンポは感じ取ってもらえただろうか。

第3回面接
——今日は起きようとしたけど,昼まで寝ていたんだって? それってアレのせいだよ。
——なんですか?
——(ヒソヒソ声で)怠け虫。うーん厄介だ。
——む,虫ですか?(彼女はゲラゲラ笑う)
——笑いごとじゃないよ。赤ちゃん夜泣きは疳の虫,男には浮気の虫。腹が立つのは腹の虫がおさまらない。昔から,わかっちゃいるけど止められないものには虫が影響していると言われているんだ。君も飼っているはず。次回までに調べてきてよ。

第4回面接
——先生! いましたよぉ虫が!(あゆみは甲高い声で報告する。私もそのトーンで聞き返す)
——でぇ,何匹いたぁ?
——4匹ですぅ。1匹目は怠け虫ぃ。

スキルトレーニング

――ふんふん，作業療法やラジオ体操なんて1円にもならないから止めておけと囁き，布団に潜らせる。そうだろ？（あゆみはニコニコして頷く。私は彼女が面接に乗っているのかを眼差し，頷きなどで確認し，さらに質問を続けていく）
――ええとぉ，くっつき虫。人から言われた内容が頭から離れないのぉ。昨日も看護師から言われた言葉が頭から離れないのぉ。
――それはしんどいねぇ，ほかには？
――わがまま虫ですぅ。
――なるほど，私がこうなったのは，あんたのせいだ，とお母さんを責めさせたりぃ，精神療法で病気は治らないと医師にケンカ売るぅ。
――アハハ，よく知っていますねぇ。
　（私は病院内での彼女の言動を，そのまま虫の仕業であると断言した）
――今まで何人もの虫退治に付き合ってきた私が言うのだから間違いない。俳優の○○さんは，ギャンブルの虫に取りつかれ，今や借金地獄。
――ああ〜ワイドショーで見ました。本当に虫はいるんですね。ああ怖い。
――ホント怖いよね。で，戦い方だけど，全面戦争するか，まずはなだめて暴走を抑えるか，どっち？（何かをすることを前提とした質問）
　（このあともまだまだ面接は続くが，約1か月で症状は消退し，母親を交えた家族調整を3回行って退院となった）

③ カウンセリングで筆者が心がけていること

(1) 治療者は脇役に徹する

あくまでも主役はクライエントと家族である。自分たちの頑張りにより問題が解決したと考えてもらえるような支援をする。

(2) 小さな変化こそ見逃さない

相手の頷き方，視線，表情，仕草，声の大きさ・高低，髪型，服装，アクセサリー，香水などの変化に常に敏感であること。

(3) 褒める

「褒め言葉は人を変化の入り口に立たせる」という教えがある。「叱る」より効果的である。そしてポイントはジョイニング，その後に「枠」を変えることである――「子育ての失敗？　15歳過ぎたら本人の責任ですがな」「お父さん，本人の気持ちを

尊重することと，わがままを許すことは同じやろか」．

(4) 1つの技法にこだわらない（何でも使ってみる）
　「SST」「精神分析」「SFA」「家族療法」「EMDR」「TFT」「筋弛緩法」「催眠」「マインドフルネス」等をクライエントの症状や動機に合わせて用いるが，全体の大きな柱はシステムズ・アプローチである．
　しかし虫退治の虫の代わりに，「やんちゃな自分」「良い自分・悪い自分」を使ってもよいし，「カウンセリング」が「訓練」になることもある．

(5) 問題の同定作業は丁寧に
　誰が何に困っているのかを明らかにする．しかし本当に困っている人は別のところにいたり，その問題（症状）があることでこれ以上問題が拡散しない工夫であったりすることがある．
　また，問題を語るときは誰しも自分中心で，被害的なストーリー構成を行うものである．さらに，時系列は混乱し，それが「事実」なのか「想像・解釈・可能性」なのかが整理されないものである．ここの作業が訓練や治療の成否を分ける大きなポイントといえる．

(6) 働きかけの方向とタイミングを揃える
　クライエントには家族がいる，医療機関には医師も看護師もいる，地域には保健センターや相談機関がある．これらの機関が違う働きかけを行うならば，どんな強力な技法であっても効果が上がらない．ゆえに方向とタイミングを揃えることは，最も強力な技法といえるだろう．

文献
相川 充（1998）孤独感を低減させる社会的スキル訓練の効果に関する実験社会心理学的研究 平成8年度〜9年度 科学研究費補助金（基礎研究（c）（2））研究成果報告書．
相川 充（2000）人づきあいの技術――社会的スキルの心理学．サイエンス社．
東 豊（2010）セラピスト誕生．日本評論社．
榎本英剛（1999）部下を伸ばすコーチング．PHP研究所．
平木典子（2012）アサーション入門．講談社．
Lewinsohn PM（1974）A behavioral approach to depression. In : RJ Freedman & MM Katz (Eds.) Shyness : Perspectives on Research and Treatment. Plenum Press, pp.27-38.
野坂達志（2014）新訂 統合失調症とのつきあい方．金剛出版．

田中宏季ほか（2014）ソーシャルスキルトレーニングの自動化．電子情報通信学会技術研究報告，pp.1-6.

Van der Molen HT (1990) A definition of shyness and its implications for clinical practice. In : WR Crozier (Ed.) Shyness and Embarrassment : Perspectives from Social Psychology. Cambridge University Press, pp.255-285.

 読書案内

新版 人づきあいの技術──ソーシャルスキルの心理学
［著］相川 充　サイエンス社　2009年

　本書は，ソーシャルスキル研究におけるバイブル的存在であると，大変評価が高い。なるほどソーシャルスキルについての説明も単純明快である。人と人が上手に付き合っていくためには技術が必要である。思っていることを相手に伝え，相手の思っていることを理解する。そのために言語や非言語（身ぶり・手振り・視線など）で伝え合い理解し合おうとする。こうした技術を「ソーシャルスキル」という。これは単なる技術であるので，学習すれば誰でも習得できる。

　日頃，家族療法や家族支援を若手に教える機会のある筆者にとっては，大いに救われる一冊である。

行動活性化

行動レパートリーを豊かにする
●
竹林（兼子）唯・鈴木伸一

技法の概要

　行動活性化療法は，クライエントにおいて習慣化されて悪循環となっている，短期的にしか効果のない回避・逃避行動を減少させ，ポジティブな体験（正の強化）が得られる活動を促進していく治療法である。行動分析に基づいて回避・逃避行動とそれが生じる状況，結果の悪循環を分析し，その日の体調や気分によって行動選択を行うのではなく，計画に沿って，達成しやすいものから段階的に行動していく。そして，目標に沿った行動レパートリーを増やし，日常生活のなかで正の強化を受ける機会が増え，結果として気分が改善され，クライエントが自らの目的意識に沿った人生を送れるように支援していく。

I　技法の解説

1　理論的・歴史的背景

　行動分析に基づいてクライエントの行動を見立てることは，1930年代のバラス・F・スキナーによるオペラント条件づけの提唱に端を発し，1950年代以降，臨床現場でも応用されるようになった。行動レパートリーが少なくなるうつ病の行動についても，Ferster（1973）が行動分析に基づいた理論を提唱した。この理論によれば，うつ病者では，抑うつや不安感を緩和しようとする行動（負の強化）が維持され，結果として正の強化を受ける行動が抑制されている状態とした。その後，Lewinsohn et al.（1976）が，このモデルを取り入れた臨床実践を行った。

　1970年代以降は，認知理論の台頭により，認知的側面がうつ病治療でも重視され

るようになった。Beck et al.（1979）の認知療法は，認知モデルに沿う形で体系化されたセラピーであるが，Lewinsohn et al.（1976）の行動活性化技法も取り入れており，活動モニタリングや活動スケジュールといった行動活性化のエッセンスが世界に広まることになった。

しかし，認知療法の要因分析研究（Jacobson et al., 1996）において，行動活性化技法のみを用いる群，認知的技法を用いる群，両方を行う群で効果を比較した結果，抑うつ症状への効果に有意差が示されなかった。このことから，行動分析に基づく治療として，再び行動活性化アプローチが注目されるようになり，マーテルほか（2011）やLejuez et al.（2001）がうつ病の行動活性化療法を提唱し，その抑うつ症状への効果が大きいことが示されている（岡島ほか，2011）。本稿では，マーテルほか（2011, 2013）の行動活性化療法に基づいて，行動レパートリーを豊かにする方法を解説する。

2 原則

行動活性化療法では，行動分析に基づいて，うつ状態を維持させている特定の「状況（外的な状況，内的な反応）」－「行動」－「結果」の関係性に焦点をあてていく。

うつ病の発症には，遺伝的要因や突然の喪失体験，対処困難な悩みなどさまざまな理由がある。しかし，行動活性化療法ではそうした理由に直接的に焦点をあてるのではなく，それらによって引き起こされた「うつ状態」に伴う行動の悪循環をターゲットにする。

こうした行動の悪循環には，逃避行動（不快な状況から逃れること＝仕事から逃れるためにテレビを見る，孤独感から逃れるためにアルコールを飲むなど）や回避行動（何かを防ぐための活動＝上司から指摘を受けないために必要な相談・報告をせず1人で仕事をするなど）が含まれる。回避・逃避行動は，一時的に不快な状況を逃れたり防いだりすることには役立つが，長期的に見た場合には，根本的な解決策にはなっておらず，かえって状況を悪化させる。この悪循環がうつ病を維持させていると考えるのである。

行動活性化療法では，行動分析に基づいてこの悪循環を整理してクライエントと共有し，回避・逃避行動が生じている状況で，その行動を選択する代わりに正の強化を得られる行動を敢行し，悪循環から脱却することを目的とする。正の強化を得られる行動というのは，クライエントが本来望んでいる目標や価値に沿った行動のことである。そうした行動を取ると，自分が望んでいる方向に進んでいる感覚，達

成感や楽しさを感じることができ，その感情が自然な正の強化となる。

　正の強化が得られる行動を増やす過程では，ACTIONのステップを用いることができる。具体的には，日常的に自分の取る行動の機能が逃避や回避となっているのか，正の強化を得られる行動となっているのかを評価する（Assess）。行動を起こすときには，回避・逃避か活性化かを見定めて活動を選択する（Choose）。選択した行動に挑戦し（Try），その新しい行動を毎日の生活習慣に取り入れ（Integrate），行動の結果を観察する（Observe）。そして諦めずにこの取り組みを粘り強く続ける（Never give up）。

③ 面接の構造・技法の詳細

　行動活性化療法の第1段階では，治療関係を築き，クライエントに行動分析に基づくモデルの心理教育を行う。セラピストは，クライエントにとって悪循環となっている行動を抽出し，クライエントと共有する。第2段階では，状況，行動，気分を記録しながら，回避・逃避行動が生じる文脈を把握していく。

　第3段階では，ACTIONモデルを示し，クライエント自身が回避・逃避行動（例 仕事から逃れるためにテレビを見る／上司から指摘を受けないために必要な相談・報告をせず1人で仕事をする）と正の強化を得られる活動（例 仕事に行くための準備をする，上司に必要な相談・報告をするなど）の機能を比較し（Assess），正の強化を得られる活動を積極的に選択し（Choose），挑戦し（Try），生活習慣のなかに取り入れ（Integrate），結果を評価する（Observe）というステップを継続していく（Never give up）。最後の段階では治療のレビューを行い，再発予防に向けた計画を立てる。こうした構造のなかで，下記のような技法を取り入れていく。

（1）心理教育

　クライエントにとって，うつ病が脳内の代謝や遺伝的要因，心理的脆弱性などによって生じるものと理解することは，自分自身の病状を理解する助けになる。しかし，こうした理解は，調子の悪さや活動できない理由探しで終わりになってしまうこともある。行動の活性化を促すためには，「気分が落ち込むから動けないのではなく，活動をやめてしまうことがうつ状態を維持させる」という悪循環をクライエントが理解することが重要である。そのため，気分と活動を切り離し，内側から外側（気分によって行動が決める）ではなく，外側から内側（行動を変えることで気分が変わる）という発想の転換を促す必要がある（鈴木，2012，2013）。

(2) 回避・逃避行動の行動分析

　治療の初期段階で，回避・逃避のパターンを同定し，行動分析に基づいてその悪循環を共有する。回避・逃避行動は一般的に変容が難しいため，クライエントがうつ病になった背景（失職，仕事での重大な失敗，長期にわたる家族関係の不和など）に焦点をあてるのではなく，発症後に形成された悪循環（自宅に引きこもることで楽しめる活動を行わない，アルコールを飲むことで落ち込みや不安を和らげるなど）に焦点をあてる。具体的には，活動記録をもとに，どのような状況でどのようなことが生じ（先行する状況），そこから逃れるためにどのような回避・逃避行動を選択し，その結果どのようなことが起こっているかを明らかにしていく。回避・逃避行動となっている行動を同定したうえで，その行動は不安や苦痛を減らしたり，そうした反応を一時的には防ぐことができるが，長期的には自分の本来望む方向には進んでおらず，状況の改善には役立っていないことを，クライエントが理解できるように整理していく。

(3) 正の強化を得られる行動の促進

　次に，回避・逃避行動の代替行動となる正の強化を得られる活動を促進していく。そのためには，治療初期に正の強化が得られる活動を同定することが必要である。正の強化が得られる活動を同定する方法のひとつは，クライエントの本来望んでいる目標や価値を置いていることを探ることである。そしてどのような行動を積み重ねることで本来望む方向に進めるのかを整理し，回避・逃避行動の繰り返しではなく，本来望む方向につながる一つひとつのステップが，現在の悪循環からの脱却につながることをクライエントに理解してもらう。本来望む方向につながるステップに取り組むことは，クライエントに達成感や楽しみをもたらすだろう。

　正の強化が得られる活動を同定するもうひとつの方法は，下記のような活動記録表における達成感や楽しさの記録に基づいて探ることである。活動記録表のなかで達成感や楽しさを強く感じられている活動を取り上げ，そうした活動の行動分析を行い，それが回避・逃避行動でなければクライエントの望む方向に進んでいる活動といえる。

　正の強化を得られる活動の目標についてクライエントと共有した後は，ACTIONモデルに沿って，下記のような技法を適宜取り入れていくことが有効である。

①活動記録表
　クライエントは，1時間ごとの活動と気分，達成感や楽しさについて記録する。セラピストは，次のセッションで活動記録表の内容をクライエントと一緒に振り返り，活動と気分，達成感や楽しさの関係をクライエントが気づく手助けを行う。同時に，基本的な生活習慣が保たれているかどうかの確認，達成感や楽しさを得られる活動の同定，またそれらを妨害する回避・逃避行動の同定を行う。記録は治療初期から終結まで継続して行うことで，活動量や気分の変化の指標として用いることもできる。

②段階的課題割当
　正の強化を得られる活動であっても，すぐに実行することは難しい。そのため，活動を細かい段階に分け，リストを作り，最初は現在もある程度実行できていて，すぐに効果が得られそうな活動を設定とする。面接内で課題を実施する時間や場所，頻度，持続時間，強度について具体的に整理することで，気分に左右されずに行動できるようになる。また，面接内でリハーサルやロールプレイ，スキルトレーニングを行うことも助けになるだろう。

③スキル不足を克服するトレーニング
　クライエントのなかには問題解決のレパートリーが限られている人もいる。その場合は，問題解決療法（ネズほか，1995）を取り入れることができる。問題解決療法は，問題の具体化，解決方法のブレインストーミング，案出された解決方法の評価，現在の生活での実行，結果の評価というステップを踏む。ただし行動活性化療法の場合は，必要な場合に段階的な課題となる行動を探すサポートとして，問題解決療法を一部取り入れる。

④反芻・心配への対応
　行動レパートリーが少なくなっているときには，反芻（繰り返し過去の失敗体験について思い出す，なぜこうなってしまったのか理由を探すなど）や心配（将来こうなったらどうしようと考えるなど）が行動を妨害していることが多い。その場合は，反芻・心配を回避・逃避行動と見立てて行動分析を行う。反芻や心配を維持させる結果には，自分の問題解決に向けて取り組んでいるような気持ちになる，目の前の仕事に取り組まなくてすむ，悲しみや不安を感じなくてすむといったことが挙がる場合もあれば，明確にならない場合もある。まず，反芻・心配の結果として何

が生じているかを整理する（反芻が問題解決につながっているか，気分の変化とどのような関係にあるかを尋ね，問題解決にはつながらず，反芻をしている間に気分がさらに落ち込んでいくことをクライエントに気づいてもらう）。そのうえで，クライエントの反芻や心配の機能に沿う形で，問題を解決する活動への取り組み，感覚体験への注目（今この瞬間に体験している感覚に意識を向ける）や目の前の課題への再注意，反芻思考からの気そらしに置き換えていくことができる。

II｜ケースとその解説

　Aさん（30代女性，一人暮らし）は，2年前に仕事で大きなミスをしたことをきっかけに，会社に行くことが億劫になり，周囲の顔色を過剰にうかがうようになった。会社には遅刻を繰り返しながらなんとか通えているものの，仕事中も集中できず，休日は疲れがたまっているため一日中寝ており，趣味だった旅行や散歩もしなくなり，友人関係も希薄になっていた。

　以下は初回面接のなかで，クライエントの回避行動を行動分析に基づいてアセスメントしている様子である。

セラピスト	ベッドやソファで過ごす時間が多いということでしたが，そういうときは何をしているんですか？
Aさん	そうですね……ベッドにいるときはスマートフォンをいじっていたり，ソファでボーっとテレビを見たりしています。
セラピスト	以前にしていたことで，今はしていないことはありますか？
Aさん	以前は旅行の計画を立てたり，散歩に行ったり，友達と連絡を取ったりしていたと思います。今はそういう元気がないので，ほとんどベッドかソファにいます。
セラピスト	わかりました。そうすると，ベッドでスマートフォンをいじる，ソファに座ってテレビを見る，旅行の計画や散歩をしない，友達との接触を避けるといったことが挙がりました。ベッドに入ってスマートフォンを取り出すとき，何かきっかけになるようなことはありますか？
Aさん	特にきっかけはないと思います。会社から帰ると疲れきってしまって，すぐベッドに横になるかソファに座ります。

セラピスト	会社から帰ったときは，どんなことを考えているのですか？
Aさん	会社を出てからずっと今日ミスをしなかったか，上司がどう思ったかということばかり考えています。家に着いてからも同じです。
セラピスト	ミスしたかもしれないことや，上司が怒っているんじゃないかということばかり頭にあると，苦しいですね。
Aさん	そうですね，とても苦しいです。横になると少し楽になるし，スマートフォンやテレビをつけると気がまぎれます。
セラピスト	そうですか。自宅に帰った後（先行する状況＝外的な出来事）も会社で今日ミスをしなかったか，上司がどう思ったかという考えが浮かんできて苦しくなり（先行する状況＝内的な反応），ベッドに横になりスマートフォンやテレビを見ることで（行動），嫌な考えや苦痛を紛らわしているんですね（結果）。
Aさん	そうですね。
セラピスト	その後の気分はどうですか？
Aさん	そんなに気分はよくないですね。だらだらとスマートフォンやテレビを見ていると寝る時間が遅くなり，遅刻してしまうこともあります。やらなければいけない家事がたまってしまうし，また今日も何もできなかったという気持ちが強くなります。
セラピスト	そうして何もできなかったという憂うつな気持ちが強くなると，どうなりますか？
Aさん	ますます動く気力がなくなります。ベッドから動かないです。
セラピスト	ベッドに横になりスマートフォンやテレビを見ることで，嫌な考えや苦痛を紛らわしているけれども，結果としてますます憂うつな気持ちが強くなり，仕事にも悪い影響が出ることがある，ということでしょうか？
Aさん	そうですね……
セラピスト	ここで少し考えてみましょう。ベッドに横になりスマートフォンやテレビを見ることで，そのときの苦痛は紛れる。でも苦痛を紛らわすための行動が憂うつな気持ちをさらに強くして，ますます動きにくくさせてしまっていますよね。この悪循環になってしまっている状態から脱出するまで，今の状況を変えることは難しいかもしれませんね。

Aさん	そうですね，確かにその通りです。ベッドに横になってしまうと，どんどん動きにくくなります。でもどうしたらいいのかわかりません。
セラピスト	会社から帰った後，どういうことができたらいいと思いますか？

　このようにクライエントから回避・逃避行動と関連しそうな活動が挙げられた後には，その行動を具体的にし，行動が生じる状況，そのときに生じている内的な反応（思考や気分），行動の後の結果を整理し，短期的な結果と長期的な結果の矛盾をクライエントと共有する。

Ⅲ│技法の習得に向けて

1 起こりやすい問題・失敗とその対策
(1) 外側から内側（行動を変えることで気分が変わる）という発想に納得できない
　クライエントは，抑うつ気分や否定的な思考といった自分の内面に行動できない理由があり，内面が変わらなければ行動できないと考えていることが多い。そのため，「外側から内側」という考え方に納得できない可能性がある。その場合は，回避・逃避行動によって気分を和らげることが，長期的には悪循環を生み出していることを確認したい。そして，本来求めている方向を確認し，気分（内側）に左右されずに行動できるようになることの重要性を復習する必要がある。また，抑うつ気分の強いときには，抑うつ気分が軽くなることや否定的な思考がなくなることは難しいということ，行動の変化が内面へ影響を及ぼすということ，多くのうつ病の人に行動活性化が作用するということを説明すると役に立つだろう。

(2) 活動記録表をつけることができない
　活動記録表では1時間ごとに活動，気分，達成感や楽しみの記録を求めるため，それだけでクライエントにとっては負担に感じられることがある。その場合は，状況−行動−結果の関係に気づくことの重要性について説明し，「1時間ずつ活動や気分を記録する」という行動を細分化し，クライエントができる記録方法を検討していくことができるだろう。

(3) 課題としていた活動ができない

多くのクライエントは，これまでにも「とにかく会社に行くしかない」と自分自身に言い聞かせたり，人に言われたりして活動をしており，セラピストも同じことを要求しているように感じて，課題を達成できないクライエントもいるだろう。そういった場合，クライエントは課題を自然な正の強化を得られる活動と把握できていない可能性がある。そのため，まず行動分析的な発想を復習することが重要である。そのほかに，活動は実行しやすい行動だったか，自然な強化を得られる行動だったか，課題としていた行動を妨害するような行動（回避・逃避行動や反芻・心配）がなかったか，クライエントとの協同作業で再アセスメントしていく必要があるだろう。

② 技法を他のアプローチの枠組みに取り込むときの注意点

行動活性化療法は行動分析に基づいてアセスメントを行うため，行動分析に基づいた介入方法の技法は取り込みやすいだろう。正の強化を得られる活動を増やすために社会的スキル訓練や問題解決療法を取り入れることや，回避・逃避行動の低減を目的としてエクスポージャー療法を取り入れること，反芻・心配の低減を目的としてマインドフルネスを取り入れることもできる。このような場合は，取り入れる活動を十分に細分化し，具体的にする手続きが必要であろう。

また，認知的技法と行動活性化の手続きを並行して行う場合には，技法の背景となる理論が異なるため，クライエントが混乱しないように配慮した説明が必要かもしれない。

文献

Beck AT, Rush AJ, Shaw BF et al.（1979）Cognitive Therapy of Depression. New York : Guilford Press.
Ferster CB（1973）A functional analysis of depression. American Psychologist 28 ; 857-870.
Jacobson NS, Dobson KS, Truax PA et al.（1996）A component analysis of cognitive-behavioral treatment for depression. Journal of Consulting and Clinical Psychology 64 ; 295-304.
Lejuez CW, Hopko DR & Hopko SD（2001）A brief behavioral activation treatment for depression : Treatment manual. Behavior Modification 25 ; 255-286.
Lewinsohn PM, Biglan A & Zeiss AM（1976）Behavioral treatment for depression. In : PO Davidson (Ed.) Behavioral Management of Anxiety, Depression and Pain. New York : Brunner/Mazel, pp.91-146.
岡島 義，国里愛彦，中島 俊ほか（2011）うつ病に対する行動活性化療法——歴史的展望とメタ分析．心理学評論 54 ; 473-488.

クリストファー・R・マーテル, ミッシェル・E・アディス, ニール・S・ジェイコブソン [熊野宏昭, 鈴木伸一 監訳] (2011) うつ病の行動活性化療法——新世代の認知行動療法によるブレイクスルー. 日本評論社.
クリストファー・R・マーテル, ソナ・ディミジアン, ルース・ハーマン-ダン [坂井誠, 大野裕 監訳] (2013) セラピストのための行動活性化ガイドブック——うつ病を治療する10の中核原則. 創元社.
アーサー・M・ネズ, クリスティン・M・ネズ, マイケル・G・ペリ [高山巌 訳] (1995) うつ病の問題解決療法. 岩崎学術出版社.
鈴木伸一 (2012) 行動活性化療法. 臨床精神医学 41 ; 1001-1005.
鈴木伸一 (2013) 行動活性化療法. Depression Frontier 11-1 ; 65-68.

 ## 読書案内

うつ病の行動活性化療法——新世代の認知行動療法によるブレイクスルー
[著] クリストファー・R・マーテルほか　[監訳] 熊野宏昭　鈴木伸一
日本評論社　2011年

　うつ病の行動活性化療法について, その歴史的背景や, アセスメントで用いる行動分析の説明が詳しくなされており, 技法や事例についても記載されている。基礎から応用まで学ぶことのできる1冊である。

セラピストのための行動活性化ガイドブック
——うつ病を治療する10の中核原則
[著] クリストファー・R・マーテルほか　[監訳] 坂井 誠　大野 裕
創元社　2013年

　うつ病の行動活性化療法の手続きについて, 面接の構造, 面接中の治療者の態度, 用いるワークシートなどが詳細に記載されている。治療者が実際に行動活性化療法を行った際に想定される問題についても丁寧に解説されている。

うつを克服するための行動活性化練習帳——認知行動療法の新しい技法
[著] マイケル・E・アディスほか　[監訳] 大野 裕　岡本泰昌
[訳] うつの行動活性化療法研究会　創元社　2012年

　うつ病の行動活性化療法にクライエント自ら取り組むことができる, 書き込み式のワークブックである。

セルフモニタリング

自分で自分を知る
●
三田村仰

技法の概要

　人はしばしば，不本意な"お決まりのパターン"もしくは"いつものクセ"を意図せず繰り返してしまうものである。そこで，まずは"自分で自身を知る"ことが，そのパターンを変え，生活もしくは人生を変えていくうえでの土台となるだろう。
　セルフモニタリングとは，実際に起こっている自分自身の行動や認知，感情，そしてそれらと世界との相互作用を継続的に観察する行為である。セルフモニタリングには，クライエント自身によってデータを集めてもらうという「アセスメントの役割」と，クライエントが自らを継続的に観察し続けることから生じる「セラピー的な役割」がある（Nelson, 1977）。ここでは，カウンセリングや心理療法全般に通じる技法として，後者に焦点を当てる。

I｜技法の解説

　漠然としたイメージや色眼鏡をかけて評価するのではなく，"実際に何が起こっているのか"をよく調べてみることは，クライエントにとっても役に立つ。認知行動的アプローチにおいて，セルフモニタリングは今も昔も非常に重視されている。セルフモニタリングには，実にさまざまな方法があるが，それらに共通しているのは，自分自身の行動とその周囲の現象をよく観察することで，クライエントが自分自身の行動や行動と環境との相互作用に気づき，新たな適応的な行動パターンを築く土台を作ることである。ここではセルフモニタリングのなかでも手順が比較的明確な，①自己記録，②行動連鎖分析，③機能的アセスメントについて解説する。

1 自己記録——行動を観察・記録する

　自己記録は，最も伝統的なセルフモニタリングの方法である。自己記録において，クライエントは，自らの行動の頻度や持続時間もしくは行動の産物の頻度や程度を記録する。たとえば，生活習慣に関わる行動として，摂取したカロリー，使用したタバコの本数などを毎日記録していく。これによりクライエントは，無自覚に摂取していたカロリーや使用していたタバコの本数を量的に自覚することができる。さらに，「反応性（reactivity）」といって，クライエントは日々記録を付けつづけていくことで，自然と減らしたいと思う行動を減少させ，増やしたいと思う行動を増加させる効果も期待できる。

　また，自己記録には，反応性自体が期待できるわけではないものの，自分自身への理解を深め，気分や体調の波を予測するという効果もある。女性のクライエントでは，月経周期と気分を記録することで，自分の感情と身体のリズムとの関連を理解し，次に気分が変化しはじめるのがいつであるかを予測できるようになるかもしれない。また，不安やうつのクライエントは，日々もしくは一日のなかでの気分の変化を0～100で記録することも，1～2週間の気分を質問紙などによって測定し記録することもできる。

2 行動連鎖分析——行動を時間的文脈のなかで捉える

　行動連鎖とは，複雑な行動や時間的に長くかかる行動を，鎖のようにいくつもの細かな行動と刺激の連続として捉えることである。境界性パーソナリティ障害への介入法である弁証法的行動療法（Dialectical Behavior Therapy：DBT）では，この連鎖分析を重視しており，クライエントのセルフモニタリングに用いられる（Linehan, 1993）。

3 機能的アセスメント——文脈のなかでの行動の「役割」を捉える

　機能的アセスメントは元来，行動療法（特に行動分析学）のセラピスト側がクライエントの行動を理解するために用いる技法である。機能的アセスメントでは，行動分析学において鍵となる「三項随伴性」の枠組を用いる。三項随伴性とは，行動と環境との相互作用を，時系列に「A：行動の前」「B：行動」「C：行動の結果」の3つに分けて捉えたものである。たとえば，ある子どもが「スーパーで駄々をこねる」行動を繰り返し観察してみると，「A：母とお菓子売り場の前に行く」→「B：駄々をこねる」→「C：お菓子を買ってもらえる」というパターンが明らかになる

かもしれない。機能的アセスメントとは，人の行動パターンをシンプルにまとめたストーリーであり，ある文脈のなかで，その行動がどういった機能（役割）をもつのかを浮き彫りにするためのものである。

　機能的アセスメントをセルフモニタリングという形でクライエントにおこなってもらうことは，言わば，クライエントに"セラピストの視点"を身につけてもらうことだと言える。ちなみに，クライエントに機能的アセスメントをおこなってもらう場合，クライエントに自らの回避行動が結果的に上手くいっていないことを自覚してもらう目的で使われることが多い。「回避行動」とは，行動の結果として，その直後に，不快な刺激や状況が低減する（「負の強化」）という行動パターンである。人や動物は行動の直後の環境変化に（当人の意識や自覚に関係なく）影響を受ける。回避行動は短期的にこそ上手くいっても，長期的には問題となることが多い。そこで，セルフモニタリングで機能的アセスメントをおこなってもらう際の工夫として，通常の三項随伴性に「長期的な効果」を足しておけば，クライエントに自らの行動の短期的効果と長期的効果を意識化してもらうことができる。

II｜具体例とその解説

1　自己記録の事例——双極性障害の生活リズム

　自己記録が有用なケースのひとつは双極性障害のクライエントである。双極性障害では，本人に自分の感情や行動の波に気づいてもらい，生活のリズムを整えてもらうことが重視される（Reiser & Thompson, 2005）。図1は，気分と睡眠時間についてのチャートである。この気分チャートを毎日記録しながら，クライエントは自分の気分の浮き沈みやその際に睡眠時間がどう連動しているかを，一歩下がって客観的に知ることができる。図1では，気分の5〜−5を適応的な気分の範囲として捉えると，12日から16日にかけては気分が上がりすぎており，17日からはうつ状態になっている。セラピストは心理教育をおこないながら，クライエントが12日あたりで躁状態への兆候に気づき，睡眠時間の確保や活動の自制を心がけられるよう支援する。

2　行動連鎖分析の事例——境界性パーソナリティ障害における自傷行為

　行動連鎖分析では，問題行動が始まり，それが収束していくまでのプロセスを非常に丁寧に検討する。リストカットといった自傷行為も，突然起きて何事もなく終

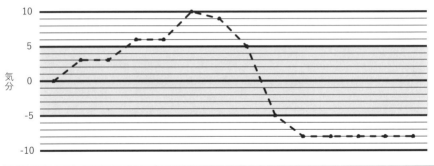

図1　気分チャートの例

わるということはなく，それが起こるまでには細かな経緯がある。そして，自傷行為そのものにも実際には細かな行動のプロセスがあり，最終的に何らかの影響を環境に残しながら収束する。このプロセスを詳細にモニタリングすることで，クライエントは自分の行動パターンに気づくきっかけを得ることができる。ところで，クライエントが自傷行為といったしばしば罪悪感を伴う不快な出来事について，自ら進んで十分詳細に語るようなことは稀である。そこで，セラピストは共感を示しながらも，十分状況がわかるまでクライエントに事の詳細を語ってもらう。以下は，行動連鎖分析をおこなう際のセラピストとクライエントのやりとりの例である。このやりとりでは，下記のようにX，Y，Zという鎖を埋めていくイメージで作業をおこなっている（セラピスト＝Th／クライエント＝Cl）。

$$X_1 \rightarrow X_2 \rightarrow X_n \rightarrow 自傷行為 (Y_1 \rightarrow Y_2 \rightarrow Y_n) \rightarrow Z_1 \rightarrow Z_2 \rightarrow Z_n$$

Th　実際にリストカットをする（Yに相当）までにどんなことがあったのですか？

Cl　母に対して腹が立って，もうどうしようもなくなりました（Xに相当）。

Th　お母さんに腹が立ったのですね。お母さんに腹が立ったきっかけは何でしょう？

Cl　わたしが家で課題をしているときに（X1），「今日はがんばってるのね」

	と言ってきたんです（X2）。まるで普段わたしが頑張っていないみたいに!!
Th	そんな言い方をされて腹が立ったわけですね。そのとき，どんなことを考えたのですか？　そのときすぐに腹が立ちましたか？（Xをさらに詳細に尋ねている）

（中略：ThはX，Y，Zを可能な限り細かく聞いていった）

Th	それで，気がつくとお母さんがあなたを介抱してくれていて，安定剤を飲んだということもあって，あなたはだいぶ落ち着いた状態だったのですね（Zの詳細についてまとめている）。では，このリストカットに至る連鎖をどのように変えていけるでしょうか？
Cl	（少し考えたあとで）以前，彼氏に腹が立ってリストカットしようと思ったとき，好きなDVDを見て気を紛らわせたら，なんとかリストカットはしなくてすんだことがありました。

　おそらく，このやりとりは，臨床家によっては質問をしすぎではないかと感じるかもしれない。しかし，このように行動のプロセスを追うことによって，クライエントは自分の記憶を頼りに，自分の行動のモニタリングを始めることができる。そして，クライエントがリアルタイムでこうしたモニタリングをおこなえるようになってくると，この問題行動の連鎖を自ら断ち切れる可能性も出てくるのである。

③ 機能的アセスメントの事例——うつ病における回避行動

　クライエントの心理的な問題の背景にはしばしば，回避行動が関連することが指摘されている。以下のうつ病のクライエントの例では，日頃から対人場面での葛藤を避けようとその場しのぎの行動に出て，結果的に不本意な結果となり，抑うつを強めている。

Th	今一緒に作成したこの図（図2）を見て，どんなことがわかってくるでしょうか。
Cl	謝ってその場はすみましたが（C1），結局は問題が大きくなりました（C2）。とりあえずその場をやり過ごして後で問題になって落ち込むということが多いようです。

図2　機能的アセスメントによる記録の例

A：行動の前	B：行動	C1：短期的な結果	C2：長期的な結果
上司からわたしがやってもいないことについて，わたしの責任だと責められた。	「すみません」と謝罪した。	とりあえず，上司が去って行って，少しほっとした。	わたしが責任を取らされることになった。

Th　これと似たパターンが以前にもあったのかもしれませんね。

Cl　そうですね。妻とちょっとしたすれ違いがあったとき（A），妻との話し合いを避けて（B），余計に妻を怒らせて僕も落ち込んだ（C2）ことがありましたね。

Th　短期的に嫌なことを避けようとすることが（B），問題を大きくしている（C2）というパターンですね。ちなみに奥様とのことについては，どう対応されて上手くいったんでしたっけ？

Cl　先生にご指摘を受けて，妻に対して不満をもったときに（A），丁寧に自分の気持ちを伝えました（B）。妻はそれでも怒りましたが（C1），最終的にはお互い納得することができて，僕の気分もだいぶ良くなりました（C2）。

Th　そうでしたね。では，今回の上司の方とのやりとりでは，どう振る舞えばよかったのでしょうか？

　上記の対話では，クライエントと上司とのやりとりに焦点を当てつつも，同様にしてクライエントと妻とのやりとりも引き合いに出し，「長期的にはうつを強めてしまうようなお決まりのパターン」に陥っていることに，クライエント自身に気づかせようとしている。この後の展開としては，クライエントが葛藤場面でより効果的な対応を取れるように，アサーションの方法について話し合ったり，ロールプレイをおこなったりして，クライエントにとっての新たな一歩を促すことができるだろう。

Ⅲ 技法の習得に向けて

　自己記録に関しては，実施者には，基本的な測定についての知識が必要である。練習としては，たとえば読者自身の体調や癖（例 爪嚙み，頭を掻く）を記録してみることをお勧めする。行動連鎖分析に関しては，実施者が面接のなかで実際に，クライエントに詳細な状況の記述を促してみることが役立つだろう。上手くいったことであれ，上手くいかなかったことであれ，クライエントは詳細に尋ねられることで，一人では気づけなかった発見をすることになるだろう。

　機能的アセスメントに関しては，実施者には，行動分析学の知識が必要である。まずは，「応用行動分析学」の入門書を読んで，自分自身の行動を当てはめてみることが役に立つだろう。練習としては，たとえば「ついつい陥りがちないつものパターン」（例 試験前に部屋の大掃除をする）を機能的アセスメントの形式で振り返ることをお勧めする。

　いずれの技法についても，クライエントに，ホームワークとして家で記録してきてもらった場合には，面接室内で必ずセラピストが内容を確認する必要がある。そうでなければ，「そのホームワークは重要ではない」というメッセージを送ることになってしまう。また，基本的にどの方法も認知行動療法以外のアプローチに取り入れることが可能である。目標を設定する際や現状を把握する際には，自己記録が最も取り入れやすいだろう。状況をクライエントが詳細に整理するには行動連鎖分析が役立つだろう。機能的アセスメントに関しては，行動分析学の枠組みが重要になるため，機能的アセスメントの形式で整理することが馴染まない臨床家もいるかもしれない。その場合，対話のなかで「その行動（B）をしたことで，どんなことが起きた（C）のでしょうか？」「それ（C）は，あなたが望んでいた結果でしたか？」といったやりとりを通して，行動の長期的な結果への気づきを促すことができる。

文献

Linehan MM (1993) Cognitive-Behavioral Treatment of Borderline Personality Disorder. New York : Guilford Press.

Nelson RO (1977) Assessment and therapeutic functions of self-monitoring. In : M Hersen, RM Eisler & PM Miller (Eds.) Progress in Behavior Modification. Vol.5. New York : Academic Press, pp.263-308.

Reiser RP & Thompson LW (2005) Bipolar Disorder. Cambridge, CA : Hogrefe & Huber Publisher（岡本泰昌 監訳（2011）エビデンスベイスト心理療法シリーズ1 双極性障害．金剛出版）

 **読書案内**

臨床行動分析のABC
［著］ユーナス・ランメロ　ニコラス・トールネケ
［監修］松見淳子　［監訳］武藤 崇　米山直樹　日本評論社　2009年

　行動分析学についての入門書であり，自己記録，行動連鎖分析，機能的アセスメントの基礎について学ぶことができる。

はじめてまなぶ行動療法
［著］三田村仰　金剛出版　2017年

　アクセプタンス＆コミットメントセラピー，弁証法的行動療法，行動活性化，機能分析心理療法といった第3世代の行動療法の基本原理，技法，そしてセルフモニタリングについても学べる入門テキスト。

終結

終える技術

杉原保史

> **技法の概要**
>
> 　全般的に言えば，クライエントがカウンセリングなしの新しい生活に，心おきなく，力強く向かっていけるよう援助することが，終結の課題である。そこには相互に関連する複数の課題が含まれている。まずは終結の判断という課題がある。終結の判断を経て最も重要になるのは，治療関係の解消とそれに伴う感情を扱うという課題である。

I │ 技法の解説

　「死にざまは生きざま」という言葉がある。この言葉には，終わり方にはそこまでの過程のエッセンスが不可避的に反映されるということ，さらには，これまでの過程を不問にして終わり方だけをどうこうすることはできない，ということが集約的に表現されている。

　これはカウンセリングについても言える。カウンセリングの終わり方にはそれまでの進め方が反映されるし，それまでの進め方を抜きにして終わり方を云々することには限界がある。しかし，それまでどのような進め方をしてきたにせよ，終わることは必要であり重要である。終わり方は始め方よりもはるかに多様であるが，終結に固有の課題があるというのも事実である。

1　理論的・歴史的背景

　カウンセリングの終わり方について論じた古典としては，フロイト（1939/1970）の「終わりある分析と終わりなき分析」がよく知られている。この論文は，終結の

問題がいかに一筋縄ではいかないものであるかを教えてくれる。

終結の判断の可否については、スーパーヴィジョンや事例検討会でしばしば議論の的になるものの、判断の原理や根拠は単純に示しうるものではなく、「臨床的判断」に任されている。

河合（1970）は、大まかな目安として4つのポイントを挙げている。①自己実現という観点からみて、クライエントの人格に望ましい変化が生じた。②クライエントの訴えていた症状や悩みなど外的な問題についても解決された。③内的な人格変化と外的な問題解決の間の関連性がよく了解できる。④以上の3点について、カウンセラーとクライエントが話し合って了解し合い、カウンセリングによって為した仕事の意味の確認ができる。

これは長期療法における終わり方の理想のモデルを示したものであろう。現在の多様なカウンセリング現場における実際の終わり方は、クライエントやカウンセラーを取り巻く現実状況の都合もあり、より複雑かつ妥協的で、多様である。

ところで、カウンセリング開始後の数セッションの最重要課題は、治療関係の確立だとよく指摘されている。その必然の帰結として、カウンセリングの終結における最重要課題は、治療関係の解消であり、またそれに伴う感情的な問題への取り組みである。

精神分析の初期の歴史において、この問題をとりわけ重視した人物にオットー・ランク（1924/2013）がいる。「出生外傷説」の提唱者であるランクは、その「意志療法」において、カウンセラーとの別離に際してクライエントが体験する苦痛（主に分離不安）に注目し、クライエントが治療関係の解消に伴う分離不安を体験し、それを乗り越える仕事をセラピーの中心に据えた。ランクを嚆矢として、さまざまな立場の精神分析家が、カウンセラーとの別離に際してクライエントが体験する分離不安、見捨てられ不安、喪失感情などを研究してきた。

このようにカウンセラーとの別離に際してクライエントが体験しうる困難な感情を乗り越えるよう扱うことは、それ自体がカウンセリング過程の重要な一部となりえる。そこで重要なことは、新たな生活に伴う自然な不安と不適応的な分離不安とを区別し、また自然で一次的な喪失感情とそれに関連する二次的で不適応的な感情とを区別することである。つらくても自然な感情体験が受け容れられるよう援助することが大事である。

分離不安や見捨てられ不安や悲嘆が、激しく複雑になる場合もある。カウンセラーとの間に安心感のある依存や愛着の関係が発展してきたのであれば、またその関係

がクライエントの人生で他からは得られてこなかったものであれば，強い分離不安や悲嘆が生じても当然である。またクライエントがかつて依存や愛着の対象との間で苦痛に満ちた厄介な体験をしてきたのであれば，複雑な反応が生じても当然である。こうした場合，この関係を失うことに対する不安がさまざまな厄介な現象を引き起こすとしても，クライエントの抱いているその陽性感情そのものは基本的によいものである。この良性の陽性感情をしっかりと見失わないようにすることが大切である。

　治療関係の解消は，関係そのものの消滅であるかのように語られることがあるが，そのような見方は必ずしも治療的な終結を助けない。たとえ実際にはもう会うことはないと見込まれるとしても，クライエントの心のなかでカウンセラーとの関係は持続していることもある。それは「内在化」と呼ばれたり「モデル」と呼ばれたりする治療機序とも関連して，治療的に有意義な場合もしばしばある。治療関係の解消は，「内在化」や「モデル」と呼ばれる治療過程の仕上げであり，こうした治療過程は物理的な同一化の対象（モデル）との別離による悲嘆の仕事によって完成される。そのとき，その物理的な対象との関係（治療関係）は消滅するのではなく，内的な対象関係に移行するのである。

② 期待される効果

　終結期の一連の作業がもたらすと期待される効果は，終わることを自覚し，受け入れ，カウンセラーないしカウンセリングから独立し，自立した存在としての自分を確認し，カウンセリングなしの生活に力強く希望をもって向かっていくイメージをもつことにある。

③ 介入のステップとこつ

　ここでは終結の作業をステップに分け，それぞれのステップでの注意点を述べる。最初のステップ以外は，互いに重なり合いながら展開するものであり，必ずしも厳密に継時的なものではない。

(1) 終結を話題にし，終わることへの合意を形成する

　終結を話題にするに当たっては，クライエントの主訴やこれまでに共有されてきた治療目標に照らして変化が見られることを具体的に示し，そのことに同意を得ることから始める。終結に合意が得られず，しかし変化してきたことには同意が得ら

れた場合は，終結するためには，さらにどのような変化が必要だと思うかを尋ねてみる。同時に，カウンセラーとしてはこのような変化があったのだから，終結してもよいのではないかと思っている，と伝えてもよいだろう。

こうした話し合いにおいては，人生に課題は尽きないものであり，常に課題を抱えているのが当たり前の状態であるということを踏まえていることが肝要である。

場合によっては，十分な成果のないままに終わらなければならないこともあるだろう。公的なカウンセリング機関などで，あまり成果が出ない面接を長期に続けることが許されない場合や，続けることに治療的な意味が感じられないため，積極的に終結する判断をする場合などである。こうした場合，具体的にこれまでの治療期間を示し，これだけの期間，面接を続けてきて，どのような変化が感じられているかをクライエントに尋ねるとよいだろう。思うような成果が出ていないことが合意されれば，クライエントにさらにカウンセリングを続けることをどう思うかを尋ね，カウンセラーに他のプランがあれば提案する。なければ，残念ながら他のプランは自分には提供できないことを説明し，リファーなど，他のありうる選択肢を説明する。カウンセリングなしの生活を試みることをその選択肢に含めてよい場合もあるだろう。改善にはさまざまな道筋がありえるのであり，ここでうまくいかなかったからといって悲観することはなく，他の方法を試みるだけだと前向きに説明する。

カウンセラーの予想に反して，クライエントからカウンセリングをやめたいと告げられる場合もある。当初の目標に関して大きな課題を残したまま，その課題への取り組みを避けるために終結を急ぐようなケースや，面接室内だけで変化が生じ，そのことで多少なりとも気持ちが楽になったものの，その変化が面接室外に及ぶことのないままに終結するような場合，「早すぎる終結」である可能性を検討する必要があろう。

とはいえ，クライエントはカウンセラーより控えめな目標を抱いていることも多く，それはつねに単なる逃避や妥協と決めつけられるものではない。カウンセラーとは異なる自らの考えで終結したいと言うクライエントの考えを尊重することは，クライエントがカウンセラーとの依存関係から自立する助けとなる。

クライエントがカウンセリングをやめたいのに言い出せないとき，休みがちになったり，遅刻しがちになったり，面接の終わりに迂遠な話し方で次回の確認をしてきたりする。面接中も気乗りしない話し方になるだろう。こうしたサインを早めに取り上げ，具体的にそのサインを示しながら，面接について思っていることがあるのなら話してほしいと伝えることが重要である。

あまり意味が感じられないままに面接がだらだらと続くような場合，終結ないしリファーを考える必要がある。差しあたりはクライエント，カウンセラー双方にとって特に問題がないように見える場合でも，長期的に見れば「カウンセリング依存症」を作り出す，ただ形式的にカウンセリングに来ることが問題に取り組んでいることを証明する言い訳として用いられる，カウンセリングに来ることが周囲に対して自分の苦しみをアピールする手段として利用される，などの危険性がある。

　何事においても，始めることより，きちんと終わることのほうが難しく，心理的エネルギーを要するものである。理想的な終わり方ではない終結の話し合いには，カウンセラーの側の積極的で能動的な姿勢とともに，勇気やコミットメントが必要になる。その労をはぶくために惰性で続けるのだとすれば，それはカウンセラーの手抜きである。あまりにもしばしば「クライエントのため」という合理化のもと，面接は不必要に長期化していく。

　具体的に日程を決めて，終結を合意する。それまでの面接期間の長さによるが，長期にわたる面接であれば，いきなり終わることは避け，1カ月以上の準備期間は取りたい。

(2) 終結についての思いや気持ちを探索する

　終結に際して，クライエントの心中には，分離不安や悲嘆など，さまざまな感情が生じうる。否定的な感情だけでなく，心からの感謝も生じるかもしれない。クライエントによっては，終結段階で生じるこうした感情を味わい，豊かに表現することに困難を感じる者もいる。その結果，まさにこの段階の課題に大きな困難を示す者もある。こうした感情の体験や表現に関わる困難が終結を妨げる場合，それを取り上げて扱う必要がある。

　たとえば「もうすぐカウンセリングは終わりますが，それを思うとき，どんな思いが浮かびますか」と尋ねる。力みなく実感を伴う思いが語られればよい兆候である。話しぶりに不自然な力みが感じられる場合や，言葉だけが上滑りしていて実感が伝わらないような場合には，終結を困難にする体験が回避されている可能性を疑う。

　こうした困難な体験はカウンセラーの側にも生じうる。カウンセラーとクライエントがこの点で共謀すると，面接を続けるための口実として新たな問題を見つけるという事態が起こる。そういう場合，カウンセリングの終結を避けるための面接がだらだら続くことになる。

(3) 経過を振り返る

　来談当初の状態や主訴についてあらためて振り返り，経過のなかでクライエントが達成してきたことを中心に，とりわけ重要であったエピソードを振り返る。こうした作業のなかで，しみじみと達成感を味わうことが大切である。

(4) 終結後の生活をイメージする

　これからどのような生活が待っていると思うかを尋ね，終結後のカウンセリングのない生活をイメージ・リハーサルする。希望や期待が語られるのを聴く。

II｜具体例の提示

　では次に，事例のエピソードを一つ具体的に提示してみよう。

　N子さんは，自分に自信がもてないこと，対人関係で引っ込み思案であることを主訴として来談した。面接開始から1年あまりになる。面接経過のなかで，彼女は自分を大事にしてこなかったことに気づき，もっと自分を大事にしてよいのだと感じるようになってきた。

　実は，面接の初期に，彼女から終結を言い出したことがあった。カウンセラーは「それは自分を大事にしないというこれまでのあなたのパターンの一例のように感じられます。ここで終わるのは残念です」とはっきり伝えた。すると彼女は涙ぐみ，「こんな悩みでいつまでも来ていることは迷惑なんじゃないかと思ってしまって……」と心情を吐露し，そういう自分について考えたいので継続したいと力強く希望した。

　その後，生活場面で当初の対人パターンが改善され，より自然に楽に自分を出せるようになり，本人もそれを実感するようになったため，カウンセラーから終結を提案し，合意が得られた。

　その状況でカウンセラーから次のように尋ねた。「終結に際してはさまざまな複雑な感情が湧いてくることが多いものです。終えていく仕事をしっかりやり遂げ，新しい生活に力強く向かっていくために，そうした気持ちを話し合っておくことが役に立ちます。終結について，今，どんな気持ちがありますか？」。

　彼女は，初めは「大丈夫だと思う」と答え，軽やかにこれまでの変化を自ら振り返っていった。しかし最後の面接の終了間際，彼女はしばらく言いよどんだ末に，目を赤くし，真剣なまなざしで「また何かあったら来てもいいですか？」と尋ねて

きた。
　カウンセラーは「それが言いたかったのですね。なかなか言えなかったみたいですね。でも、とうとう言えた。それを嬉しく思います。今の発言は、あなたが自分の気持ちを大事にしてしっかり伝えられるようになった、新しいパターンの一例ですね。（一呼吸）もちろん、また来てもいいですよ。今、あなたのなかに別れを淋しく思う気持ちが湧いてきたのかもしれません。それは大事な仕事を一緒にしてきたことの証しですね」。
　クライエントは目を潤ませ、「ありがとうございました」と深く礼をして立ち去った。

　以上の通り、終結のための特別な「技法」があるわけではない。ただ、終結に際しては特有の問題を扱う必要があり、それを理解したうえで通常の技法を用いる。これはメタレベルの技術である。

III｜技法の習得に向けて

　「カウンセリング」「終わり」などのキーワードでウェブ検索すると、質問掲示板への（元）クライエントからの痛々しい悩みの投稿がいくつも上がってくる。それらはおおむね、「カウンセリングをいつ終えたらいいのかわからない」という悩みと、「カウンセラーとの別れがとてもつらい」という悩みに分類される。
　カウンセラー側から言えば、前者は終結の判断の問題であり、後者は治療関係の解消にまつわる問題である。
　終結の判断の問題として最もよく見受けられるのは、クライエントがやめたがっているか、続けることに疑義が生じているのに、カウンセラーがそれに気づかず、単純に続けることを前提として進めており、両者の間にギャップが生じているケースである。クライエントの不満の指標に敏感に気づき、それを積極的に早めに話題に取り上げることが重要である。
　治療関係の解消の問題としては、カウンセラーへの依存や愛着から、別れがつらくて仕方ないという訴えがよく聞かれる。そうしたクライエントにとって、カウンセラーは非常に重要な愛着の対象となった。そして、今やその愛着対象を喪失し、悲嘆に暮れているわけである。自然な喪の過程を歩み難く、悲嘆の受容に困難がある場合、別離を不条理だと考えていたり、自分が大事にされていないことの印だと考えていたり、悲嘆の感情体験を恥ずべきことと受けとめていたり、怖れていたり、

などのことがありうる。生活場面での他者との深い関わりを避ける手段として，カウンセラーとの結びつきにしがみついていることもある。いずれにせよ，治療関係の解消に伴う困難な体験を十分に取り上げることなく終結してしまうと，終結後，クライエントは一人で苦痛を抱えることになる。

　以上は，すべての問題が扱われなければ終結してはならないという意味ではない。どうしても扱えない問題があるまま現実的な事情で終結せざるをえないこともある。そのときは率直にそう伝えて理解を求めるしかない。

文献

ジークムント・フロイト［井村恒郎ほか訳］(1939/1970) 終わりある分析と終わりなき分析. In：フロイト著作集6——自我論・不安本能論. 人文書院, pp.377-413.
河合隼雄 (1970) カウンセリングの実際問題. 誠信書房.
オットー・ランク［細澤 仁ほか訳］(1924/2013) 出生外傷. みすず書房.

読書案内

カウンセリングの実際問題
［著］河合隼雄　誠信書房　1970年

　カウンセリングの実際がバランス良く論じられている。第6章に「カウンセリングの終結と評価」がテーマとして取り上げられている。今なお古びない古典的名著。

フロイト著作集6——自我論・不安本能論
［著］ジークムント・フロイト　［訳］井村恒郎ほか　人文書院　1970年

　「終わりある分析と終わりなき分析」(pp.377-413)が収録されている。この論文でフロイトは「分析治療という仕事は，その成果がいかに不十分なものであるかが最初からわかり切っているような，いわゆる『不可能な職業』」のひとつだと述べている。

セラピストのセルフケア

バーンアウトを防ぐ

●

落合美貴子

技法の概要

　心理職をはじめとするヒューマンサービス職のバーンアウトは，主体性の喪失と孤立化の両者が併存するときに生ずる。バーンアウトを予防するためには，「メンタルヘルス対策の推進」などのマクロ的・制度的課題や，「職務構造の見直し」などの組織的課題がある。さらに個人的課題として，「献身的セラピスト像からの脱却」「私的な情緒的関係の存在」「セラピスト同士の繋がり」などが挙げられる。また，自分に合ったストレス解消法（自律訓練法など）をもっていることも大切である。バーンアウトを予防することは，質の高い臨床実践に繋がり，自身にとっても豊かな人生の味わいを生み出すであろう。

I　はじめに

　近年，ヒューマンサービス職特有の疲弊としてバーンアウト（burnout）が注目されている。米国では1960年代に，手の施しようがなくなった麻薬中毒患者の状態をバーンアウトと呼んでいたが，現在用いられている意味で最初に使用したのは，精神科医ハーバート・J・フロイデンバーガーである。彼は「スタッフがエネルギーや体力，知力を過度に使用することを要求された結果，疲れ果て機能不全に陥ること」をバーンアウトと呼んだ（Freudenberger, 1974）。

　バーンアウトは，過度なストレス状態に晒され続けたときに生じるため，一過性のストレス反応とは異なる状態と言える。よく知られているMaslach & Jackson (1981)のバーンアウト尺度は，バーンアウトの重要な3つの側面を測定するもので

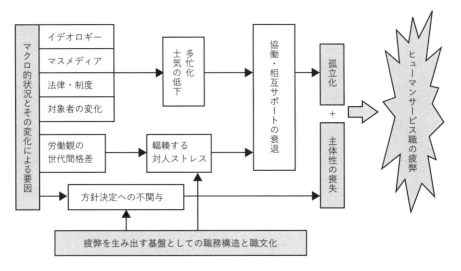

図1　ヒューマンサービス職における疲弊のダイナミズム

ある。3つの側面とは，①情緒的消耗，②脱人格化，③達成感の後退，である。①は情緒的に疲弊してしまった状態，②は対象者，セラピストで言えばクライエントという対象者に対しての職業上の熱意が減退してしまう状態，③は達成感が得られない状態で，バーンアウトが進行した段階で現われるとされている。バーンアウトは，熱心で真面目なヒューマンサービス職が陥りやすいと言われており，セラピスト以外にも教師や看護職などに多く見られる。バーンアウトのチェックリスト（田尾・久保，1996）があるので，一度チェックしてみることをお勧めする。

　セラピストがバーンアウトに陥ることは，対象者の支援を阻害する一大要因になるのみならず，我々自身の人生に大きな影響を及ぼす負の要因となる。援助者として，対象者のためにも自身のためにも，これを予防することが不可欠であると言えよう。

II ヒューマンサービス職のバーンアウト要因

　バーンアウトを防ぐには，まずどのような要因やメカニズムによってバーンアウトが発生するかを知っておく必要がある。筆者は，これまで学校現場や病院などで，フィールドワークによるバーンアウト研究を行ってきた（落合，2003a, 2003b, 2005, 2009a, 2009b, 2010）。その結果，ヒューマンサービス職のバーンアウト要因は，疲弊を生み出しやすい職務構造と職文化を基盤としていることが明らかとなった。その上に，人々のイデオロギーやマスメディア，法律・制度などマクロ的要因が絡み，さらには組織における新旧の文化葛藤や，対象者の変化による仕事の質の問題や，方針決定への不関与などにより，主体性の喪失，協働の衰退，個人の孤立化が生じることがわかった。バーンアウトは，最終局面で生じるこの主体性の喪失と孤立化の両者が併存するときに成立する（図1）。

　その際，個人的要因，例えば従来から言われているタイプA（メイヤー・フリードマンが見出した心臓疾患にかかりやすいタイプ。過度に競争心が強く，攻撃的でせっかちであり，自らストレスの多い生活を選ぶという特徴をもつ）といったパーソナリティの傾向や，大きな個人的悩み，家庭的状況などは，疲弊のきっかけや加速要因として機能すると考えられた。

　このように，どんなに多忙であったとしても，その仕事に主体的に関わることができ，他者との協働が確固とした形で存在していれば，心身の疲労はあってもバーンアウトにはならないのである。

III セラピストのバーンアウト要因

　ヒューマンサービス職におけるバーンアウトの要因の核は前述した通りである。これをセラピストに当てはめて考えると，イデオロギーの点では，心理職の台頭を快く思わない医師の有形・無形の圧力や，マスメディアの点では，テレビドラマなどでセラピストのありようが誤って伝えられるといったことがあろう。法律・制度の点では，昨今の資格問題にはじまり，我々の鬱積を呼び起こすさまざまな疲弊要因があるだろう。労働観の世代間格差の点では，ベテランの心理職と若手とでは，相当に考え方が異なり，それは双方のストレスとなりうるだろう。職務構造においては，いまだ制度的確立が未分化な状況にあり，それは，教師や看護師などと同様，聖

職者像を受け入れやすい職文化と相まって，献身的過重労働に陥りやすいと言える。

　では，他職種とは異なるセラピストに特徴的なバーンアウト要因はあるのだろうか。まず考えられるのは，密室性であろう。これは空間的意味だけではなく，クライエントの個人情報や，面接プロセスの動向，そこで何が生じているかをほとんど一人で抱えなくてはならない，まさに門外不出の職業だからである。我々に比べると，医師，看護師などの医療職や，教師，保育士などは，他のスタッフと情報を共有し，協働関係を保ちやすいと言えよう。特に，大きな組織でセラピストが一人といった勤務体制の場合は，自分だけで諸々のことを抱えなければならず，かなりのストレスが生ずる。さらに単独で行う開業は，密室性の最たるものであり，その心労はいかばかりであるかと察せられる。

　次に考えられるのは，他職種に比べ，クライエントとの人格的関与の深さが並大抵ではない場合が多いということである。同じサイコセラピーを行う一般的な精神科医に比べ，共有する時間が格段に長い。かなりの頻度で二人だけで定期的に会うということは，親子，夫婦，恋人並みに時間・空間を共有することである。転移・逆転移が生ずるのはむしろ自然な帰結であり，セラピストのエネルギーも相当消費されていく。ベテランのセラピストであれば，病理性の深いクライエントとの面接で，心身共にエネルギーを使い果たしたり，傷ついたりした経験は必ずあると思われる。

　近年，心理臨床の世界も多様化し，デイケアなど集団療法しか行わない，本格的なセラピーは外部に委託するなど，セラピーとは何ぞやという新たな問いも生まれている。臨床心理的支援という大きな枠組みで考えた場合のバーンアウト要因は，今後再考する必要があるだろう。

IV│バーンアウトの予防

　孤立化を解消し，主体性を回復する方策が必要となる。これらの方策は，単なる疲弊の解消ではなく，一人ひとりのセラピストがエンパワーし，よりよく生きるためのものでなければならないであろう。

　以下にいくつかの方策を，①マクロ的・制度的課題，②組織的課題，③個人的課題の3つに分けて考えたい（落合（2009a）より一部抜粋）。

1 マクロ的・制度的課題

「孤立化を解消する取り組み」として，まず①「**セラピスト支援のための施策**」が挙げられる。バーンアウトのような重篤な疲弊状態に陥ってしまったセラピストに対しては，プライベートに相談できる相談室の設置が必要である。また②「**メンタルヘルス対策の推進**」も重要である。これには多様な現場に出入りし，さまざまな職文化に適応することを余儀なくされるセラピストという職の性質を，行政に理解してもらうことが必要である。

次に，「主体性を回復する取り組み」として，③「**法律・諸制度の整備**」が必要であり，非常勤が多いというこの勤務形態を改善する必要がある。非常勤という立場は，自らの職務内容に関しての発言権が極めて制限される立場にあり，主体性をもって仕事に取り組むことが困難である。公認心理師の誕生によってどの程度この勤務形態が改善されるのか，期待したいところである。

2 組織的課題

セラピストの「孤立化を解消する取り組み」として，まず①「**サポート体制，スーパービジョン体制のシステム化**」が挙げられる。一人職場が比較的多いセラピストという職を管理者によく理解してもらい，外部の他者に相談することを，システムとして導入してもらうということである。このシステムがセラピストの成長につながり，組織としてもメリットがあることを強調したい。②「**組織内の協働**」も必要である。これには職場内におけるコミュニケーションの量と質を担保しなければならない。さらに，③「**体験型研修への参加**」も重要である。共に学び合うなかで知識や技術が醸成され，体験の共有は新たなコミュニケーションや相互作用の礎になるだろう。

次に，「主体性を回復する取り組み」として，まず④「**職務構造の見直し**」が挙げられる。職務構造による疲弊は慢性的なものになりやすく，心身の健康を阻害し主体性を喪失させる大きな要因のひとつである。現場の声を反映したボトムアップによる職務構造の見直しが必要であろう。また⑤「**方針決定への参加**」も重要である。方針決定に関与できないことは，プロフェッションとしてのアイデンティティが揺らぐ体験となる。さまざまな形での方針決定への参加は主体性を回復し，士気の向上に繋がると思われる。

③ 個人的課題

個人的課題としては，まず，「献身的セラピスト像」からの脱却が重要である。なぜヒューマンサービス職は献身的になってしまうのか，この問いはよくよく考えてみる必要がある。ユング派分析家アドルフ・グッゲンビュール－クレイグ（Guggenbuhl-Craig, 1978/1981）の著書『心理療法の光と影』は，セラピストに働く影の力を如実に提示してくれている。ぜひ一読することをお勧めする。

2番目に，家族などの私的な情緒的関係は不可欠である。そのことは，クライエントとの関係に客観性を担保するという意味で重要である。我々セラピストの職業選択の動機に，家族関係の傷つきがある場合が少なくない。原家族との関係修復を行うか，新たな家族関係を創出するか，どちらも困難な人はそれに代わる親密な異性関係や友人関係でも良い。人生を共に歩んでいく人間関係をもつ必要がある。優秀な未婚のセラピストが中年以降臨床シーンから消えて行ってしまうことがある。残念なことである。

3番目に挙げたいのは，セラピスト同士の繋がりである。先達からの教育分析やスーパービジョンを受けることと，本音を語れる仲間とのミニ研究会をもつことをお勧めする。私自身，5年半の教育分析による師匠との繋がりがなかったら今の自分はなかったと思う。また，若い頃十数人の同世代の仲間と研究会を行っていたが，臨床家としての人生を共に手を携えて歩んできた感があり，これにも本当に支えられたと思う。昨今の若手の方々は，臨床家同士の繋がりを避けているように感じている。一人で臨床の世界で生き抜いていくには，仲間が必要であることを強調しておきたい。

4番目に，仕事と家庭以外の第3の場をもつということを挙げよう。たとえば趣味のサークルなどである。ここには我々に欠きがちな，専門家でもクライエントでもない普通の人々との交流があり，改めて自身の立ち位置を確認できる。

5番目は，クライエントとの出会い，特に縁としか思えないような出会いから，逃げないで向き合うことである。それを乗り越えたときに，臨床家としての階段を数段上がることができるだけでなく，より高次の人生の充実感を味わうことができるはずである。さらに言うなら，あらゆる人や職場も修行の機会と捉えれば，自身のエンパワーメントに繋がるだろう。

最後に，セラピスト自身とクライエント双方に使えるストレス解消法をいくつか紹介しておきたい。1つは自律訓練法（佐々木，2014）である。これは催眠時のリラックス状態を自ら導き出して，情緒の安定を図る方法である。伝統的なセルフコ

ントロール法であり，長年の実践に裏打ちされた確実で安全性が高い技法である。もう1つは，私の師匠・神田橋條治の考案した方法で，焼酎風呂と気功法である。焼酎風呂（神田橋，1999）は，お風呂にキャップ一杯の焼酎を入れるだけであるが，邪気の解消に大変効果がある。ストレス解消のための気功法は，手のひらを左手，右手の順に重ねて額に当てるものである。その際，労宮というツボ（手を軽く握って中指が触れる部位）を眉毛の中央にある印堂というツボに5～10秒間当てるようにする。瞬間的に，脳の疲れが取れるので，ぜひ試していただきたい。さらに，エドワード・バッチ博士のバッチフラワー（白石，2006）もお勧めである。バッチ博士は，癒しの鍵は自然のなかにあると考え，植物の癒しの力から38種のフラワーエッセンスを生み出した。状態像によって1～3種類のエッセンスを飲用すると不適応行動パターンの解消や情緒の安定に効果がある。

V おわりに

　バーンアウトを予防することは，質の高い臨床実践に繋がり，豊かな人生の味わいを生み出すであろう。自身が味わい深い人生を歩んでこそ，他者の支援が可能となることを忘れないようにしたいものである。セラピストたちとその向こうにいるクライエントの方々の人生の充実を願って。

文献

Freudenberger HJ (1974) Staff burnout. Journal of Social Issue 30-1 ; 159-165.
Guggenbuhl-Craig A (1978) Macht als Gefahr beim Helfer. Basel : Karger. (樋口和彦，安溪真一 訳 (1981) 心理療法の光と影. 創元社)
神田橋條治 (1999) 改訂 精神科養生のコツ. 岩崎学術出版社.
Maslach C & Jackson SE (1981) The measurement of experienced burnout. Journal of Occupational Behavior 2 ; 99-113.
落合美貴子 (2003a) 教師バーンアウトのメカニズム——ある公立中学校職員室のエスノグラフィー. コミュニティ心理学研究 6-2 ; 72-89.
落合美貴子 (2003b) 教師バーンアウト研究の展望. 教育心理学研究 51-3 ; 351-364.
落合美貴子 (2005) 教師バーンアウトのダイナミズム——解釈的アプローチと生態学的視座によるバーンアウトモデルの構築. 人間性心理学研究 22-2 ; 133-144.
落合美貴子 (2009a) バーンアウトのエスノグラフィー——教師・精神科看護師の疲弊. ミネルヴァ書房.
落合美貴子 (2009b) 微視的データからマクロ要因を読み解く——教師はなぜ疲弊するのか. In：箕浦康子 編著：フィールドワークの技法と実際II——分析・解釈編. ミネルヴァ書房, pp.193-207.
落合美貴子 (2010) 教師の陥りやすいストレス状況. In：高田知恵子 編著：子ども 大人 社会——

子どものこころを支える教育臨床心理学．北樹出版，pp.136-149．
佐々木雄二（2014）新装版 実践自律訓練法——一日10分，数回の練習でマスターできる．ごま書房新社．
白石由利奈（2006）バッチ・フラワーBOOK．小学館．
田尾雅夫，久保真人（1996）バーンアウトの理論と実際——心理学的アプローチ．誠信書房．

 読書案内

新装版 実践自律訓練法——1日10分の練習で出来る！
[著] 佐々木雄二　ごま書房新社　2012年

　我が国における自律訓練法の第一人者である佐々木雄二先生が書かれた自律訓練法の最新版である。長年のご経験から，自律訓練法の実際が段階的にわかりやすく，丁寧に解説されている。セラピスト自身にもクライエントにも使用できるので，お勧めの一冊である。

改訂 精神科養生のコツ
[著] 神田橋條治　岩崎学術出版社　2009年

　1999年に出版された著書の改訂版である。前作よりも一段と内容が濃く，クライエントだけでなく，我々にも使える技法が満載である。神田橋先生考案の整体や気功のみならず，各種代替医療や民間療法も解説されているので，セラピストの必携本として推奨したい。

索 引

人名索引

イーガン，ジェラルド 50
ウィニコット，ドナルド 81
ウィリアムソン，エドモンド・グリフィス
　.. 12, 15-18
ウンガー，マイケル 222, 223, 225, 226
エリクソン，ミルトン 147, 186, 187, 189
エリス，アルバート 205

キム・バーグ，インスー 146, 158
グッケンビュール－クレイグ，アドルフ
　.. 296
クラーゲス，ルートヴィッヒ 191, 192
グリーンソン，ダニエル 199
クレッチマー，エルンスト 192
コフート，ハインツ 81

サリヴァン，ハリー・スタック 81
シフニオス，ピーター 199, 200
スキナー，バラス・フレデリック 265

ド・シェイザー，スティーヴ 147

ノークロス，ジョン 231

パーソンズ，フランク 11, 12
ビオン，ウィルフレッド 81
ヒル，クララ 50
フォア，エドナ 247
フロイデンバーガー，ハーバート 291
フロイト，ジークムント 178, 185, 206,
　214-216, 218, 239, 240, 283
ブロイラー，オイゲン 192
プロチャスカ，ジェイムス 230-234
ベイトソン，グレゴリー 147

ベック，アーロン 205, 208
ベック，ジュディス 208
ボナーノ，ジョージ 222, 224

マーテル，クリストファー 266
マスターソン，ジェームス 199, 202, 203
ミニューチン，サルバドール 116
ミラー，ウィリアム 137, 138
ムスターカス，クラーク 200

ランク，オットー 284
ランバート，マイケル 14, 15
リバーマン，ロバート 256
ロジャーズ，カール 11, 14, 16-18, 20, 37,
　57, 58, 60, 62, 87-92
ロルニック，ステファン 138

アルファベット

CAPS（PTSD臨床診断面接尺度）... 251, 252
EFT［▶感情焦点化療法］
PDCAサイクル 258
PTSD［▶外傷後ストレス障害］
SST（Social Skills Training） 255, 256, 263

あ

アウトリーチ 163
アサーション 18, 91, 258, 280
アセスメント 14, 17, 19, 72-77, 83, 114,
　131, 134, 162-166, 230, 234, 236, 241, 252,
　270, 273, 275
　機能的── 275-277, 279-281
アタッチメント・スタイル 84, 85
アダルトチルドレン 175

299

アメリカ・カウンセリング学会（ACA） 11, 15, 48
暗点化 218, 219
暗黙の前提 20

●
言い換え 128, 167
怒り 191-197
イギリス・カウンセリングと心理療法学会（BACP） 49
インテークセッション・スキル 108-115
イントラバーバル（言語間制御） 95, 96
インフォームド・コンセント 111

●
ウェルフォームド・ゴール 148
うつ病 ... 95, 99, 143, 166, 167, 173-176, 205, 211, 265-268, 272, 279

●
エクスポージャー療法 ..... 273 [▶持続エクスポージャー法]
エナクトメント 240
エビデンス 38, 41, 88, 92, 112, 137
エンゲージメント 252-254
援助欲求 179-181
エンパワーメント 221-226

●
終える技術 283-290
怯え 191, 194-196

か

解決志向アプローチ .... 138, 154 [▶ソリューション・フォーカスト・アプローチ]
外在化 260
解釈 80, 81, 83, 178, 198, 199, 202, 214-220
　防衛—— 199
外傷後ストレス障害（PTSD） 163, 166, 247-252, 254
解離性障害 197
解離性同一症 195
カウンセラー訓練のための統合モデル 51
　第1段階（態度と価値観の発達） 51
　第2段階（知識とスキルの発達） 52
　第3段階（クライエントとの面接とスーパーヴィジョン） 52

第4段階（振り返りと評価） 53
カウンセラー効果 39
カウンセリングの3つの態度条件 57
カスタマー・タイプ 138, 236
加速化体験的力動療法（AEDP） 81
家族療法 26, 28, 116-118, 121, 130, 134
活動記録表 268, 269, 272
カナダ・カウンセリングと心理療法学会（CCPA） 49
間欠爆発症 193
感情アプローチ 191-197
感情焦点化療法（EFT） 22, 81
間接暗示 185-189

●
危機介入 162-167
傷つき 110, 191, 194, 196, 296
逆説的介入 134
逆転移 173, 203, 238-242, 244, 245, 294
　——モニタリング 241
境界性パーソナリティ障害 167, 176, 193, 276, 277
境界例 199, 202, 203
共感 14, 17, 21-23, 25, 28, 29, 39, 41, 43, 57-63, 69, 76, 80, 81, 88-91, 116, 117, 121, 135, 138, 142, 175, 186, 188, 192, 203, 278
協働関係 41, 50, 74, 87, 91, 294
共同注視 214, 219

●
クライアント中心療法 58, 62
グラウンディング技法 251, 252

●
傾聴 57-63
ケースカンファレンス 183
ケースフォーミュレーション 19, 72, 76, 77, 91, 92
限界設定 199, 203
言語 95-98, 100, 102
現前性・存在感 [▶プレゼンス]

●
コアテクニック 19, 21, 23, 44, 50
効果研究 14, 15, 37-39, 139
攻撃者との同一化 196
交代人格 195-197
行動活性化 208, 250, 251, 265-273
　——療法 265-267, 269, 273

行動分析 140, 144, 240, 265-270, 273
　——学 276, 281
行動変容 43, 87, 91, 137-139, 142, 143,
　230, 232-234, 236
合同面接 121, 212
行動療法 43, 50, 87, 139, 206
行動レパートリー 45, 265, 266, 269
行動連鎖分析 275-278, 281
勾配関係 68-70
公平性 20, 21
コーチング 257
コーピング・クエスチョン 259
ゴール設定 153-160
　SMART 153-156, 159
　条件つき—— 159
心の内側のフレーム 62
コミュニケーション 44, 45, 94, 98, 117,
　144, 258, 295
　非言語—— 172-177
　シャノンとウィーバーのモデル 98
コロンブス・セラピー 157
コンプレイナント・タイプ 138

さ

再構成 186, 187
サイコロジカル・ファーストエイド 164
催眠療法 185-187, 189
作業同盟 39-41, 43
サマライズ 123-129

自我心理学 81, 199
自己一致／一致 14, 17, 18, 31, 57, 58
思考記録表 209, 212
自己開示 178-184
　第1のタイプの——技法 180
　第2のタイプの——技法 180, 181
自己記録 275-277, 281
自己実現 88, 89, 91, 284
示唆（suggestion） 214-216
視線 24, 25, 65-70, 81, 82, 110, 111, 262
　見る 65-70
持続エクスポージャー法 247-254
　現実エクスポージャー法 249, 251, 252
　想像エクスポージャー法 250, 252

実証研究 40, 112, 222
自動思考 205-208
終了時間 69, 127
受動性（パッシヴネス） 66-69
受容 57-63
循環的力動療法 43
ジョイニング 116-121
　調節 117
　追跡 117
　適合 117
　模倣 117
初回面接 89, 108, 110, 113, 116, 119, 234,
　235, 261, 270 [▶インテークセッション・スキル]
事例検討会 244, 284
信頼関係 75, 118, 164-167, 248
心理教育 83, 163, 165, 206, 216, 249, 251,
　252, 267, 277
心理社会的支援 163
心理療法統合 42, 43, 230
　技法折衷アプローチ 42
　共通因子アプローチ 42
　同化型統合 42
　理論統合 42

スーパーヴァイジーの最近接発達領域 27
スーパーヴィジョン 23-28, 39, 51, 52, 88,
　183, 202, 244, 245, 284
　——の統合モデル 51
スキーマ療法 240
スキルトレーニング 255-263
スケーリング・クエスチョン 259
ストーリー 28-31, 187, 189, 263, 277
ストラテジー心理療法 185, 186
ストレングス 16, 221, 223

性加害行動 77
精神分析 48, 50, 77, 79-81, 83, 178,
　198-200, 202, 205, 214-219, 238-241, 284
セルフケア 291-297
セルフコントロール 167, 209, 296
セルフモニタリング 100, 143, 275-281

双極性障害 277
喪失感情 284
促進的対人スキル 39

ソリューション・フォーカスト・アプローチ（SFA）...... 147, 154, 156, 158, 234 ［▶解決志向アプローチ］

た

●
対決技法 200-202
第六感 31, 32
タクト（報告言語行動） 95-97, 99
ダブルリスニング 28-31
多方向への肩入れ 118
多理論統合モデル 230
短期力動療法 81, 199, 200, 202

●
逐語録 26, 27, 113, 127
直面化 198-203
治療関係 14, 17, 37, 40, 41, 108, 110, 112, 113, 118, 139, 156, 158, 185, 194, 199, 203, 206, 215, 236, 240, 243, 253, 267, 283-285, 289, 290
　　　　——の構築過程 112
治療的距離 84, 85
治療的効果 38

●
抵抗 41, 111, 116, 121, 198-200, 203, 209, 239, 253
テストバッテリー 76
転移 198, 202, 238-241, 245, 294
　　　　——解釈 199

●
動機づけ面接 137-144
　　　　維持トーク 142
　　　　チェンジトーク 138, 139, 142
統合失調症 177, 195, 261
統合的心理療法 80, 81
トラブル解決 238-246
ドロップアウト 38, 43, 261

な

●
内在化 285
内省力 39, 83
ナラティヴ
　　　　——アプローチ 29
　　　　——実践 226

●
日本カウンセリング学会 49
人間性 40
認知行動療法 43, 77, 80, 100, 137, 154, 197, 205, 206, 208, 209, 212, 216, 247, 256, 281
認知再構成 205-212
認知モデル 206, 266
認知療法 208, 240, 266

●
ノーマライズ 167

は

●
パーソン・センタード・アプローチ 112
バーンアウト 291-295, 297
　　　　セラピストの——要因 293
　　　　ヒューマンサービス職の——要因 293
発達促進 15, 27
パラフレーズ 123-129

●
ビジター・タイプ 138
悲嘆 206, 284, 285, 287, 289
否定的感情 113
秘密保持の原則とその限界 73
開かれた質問 124, 126, 127, 141

●
フォローアップ 165, 211
不合理な信念 206
ブリーフセラピー 81, 130, 146-148, 150, 187, 234
触れあい 79-85, 164
プレゼンス（現前性・存在感） 17, 110
分離不安 284, 285, 287

●
ベーシックモード 19, 44, 50
弁証法的行動療法 43, 81, 276
変容ステージ 230-236
　　　　維持期 232
　　　　完了期 232
　　　　実行期 232, 234, 236
　　　　熟考期 232, 235, 236
　　　　準備期 232, 234-236
　　　　前熟考期 232, 234
変容プロセス 44, 230-237

●
ホームワーク 100, 281

ま

●
マイクロカウンセリング 198, 200
マインドフルネス 97, 208, 273
マンド（要求言語行動） 95-97, 100
●
ミラクル・クエスチョン 146-151
●
明確化 198-203
メタファー 185-189
●
問題解決
　　──技法 257
　　──志向アプローチ 154

や

●
ユマニチュード 66, 70

ら

●
ラポール 118, 125, 128
リカバリー 223, 224
リスク・アセスメント 76
リフレーミング 130-136
リフレクション 62
リフレクト 123-129
●
レジリエンス 221-226

[執筆者一覧]（執筆順）

岩壁　茂	お茶の水女子大学基幹研究院人間発達科学系
平木典子	統合的心理療法研究所
諸富祥彦	明治大学文学部
信田さよ子	原宿カウンセリングセンター
藤岡淳子	大阪大学大学院人間科学研究科
福島哲夫	大妻女子大学人間関係学部・大学院人間文化研究科教授／成城カウンセリングオフィス
松見淳子	関西学院大学文学部総合心理科学科
原井宏明	原井クリニック
神谷栄治	中京大学心理学部
野末武義	明治学院大学心理学部心理学科
藤生英行	筑波大学人間系心理学域
青木みのり	日本女子大学大学院人間社会研究科心理学専攻臨床心理学領域
岡嶋美代	BTCセンター東京
若島孔文	東北大学大学院教育学研究科
菊池安希子	国立精神・神経医療研究センター 精神保健研究所地域・司法精神医療研究部
小澤康司	立正大学心理学部
春日武彦	成仁病院
遠藤裕乃	兵庫教育大学大学院学校教育研究科
大谷　彰	Spectrum Behavioral Health
柴山雅俊	東京女子大学現代教養学部人間科学科
妙木浩之	東京国際大学人間社会学部
神村栄一	新潟大学教育人文社会・教育科学系
岡野憲一郎	京都大学大学院教育学研究科
松嶋秀明	滋賀県立大学人間文化学部
前田泰宏	奈良大学社会学部心理学科
岩倉　拓	あざみ野心理オフィス
吉田博美	武蔵野大学心理臨床センター／駒澤大学学生相談室
野坂達志	広島県府中市役所
竹林（兼子）唯	福島県立医科大学医学部災害こころの医学講座
鈴木伸一	早稲田大学人間科学学術院
三田村仰	立命館大学総合心理学部
杉原保史	京都大学学生総合支援センター
落合美貴子	うたのまち心理研究所

[編著者略歴]

岩壁 茂 ｜ いわかべ・しげる

お茶の水女子大学基幹研究院人間発達科学系准教授。早稲田大学政治経済学部経済学科卒業後，カナダ・マッギル大学に学士編入，同大学大学院でカウンセリング心理学博士号取得。札幌学院大学に勤務後，現職。

主要著訳書　『心理療法・失敗例の臨床研究』（単著・金剛出版［2007］），『プロセス研究の方法』（単著・新曜社［2008］），『はじめて学ぶ臨床心理学の質的研究』（単著・岩崎学術出版社［2010］），『新世紀うつ病治療・支援論』（共編著・金剛出版［2011］），レスリー・グリーンバーグほか『感情に働きかける面接技法』（訳・誠信書房［2006］），レスリー・グリーンバーグ『エモーション・フォーカスト・セラピー入門』（監訳・金剛出版［2013］），スー・ジョンソン『私をギュッと抱きしめて――愛を取り戻す七つの会話』（監修・金剛出版［2014］），ダイアナ・フォーシャ『人を育む愛着と感情の力――AEDPによる感情変容の理論と実践』（監訳・福村出版［2017］）ほか多数。

カウンセリングテクニック入門（にゅうもん）

プロカウンセラーの技法30（ぎほう）

2018年9月20日　初刷
2019年7月20日　2刷

編著者―――岩壁 茂
発行者―――立石正信
発行所―――株式会社 金剛出版
　　　　　　〒112-0005 東京都文京区水道1-5-16　電話 03-3815-6661
　　　　　　振替 00120-6-34848

装幀◉永松大剛　　組版◉石倉康次　　印刷・製本◉シナノ印刷

©2018 Printed in Japan　ISBN978-4-7724-1642-9 C3011

好評既刊

エモーション・フォーカスト・セラピー入門

［著］＝レスリー・S・グリーンバーグ
［監訳］＝岩壁茂　伊藤正哉　細越寛樹
A5判　並製　212頁　本体3,800円＋税

感情にアプローチするエモーション・フォーカスト・セラピーの創始者グリーンバーグによる，感情体験のための臨床マニュアル。

解決のための面接技法［第4版］
ソリューション・フォーカストアプローチの手引き

［著］＝ピーター・ディヤング　インスー・キム・バーグ
［訳］＝桐田弘江　住谷祐子　玉真慎子
B5判　並製　420頁　本体6,000円＋税　学習用DVD付属

特徴的な質問と基盤となる技法を網羅した解決構築アプローチの最も信頼できるテキスト，待望の第4版。面接場面の理解を助けるDVD付。

カウンセリングの心と技術
心理療法と対人関係のあり方

［著］＝平木典子
A5判　上製　232頁　本体3,500円＋税

豊富な経験をもとに心理療法とジェンダー，アサーション，家族臨床などについて心理臨床のエッセンスと知見をわかりやすく解説。

家族・夫婦面接のための4ステップ
症状からシステムへ

［著］＝サルバドール・ミニューチン　マイケル・P・ニコルス　ほか
［監訳］＝中村伸一　中釜洋子
A5判　上製　300頁　本体4,200円＋税

"マスターセラピスト"ミニューチンの臨床事例集。家族療法の導師による介入の真髄を四つのステップにわけて解説する。

好評既刊

現代催眠原論
臨床・理論・検証
［著］＝高石 昇　大谷 彰
A5判　上製　400頁　本体6,800円＋税

ミルトン・エリクソンの現代臨床催眠を継承して催眠技法を理論面と実践面から解説した，臨床催眠の第一人者による現代催眠最良の解説書。

催眠誘導ハンドブック
基礎から高等テクニックまで
［著］＝イゴール・レドチャウスキー
［訳］＝大谷 彰
A5判　並製　160頁　本体2,200円＋税

「催眠」の世界について，NLPなどの理論的な裏づけを説明し，そのうえで実際に用いることばや動作にいたるまで丁寧にレクチャーする。

初回面接
出会いの見立てと組み立て方
［著］＝メアリー・J・ピーブルズ
［監訳］＝神谷栄治
A5判　上製　334頁　本体4,500円

初回面接や心理アセスメントについて具体的な進め方など，心理療法の現場におけるさまざまな疑問に応えた，詳細な実践的テキスト。

新世紀 うつ病治療・支援論
うつに対する統合的アプローチ
［編］＝平木典子　岩壁 茂　福島哲夫
A5判　上製　300頁　本体4,500円＋税

病態像を変動させるうつ病を精神医学＋心理学の知見から考察し，多彩なアプローチで支援する，統合的アプローチのうつ病支援論。

好評既刊

心理療法家の言葉の技術 [第2版]
治療的コミュニケーションをひらく

［著］＝ポール・L・ワクテル
［訳］＝杉原保史

A5判　上製　472頁　本体5,800円＋税

心理療法家によってプログラムされた言葉が，中断・停滞・悪循環に陥った心理面接を好転させる。名著の第2版，待望の刊行！

心理療法・その基礎なるもの
混迷から抜け出すための有効要因

［著］＝スコット・D・ミラー　バリー・L・ダンカン　ほか
［監訳］＝曽我昌祺

A5版　上製　216頁　本体3,200円＋税

治療モデルの相違点ではなく，類似点に注目し，その根底に流れる《基礎なる》有効要因を明らかにし，実践方法を説いた刺激的臨床実践書。

増補改訂 心理臨床スーパーヴィジョン
学派を超えた統合モデル

［著］＝平木典子

A5判　並製　220頁　本体3,800円＋税

2012年の初版に，著者が統合的心理臨床スーパーヴィジョンに至るまでの前史とライブスーパーヴィジョンの記述を加え，増補改訂版とした。

新版 精神療法家の仕事
面接と面接者

［著］＝成田善弘

四六判　並製　264頁　本体2,600円＋税

雑誌連載時から好評を博し，単行本化された面接論の名著，待望の新訂版登場。初心者から中級者まで，精神療法面接の懇切な指導書。

好評既刊

改訂増補 青年期境界例
［著］＝成田善弘
A5判　並製　210頁　本体4,600円＋税　オンデマンド版

境界例の精神病理を具体的な姿で活写し，境界例のみならずさまざまな臨床場面で直ちに応用可能な精神療法の技法を示す。

対人援助職のための認知・行動療法
マニュアルから抜け出したい臨床家(あなた)の道具箱
［著］＝原井宏明
A5判　上製　260頁　本体3,500円＋税

今もっとも体系だった有効な心理療法として注目される認知行動療法を，実際の臨床現場で適用するための画期的な臨床指導書。

はじめてまなぶ行動療法
［著］＝三田村仰
A5判　並製　336頁　本体3,200円＋税

「パブロフの犬」の実験から認知行動療法，臨床行動分析，DBT，ACT，マインドフルネスまで，行動療法の基礎と最新のムーブメントを解説した行動療法入門ガイド。

ビジネスパーソンのためのアサーション入門
［著］＝平木典子　金井壽宏
四六判　並製　192頁　本体2,000円＋税

ビジネス現場でのアサーション活用法は？
アサーションの第一人者平木典子先生と組織行動論の第一人者金井壽宏先生とのコラボレーション。

好評既刊

ブリーフセラピー講義
太陽の法則が照らすクライアントの「輝く側面」
［著］＝若島孔文
四六判　並製　216頁　本体3,200円＋税

ソリューション・フォーカスト・アプローチとMRIアプローチから導かれた新しいブリーフセラピー・モデルを，ワークショップの記録をもとに解説する。

ポール・ワクテルの心理療法講義
心理療法において実際は何が起こっているのか？
［著］＝ポール・ワクテル
［監訳・訳］＝杉原保史　［訳］＝小林眞理子
A5判　上製　400頁　本体5,200円＋税

統合的心理療法をリードするワクテルが自らのセッションを披露した，一歩上を行く心理臨床をマスターするための必読書。

リジリアンスを育てよう
危機にある若者たちとの対話を進める6つの戦略
［著］＝マイケル・ウンガー
［訳］＝松嶋秀明　奥野光　小森康永
A5判　並製　208頁　本体2,600円＋税

非行少年が逆境に打ち克つ力＝リジリアンスをはぐくむ，ストレングス志向の支援実践。

私をギュッと抱きしめて
愛を取り戻す七つの会話
［著］＝スー・ジョンソン
［訳］＝白根伊登恵　［監修］＝岩壁茂
四六判　並製　280頁　本体3,200円＋税

綻んだ絆の結び直し――。それは簡単な所作だが，二人だけの深遠な共同作業。彼らが求めるのは決して失敗しない確かなケアの手法だ。